HISTOIRE

ABRÉGÉE

DE LA

PHILOSOPHIE.

Fritfsch Sculp

HISTOIRE

ABRÉGÉE

DE LA

PHILOSOPHIE.

PAR M. FORMEY.

Apparent rari nantes in gurgite vaste.

VIRG.

A AMSTERDAM,

CHEZ J. H. SCHNEIDER.

M DCC LX.

À MESSIEURS

LES DIRECTEURS

DE L'ACADÉMIE.

Messieurs,

Il en eſt, ce me ſemble, du choix
des perſonnes à qui l'on dédie ſes
Ouvrages, comme de la maniere dont
on aſſortit les convives invités à un
repas. Il n'y a rien de plus mal entendu que de raſſembler à une mé-
me table des gens qui ne ſe connoiſ-
ſent & ne ſe conviennent pas ; &
* 3

de

de même, rien n'est plus déplacé que d'offrir un Livre à ceux qui n'ont aucune connoissance des matieres dont il traite, & qui n'y prennent aucun intérêt. On ne me reprochera pas pour cette fois de n'avoir pas sû éviter un semblable inconvénient. Je ne pouvois, MESSIEURS, offrir cet Abrégé de l'Histoire de la Philosophie à des Savans plus versés dans cette Histoire, & pour dire quelque chose de plus considérable, à de meilleurs Philosophes. Vos Noms, qui sont aussi connus que ceux des Sciences, & que celui de l'Académie, à la tête des quatre Classes de laquelle Vous êtes placés à si bon droit; vos illustres Noms, MESSIEURS, portent avec eux la preuve de ce que j'avance, & me dispensent d'entrer dans des détails, que je veux sur-tout éviter, parce qu'ils me jetteroient dans le stile ordinaire des Dédicaces. Je me borne donc à Vous prier d'agréer ce té-

moi-

...moignage de mes sentimens pour Vous, & de le recevoir d'aussi bon cœur que je Vous le présente. Il y a bien des années, MESSIEURS, que je travaille sous vos yeux; & j'ose me flatter que Vous ne me refusez pas la justice düe, sinon au prix de mes travaux, du moins à l'application avec laquelle j'ai constamment rempli les diverses fonctions dont je suis chargé, & sur-tout à la droiture de mes intentions.

Ne pouvant demeurer oisif, sachant me ménager du loisir au milieu de mes devoirs, & malgré mes infirmités, ne perdant jamais de vuë l'utilité publique, recherchant l'approbation des Amis du Vrai & du Bon, avec autant d'empressement, que j'ai d'indifférence pour tout ce que peuvent penser, dire & faire, ceux qui sont animés par d'autres motifs, je ne sortirai point de cette route tant qu'il me restera des forces pour y marcher, & je publierai successive-

*4

ment

ment les Ouvrages qui me paroîtront les plus propres au bien des Lettres, & sur-tout à celui de la Société. Je mettrai Votre approbation, MES-SIEURS, au nombre des encouragemens les plus efficaces; &, si Vous voulez y joindre Votre amitié, mes vœux seront comblés. En Vous la demandant, je Vous assure du plus sincère retour, auquel je ferai gloire de joindre un dévouëment inviolable & respectueux. C'est avec ces sentimens que j'ai l'honneur d'être,

MESSIEURS,

BERLIN,
le 27 de Janvier
1760.

Votre très humble &
très obéissant Serviteur

FORMEY.

HIS-

HISTOIRE

ABRÉGÉE

DE LA

PHILOSOPHIE.

INTRODUCTION.

On peut dire qu'à proprement parler il n'y a qu'une *Science*; c'est la PHILOSOPHIE. Toutes les autres, quelque nom qu'on leur donne, ne fçauroient porter à bon droit le titre de Science, à moins qu'elles ne foyent autant de *Philofophies* particulieres des matieres qui en font l'objet. En effet la Philofophie eft la Science des raifons; elle tend en général à donner une explication folide & intelligible de

tout

tout ce qui eſt, & de tout ce qui peut être.
Mais la Jurifprudence, la Médecine, l'Aſtronomie, &c. ne font, ou du moins ne doivent
être autre chofe que de femblables explications
des différentes queſtions qui font de leur ref-
fort. Ainfi toutes les connoiſſances humaines,
dès que ce ne font plus de fimples connoiſſances de fait, mais qu'elles s'élevent aux raifons
des faits, & en donnent de valables, rentrent
dans la Philofophie, & fe fubordonnent d'elles-
mêmes aux divers principes que cette Science
univerfelle nous fournit pour diriger notre efprit, d'abord en général dans la recherche de
la Vérité, & enfuite dans la découverte de toutes les Verités qui font acceſſibles à nos efforts.

La curiofité qui eſt comme innée à l'homme,
& la faculté de raifonner qui lui eſt naturelle,
peuvent faire envifager la Philofophie comme
auſſi ancienne que le Monde. Dès qu'on a
cherché l'explication de quelque chofe, on a
voulu devenir Philofophe; dès qu'on l'a trou-
vée, on l'eſt affectivement devenu. La Philofophie dans quelque tems qu'on la prenne, n'é-
tant autre chofe que l'aſſemblage, la totalité des
bonnes explications, & des raifons fatisfaifantes,
par lefquelles on a joint à la notion des faits,
celle de leur poſſibilité duëment conſtatée; il
s'enfuit de là que le premier homme qui a bien
expliqué un feul fait, a été Philofophe à l'égard
de

de ce fait; & en continuant, nous voyons la Philofophie s'accroître & les Philofophes devenir plus grands que ceux qui les avoient précé-
dé, à proportion du nombre de leurs découvertes réelles.

Si la route du vrai avoit été la feule battue, & que de génération en génération les hommes y euffent fait des grogrès qui n'euffent été en-tremêlés d'aucun écart, l'Hiftoire de la Philofo-phie feroit celle de la Vérité; cette Science of-friroit la lumiere la plus pure, les hommes y trouve-roient le guide le plus affuré, tant dans la fpé--culation que dans la pratique; & il y a long-tems qu'on auroit atteint le but auquel elle tend, & qui eft encore très éloigné; c'eft d'a-voir fur toutes fortes de fujets le degré précis de certitude dont ils font fufceptibles. Sous ce point de vuë rien n'eft plus beau, plus grand, plus propre à couvrir l'homme de gloire, & à le combler de fatisfaction, que la Philofophie. C'eft une Science folide, puifée dans les plus pures fources de la raifon & de l'expérience; un affemblage de principes évidens par eux-mêmes, ou évidemment prouvés, & de conféquences qui en font légitimement déduites; une doctri-ne qui apprend à l'homme à fe bien connoître foi-même, & tous les objets qui l'environnent, à remonter à l'Auteur de fon exiftence, à cher-cher les moyens qui peuvent le conduire à l'ac-

A 6

qui-

.quifition, à la confervation, & à l'augmentation d'un vrai bonheur. Pour arriver à ces grandes fins, elle entreprend d'abord de former l'entendement humain, elle le dévelope & le perfectione en lui enfeignant ce qu'il faut faire pour acquérir des idées diftinctes, pour former des jugemens folides, pour affujettir les raifonnemens à des régles infaillibles. Elle offre enfuite des premiers principes de certitude, d'où découle celle de toutes les Vérités que nous découvrons par leur moyen; elle nous conduit aux notions univerfelles, elle nous montre comment il faut les combiner, & ce qui réfulte de ces combinaifons; & après avoir ainfi muni notre efprit de tous les fecours dont il a befoin pour s'attacher avec fuccès à l'examen des objets; elle l'invite à confidérer le Monde, & la liaifon intime de tout ce qui entre dans la compofition de ce grand Tout; l'ame placée dans l'Univers, & y exerçant les diverfes opérations dont elle eft capable, d'une maniere dépendante de la place que fon corps y occupe; Dieu, dont tous les Ouvrages, par les perfections dont ils font doués, font autant de miroirs de fes perfections infinies, comme ils font par leur contingence la preuve inconteftable de fa néceffité; enfin ramenant l'homme à lui-même, & à l'état où il fe trouve placé ici-bas, elle lui fait fentir que le bonheur doit être le but unique & invariable de fes dé-

marc

marches, qu'il ne peut attendre ce bonheur que de l'Auteur de son exiſtence, & que pour l'obtenir, il doit lui plaire, ſe conformer à ſes intentions, & exécuter ſes volontés, autant qu'il eſt à portée de les connoître. Elle lui montre en même tems, & dans toute la Nature, & dans le fond de ſon propre cœur, les notions de l'ordre, & de la rectitude, qui ſervent de fondement à tous nos devoirs; elle lui découvre les maximes de la Loi naturelle, elle lui prouve l'obligation de les ſuivre, & d'arriver par leur pratique, qui n'eſt autre choſe que la vertu, à la félicité qui y tient par un lien indiſſoluble. De là il eſt aiſé de tirer des conſéquences auſſi manifeſtes qu'utiles pour les différens états dans leſquels l'homme peut ſe trouver placé, tant à l'égard des diverſes formes de Gouvernement introduites dans la Société, que par rapport aux rélations qu'il contracte, en qualité d'Epoux, de Père, de Maître, &c. En un mot la ſaine Philoſophie diſſipe tous les doutes, fixe toutes les incertitudes, & pourvoit à tous les beſoins de la Créature humaine, ſi l'on en excepte les maux cauſés par l'entrée du péché dans le Monde, qui ne peuvent être guéris que par des remèdes d'un ordre ſupérieur. Quiconque auroit toutes les lumieres, & pratiqueroit toutes les vertus, auxquelles l'homme peut s'élever, ſeroit

tout

tout à la fois le plus grand des Philofophes, & le plus heureux des mortels.

Ce Tableau eft bien attrayant; mais à quoi reffemble - t - il ? Une Philofophie telle que nous venons de la décrire, n'eft point une chimère en foi, une fuppofition impoffible & contradictoire. Tout au contraire c'eft la réalité même, & la feule doctrine qu'on dût appeller du nom de Philofophie, fi l'on fe piquoit de jufteffe & de précifion dans l'ufage des termes. Mais eftce à ces traits & par ces ufages qu'on reconnoît le Philofophie de tous les fiecles, & même celle de nos jours ? L'Hiftoire de cette Science, comme je l'ai déjà infinué, eft - elle l'Hiftoire de la Vérité ? Non affurément: & encore moins celle de la Vertu. Les erreurs & les paffions y tiennent la principale place, y jouënt le plus grand rôle. On eft tout furpris de voir les Philofophes enchérir les uns fur les autres à ce double égard; & la vieilleffe du monde, fi tant eft que nous y foyons parvenus, ne différer de l'enfance que par de plus grandes extravagances, & dans le raifonnement & dans la conduite. Cela fembleroit bien propre à dégoûter de l'étude de l'Hiftoire Philofophique, puifqu'au premier coup d'œil elle paroît n'être bonne qu'à charger la mémoire d'un vain fatras d'opinions qui ne méritent que le mépris & l'oubli, à gâter l'efprit en

l'oc

l'occupant de tant d'abſurdités qui ont ſuccédé les unes aux autres, ou à jetter dans la triſteſſe & dans le découragement, en penſant que ce dont les hommes qui ont eu le plus de réputation dans tous les ſiecles n'ont pû venir à bout, doit être au deſſus des forces humaines.

Tout cela n'eſt à bien des égards que trop vrai; mais il faut s'abſtenir d'une déciſion précipitée. J'avoüe que je ne regarderois pas une vie comme trop bien employée, ſi l'on vouloit la paſſer à percer les ténébres de l'Hiſtoire Philoſophique, à peſer & à apprécier des dogmes que nous ne pouvons plus entendre aujourd'hui, qui ſouvent n'ont pas été bien entendus par leurs Auteurs, à débrouiller en un mot un chaos qui ne peut l'être que très imparfaitement, ou dans le débrouillement duquel on ne trouve pas dequoi ſe dédommager des peines qu'on a priſes. Je fais cependant ici une diſtinction, & je m'explique, afin qu'on ne croye pas que je veuille déprimer par là le travail d'Ecrivains célébres, & auxquels la République des Lettres a les plus grandes obligations. Quand le tour qu'on donne à ſes études, l'objet vers lequel on ſe détermine par goût ou par convenance, conduiſent à creuſer ces matieres, & qu'on s'en acquitte bien, c'eſt une tâche très conſidérable, c'eſt un des plus beaux & des plus riches départemens de l'Erudition, ſi je puis m'exprimer ainſi; & les éloges

qu'on

qu'on difpenfe aux Savans de cet ordre leur font
parfaitement dûs. C'eft ainfi que Mr. *de Beaufo-
bre* le Père, dans fon excellente *Hiftoire du Ma-
nichéifme*, a fi bien approfondi & fi judicieufe-
ment expofé les rêveries des anciens Hérétiques,
qui ne font prefqu'autre chofe que les dogmes
des Philofophes qui les avoient précédés, bizar-
rement affortis à ceux du Chriftianifme.   C'eft
furtout · la carrière qui a été fournie dans toute
fon étendue, & avec le plus grand fuccès, par
l'illuftre Mr. *Brucker*, dont l'*Hiftoire Critique de
la Philofophie depuis fon Origine jufqu'à préfent*,
en cinq gros Volumes *in quarto*, en Latin, eft
une des productions qui feront le plus d'honneur
à ce fiècle, & dont la poftérité tirera le plus de
fruit.   Quand j'ai donc avancé qu'une vie confacrée à cette étude me paroîtroit mal employée,
j'ai voulu dire qu'un homme qui a un autre but,
qui fe dévouë à une autre Science, quelle qu'elle
foit, s'arrêteroit & s'appefantiroit mal à propos
fur l'étude de l'Hiftoire Philofophique ; que, tandis
qu'il fe deftine à être Théologien, Jurifconfulte,
Médécin, &c. il y auroit de l'imprudence de fa
part de vouloir donner des années entieres à
cette Hiftore, & à ufer dans cette occupation les
forces de fon efprit, dont il aura befoin ailleurs.
J'eftime donc qu'un Savant, de quelque ordre &
de quelque profeffion qu'il foit, ne doit pas
ignorer l'Hiftoire Philofophique ; mais qu'il lui
fuffit

fuffit de la favoir, comme il fait l'Hiftoire pro-
fane, dont il ne fe pique pas de poffeder tous
les détails, qu'il abandonne aux Hiftoriens en
titre. Sans cela, & s'il faloit que toutes nos connoiffances fuffent auffi complettes, plufieurs vies
n'y fuffiroient pas. Il faut paffer par les avenues
de la Science en général, & par celles de la
Science particuliere qu'on veut acquérir, ou
profeffer; il faut, dis·je, paffer par ces avenues;
mais il ne faut pas s'y arrêter trop longtems,
encore moins y demeurer toujours.

Une lecture attentive d'une bonne Hiftoire
de la Philofophie fuffit donc pour mettre au fait
ceux qui ne cherchent qu'à l'affocier aux autres
connoiffances préparatoires. S'ils veulent mieux
affermir ces idées dans leur mémoire, ils peuvent joindre à cette lecture quelques Extraits
bien faits, & quelques Obfervations fur les cho·
fes les plus importantes. M. *Brucker* a rendu à
cet égard là tous les fervices qu'on pouvoit de-
firer. Sa grande Hiftoire pouvant paroître trop
volumineufe, & l'étant en effet, pour ceux qui
parcourent la carrière des premieres études, il a
remédié à cet inconvénient par d'excellens Abrégés, dont le premier en Allemand, par Demandes & par Réponfes, avoit précédé le grand
Ouvrage, auquel il a même fervi d'occafion &
d'acheminement; & l'autre en Latin a été fait

foi-

foigneufement rédigé d'après l'Hiftoire proprement dite, & en renferme l'effentiel.

Il ne feroit pas befoin d'ajoûter un nouvel
abrégé à ceux que je viens d'indiquer, s'ils é-
toient à portée de tomber entre les mains de
tout le monde. Mais, outre que celui qui eft
en Allemand ne peut être lû que par les perfonnes qui entendent cette Langue, on fait qu'en
général les Livres & les Editions d'Allemagne
ont quelque peine à franchir les bornes de leur
terroir natal, & à fe répandre dans d'autres
contrées, en Hollande, en France &c. En fup-
pofant donc que l'Abrégé que je donne ici au
Public ne foit pas indigne d'attention, il ne fera
pas de trop; & fans fe croifer avec ceux de M.
Brucker, il pourra fervir à ceux qui, par les raifons fufdites, ne les connoîtroient pas, ou ne
pourroient pas s'en fervir.

Qu'un femblable coup d'œil de l'Hiftoire Philofophique foit en général un travail utile, c'eft
ce que je ne crois pas qu'on puiffe contefter.
Dès là qu'il ne convient pas à tous ceux qui é-
tudient, de s'enfoncer à cet égard dans tous les
détails, & de fuivre le fil de toutes les difcuf-
fions, ce qu'ils ont de mieux à faire, c'eft de
faifir en petit, mais avec autant de netteté qu'il
eft poffible, les principaux faits de cette Hiftoire,
dans leur véritable ordre & dans leur liaifon na-

turelle. Ce n'eſt pas à moi qu'il appartient de dire, ſi ces faits ſe trouveront en effet préſentés ici de la maniere la plus propre à en donner une ſemblable idée. Tout ce que je puis aſſurer, c'eſt que je me propoſe ce deſſein en prenant la plume, que je tâcherai d'apporter à ſon exécution tout les ſoins dont je ſuis capable, & que je ſerai conſidérablement aidé par ſix Tables, ou Cartes mnémoniques, faites d'après la grande Hiſtoire de M. *Brucker*, & où ſont rapportés avec beaucoup d'exactitude, & dans le meilleur arrangement, tous les articles eſſentiels qui peuvent & doivent entrer dans un ſimple précis. A meſure que j'adopterai ces articles à mon plan, j'y joindrai les dévelopemens, les remarques, & les réflexions qui me paroîtront les plus convenables au but de cet Ouvrage, & les plus utiles à mes Lecteurs, que je ſuppoſe appartenir à la claſſe de ceux qui ont beſoin d'inſtruction & de direction. A l'aide de ces différentes précautions, je me flatte d'arriver au même but que je me ſuis conſtamment propoſé dans tous les Ecrits que j'ai publiés juſqu'à préſent, c'eſt l'utilité publique.

Il ne reſte plus qu'une choſe qu'on pourroit m'objecter, c'eſt que ce que je veux faire, eſt déjà fait, & mieux que je ne puis eſpérer de m'en acquitter. Il exiſte en effet en François

un

un Ouvrage connu depuis longtems, & que le
Public a favorablement reçu, c'eſt l'*Hiſtoire Critique de la Philoſophie*, par Mr. *Deſlandes*, en
quatre Volumes *in*-12. J'ai lû très ſoigneuſe-
ment ce Livre; & c'eſt cela même qui me fait
croire qu'il ne ſuffit point pour . inſtruction des
Lecteurs, ſi tant eſt qu'il n'y ſoit pas directe-
ment contraire.   Mr. *Deſlandes* a plutôt voulu
faire un Ouvrage ſingulier, qu'un Ouvrage ſoli-
de; & il a réuſſi.   La premiere ſingularité eſt
celle du ſtile; & pour faire voir juſqu'où elle
va, je ne puis m'empêcher de rapporter une
petite Anecdote aſſez plaiſante. Pendant le ſéjour de Mr. *de Voltaire* ici, je lui ai prêté divers Livres de mon Cabinet, & entr'autres celui
dont je parle ici. Ce célébre Ecrivain, au jugement duquel on peut bien s'en fier en fait de
ſtile, fut ſi dépité de celui de Mr. *Deſlandes*,
qu'il chargea le titre & les marges de mon Ex-
emplaire de pluſieurs traits de ce dépit, qui ſont
tout à fait réjouïſſans, & que je conſerve avec
plaiſir; quoique ce ne ſoit d'ailleurs guères l'u-
ſage de rien écrire ſur les Livres qu'on emprun-
te. Mr. *de Voltaire* a donc mis ſur le feuillet du
titre, (c'eſt l'Edition de *Changuion*, à Amſterdam
1737.) à la place de *Par Mr.* D*** le nom entier accompagné d'une qualification expreſſive,
de la maniere ſuivante; *par Mr. Deſlandes,*
vieil

vieil Ecolier précieux. Joignons une ou deux des notes répandues fur les marges. Vers le bas de la page 87. du Tome I. Mr. *Deflandes,* en parlant de la Langue des Chinois, dit: *Cette efpece d'immobilité de la langue.* Mr. *de Voltaire* a mis à côté; *d'immutabilité:* & a ajoûté: *Au moins dans ton ftile fade & précieux fers-toi du mot propre.* La tirade fuivante finit la page 290 & commence la page 291 du même Volume. ,, Suivant quelques Philofophes ap-
,, prouvés de Ciceron, tout le Polythéifme poë-
,, tique, tout ce qu'il y a eu de Divinités parmi
,, les Grecs, tout ce qui entre dans le détail
,, de leurs généalogies, de leurs familles, de
,, leurs domaines, de leurs avantures, n'eft au-
,, tre chofe que la phyfique *mife fur un*
,, *certain ton & agréablement tournée,* fur quoi Mr. *de Voltaire,* après avoir fouligné ce que nous venons de mettre en caractères italiques, s'écrie; *Quel ftile de plat bel-efprit Provincial!*

On conviendra qu'un pareil ftile eft l'antipode du ftile didactique; mais ce n'eft pourtant pas en quoi Mr. *Deflandes* eft le plus repréhenfible. Le défaut effentiel de fon Ouvrage confifte en ce que les expofés qu'il donne de la doctrine des divers Philofophes ne font rien moins qu'exacts foit qu'il n'ait pas toujours compris cette doctrine ou qu'il ait eu quelquefois le def-

feir

ſein de l'altérer; car, & voilà le grand grief, outre la manie de Bel-Eſprit, il en avoit une bien plus dangereuſe, c'eſt celle d'Eſprit-fort, qui perce dans toutes ſes productions. Rien de plus révoltant que le titre d'un Livret par lequel je crois qu'il débuta; ce ſont les *Réflexions ſur les grands hommes qui ſont morts en plaiſantant.* Il n'a pourtant pas groſſi la liſte de ſes grands hommes, s'étant crû obligé au lit de mort de faire une rétractation & une réparation de ce que ſes Ouvrages contiennent de hazardé & de dangereux. Remarquons cependant qu'il ne s'eſt acquité de ce devoir que d'une maniere très équivoque, ayant apporté, ſans qu'on en vit aucune raiſon tant de délais à ſigner cet acte, qu'il eſt mort ſans le faire. Pour en revenir à ſon *Hiſtoire Critique de la Philoſophie*, je crois que voilà plus de raiſons qu'il n'en faut pour ne la pas mettre au nombre des Manuels propres à l'uſage de ceux qui étudient, & pour accorder ce titre & ce droit à un Abrégé mieux fait, ou du moins plus décent. En 1756. peu avant que de mourir, Mr. *Deſlandes* donna ſon quatrième Volume dont on pouvoit encore mieux ſe paſſer que des trois premiers; & dans l'Avertiſſement qu'il mit à la tête, il fit une ſortie ſi indécente ſur Mr. *Brucker*, qu'on ne peut la lire ſans indignation, ou plutôt ſans rire

rire du ton que prend un Auteur auffi mince
que l'étoit le défunt vis à vis du plus favant de
fes Contemporains. Je veux mettre cet endroit
fous les yeux de mes Lecteurs, comme ce qu'il
y a de plus propre à leur donner une jufte idée
de la maniere de penfer & d'écrire de Mr. *Des-
landes*.

  ,, Depuis que les trois premiers Volumes de
,, l'Hiftoire Critique de la Philofophie ont été
,, imprimés, il en a paru une Latine fous le titre
,, d'*Hiftoria Critica Philofophiæ a Mundi incu-
,, nabulis ad noftram ufque ætatem deducta.* Cet
,, Ouvrage, loué par les uns, & blâmé par les
,, autres, eft d'un Allemand, nommé *Jaques
,, Bruckerus.* Pour moi, fi j'ofois être d'un fen-
,, timent contraire à celui des célébres Auteurs
,, de l'Encyclopédie, je dirois que c'eft une
,, Compilation indigefte, partagée en cinq gros
,, Volumes *in quarto*, plutôt qu'un Ouvrage ré-
,, flechi. *Bruckerus* a lû fans beaucoup de dif-
,, cernement, & il a écrit fans nulle bienféance ;
,, & quoique Meffieurs de l'Encyclopédie affu-
,, rent que fon Ouvrage donne lieu à beaucoup
,, penfer, je prendrai, moi, la liberté de leur
,, dire, que plus de la moitié en eft d'une diffu-
,, fion, & par conféquent d'une inutilité dont
,, rien n'approche. En effet, à quoi peuvent fervir
,, les deux premiers Volumes ? Que nous appren-
                      ,, nent-

„ nent-ils, finon des folies & des abfurdités ti-
„ rées des plus anciens Peuples, & dont la plus
„ grande partie vient de quelques modernes
„ ignorans & fuperftitieux qui ont donné leurs
„ rêveries pour des vérités? N'aurois-je pas
„ eu par exemple, bonne grace de remplir un
„ Volume des prétendus Syftêmes des Perfes &
„ des Chaldéens, dont on ne trouve que quel-
„ ques lambeaux mal affortis dans l'Antiquité,
„ & que les Vifionnaires ont coufus les uns avec
„ les autres vers le tems de la décadence de
„ l'Empire de Conftantinople? N'aurois-je pas
„ eu encore bonne grace d'imiter l'Allemand
„ *Bruckerus*, & d'offrir au public un Volume
„ circonftancié de la Philofophie cabbalifte des
„ Hébreux & des Juifs? Il me femble que j'en
„ ai dit tout ce qu'il en faloit fçavoir dans mon
„ Hiftoire Critique de la Philofophie; & dût LE
„ BRUCKERUS m'accufer de trop de concifion &
„ de briéveté, j'avouerai naïvement que je ferois
„ fâché d'en avoir dit davantage: & fi c'eft à
„ fes yeux un mérite d'être ample & prolixe, j'ai-
„ me mieux, tout bien examiné, être court &
„ judicieux".

Le plus étourdi des petits-maîtres s'énonce-
t-il jamais avec une pareille fatuité? Et doit-
on après cela être étonné de trouver à la fin de
cet Ouvrage l'étrange rapfodie de vers & de

profe

profe que Mr. *Deflandes* a intitulée *Mon Cabinet*,
& où l'amour propre le plus outré fe trouve af-
focié aux leçons d'un Epicuréifme vrayement ef·
fronté.   L'admirable guide en fait de Philofophie, qu'un homme qui, fur le bord de fa foffe,
fait imprimer les ftrophes fuivantes!

En bonne compagnie
On peut s'oublier quelquefois.
Buvons par fantaifie,
Mais n'aimons jamais que par choix.

D'une Beauté novice
Qu'en paffant on cueille la fleur.
Si c'eft par un caprice,
C'eft toujours un moment flatteur,
,   .   .   ·   .   ·   .   .   .
.   .   .   ·   .   .   .   .   .

Les effais de ma plume
N'ont point manqué d'approbateurs;
Et mon dernier volume
A trouvé par·tout des Lecteurs.
º   .   .   ·   .   .   ·   .   .
.   .   .   .   .   .   ·   .   .

Sans regretter la vie
Puiffé-je à peu d'amis difcrets,
De ma Philofophie
Tranfmetre en mourant les fecrets!

B   Doux

> Doux sommeil, dernier terme,
> Que le sage attend sans effroi,
> Je verrai d'un œil ferme
> Tout passer, tout s'enfuir de moi.

Après de pareils traits, on ne trouvera pas sans doute que j'aye eu tort de faire connoître la turpitude d'un Auteur qui n'a pas eu honte de l'étaler d'une maniere aussi scandaleuse; & l'on ne me reprochera pas de l'avoir jugé trop sevérement. Je le quitte & le perds entiérement de vue, pour entrer dans une route toute différente de la sienne! heureux, si je puis y marcher avec succès, m'y soutenir jusqu'au bout, & obtenir les suffrages que j'ambitionne seuls, ceux des Amis de la Vérité & de la Vertu.

HISTOIRE

ABRÉGÉE

DE LA

PHILOSOPHIE.

✻✻✻✻✻✻✻✻✻✻✻✻✻✻✻✻✻✻✻✻✻✻✻✻✻✻✻

Cette Histoire comprend la vie & la doctrine des Philosophes, qui ont eu quelque réputation dans le Monde. Quoique les faits historiques qui concernent les Philosophes, n'appartiennent pas à la Philosophie même, il est cependant conforme à l'usage, & même à la raison de donner une idée de ces faits. Il est tout aussi intéressant, s'il ne l'est pas davantage, de savoir quand tel ou tel Philosophe a vécu, & comment il a vécu, que de parcourir les Annales stériles qui marquent les années & la durée du régne de tant de Princes, dont le nom auroit pû & dû être enséveli dans l'oubli. D'ailleurs la doctrine même des Philosophes dépend souvent en grande partie des tems, des lieux, & des circonstances où ils ont vécu. Il faut donc que l'Historien de la Philosophie use ici d'un esprit de discernement pour faire choix des faits véritablement

in-

intéreffans, & pour proportionner ce choix à l'étendue de fon plan, autre étant une Hiftoire complette, autre un Abrégé: & il réfulte de là que celui-ci eft encore plus difficile à faire que l'Hiftoire. Il eft aifé de groffir un Ouvrage (a); mais il ne l'eft pas de réduire, & fur-tout de faire une réduction, où il n'y ait précifément ni plus, ni moins, que ce qui doit y entrer.

L'Histoire Philosophique fe divife en trois grands Périodes;

I. Depuis la Création du Monde jufqu'à la fondation de Rome.

II. Depuis la fondation de Rome jufqu'au rétabliffement des Lettres, après la prife de Conftantinople.

III. Depuis ce rétabliffement jufqu'à préfent.

(a) Il exifte un Livre bien fingulier dans ce genre, quoique ce foit l'Ouvrage d'un Homme de Lettres qui a beaucoup écrit, & s'eft fait un nom. C'eft la vie de *Descartes* par *Baillet*, gros *in quarto* où l'on trouve les plus grandes inutilités, & les puérilités les moins croyables.

L I V R E I.

Contenant l'Histoire de la Philosophie, depuis la Création du Monde jusqu'à la fondation de Rome.

Ce premier Période se divise en deux Parties, dont la premiere embrasse les tems qui ont procédé le Déluge, & la seconde va depuis cette époque jusqu'à celle de la fondation de Rome.

S E C T I O N I.

Histoire de la Philosophie avant le Déluge.

Il seroit fort superflu de donner beaucoup d'étendue à ce morceau de l'Histoire Philosophique, même dans l'Ouvrage le plus détaillé. Nous n'avons ici d'autre guide que l'Ecriture Sainte; il n'y a qu'à la lire attentivement, & l'on verra quel est le jugement qu'il faut porter des connoissances Philosophiques qu'ont possédées les premiers habitans de notre Globe. L'homme est sorti des mains de son Créateur, doué non seulement d'un ame intelligente, mais encore imbû des idées dont il ne pouvoit se passer pour glorifier l'Auteur de son être, & pour mettre à profit les biens dont il le com-

bloit.

bloit. Il a été en particulier muni du fecours de la parole, fans lequel, inférieur aux animaux, il n'auroit pû arriver que par de longs tâtonne-mens, & par des combinaifons purement for-tuites, à la découverte des chofes qui lui étoient le plus néceffaires. Enfuite l'efprit humain s'eft perfectionné, & cette langue primitive, que nous ne connoiffons plus, a pris des accroiffe-mens proportionnés à ceux des lumieres des hommes qui la parloient. Voilà tout ce qu'on peut dire fur l'état des hommes avant la cataf-trophe qui les fubmergea. Il eft probable que la longue vie des premiers Patriarches les mit en état de faire bien des obfervations, & d'inventer même bien des chofes; mais il n'en refte aucun veftige : & tout ce qu'on dit là deffus aujour-d'hui eft le fruit, ou de conjectures dénuées de fondement, ou d'impoftures groffieres.

ADAM avoit, dit-on, une Philofophie in-née, parce qu'il a eu une difpute avec le fer-pent; mais où exifte le récit de cette difpute. Et l'événement, le plus déplorable de tous ceux qui font jamais arrivés, ne prouve-t-il pas au contraire que notre premier père étoit un bien mauvais Philofophe, de fe laiffer induire à vio-ler l'ordre formel de fon Créateur par des fophif-mes auffi groffiers que l'étoient ceux qui l'y dé-terminerent. Mais, ajoute-t-on, il a donné des noms aux animaux, & il n'a pû le faire fans

les

les connoître intimément. Cette conféquence tire fa force du faux principe que ces noms étoient de ceux qu'on appelle *effentiels*; & il y en a qui pouffent la chimère jufqu'à prétendre que toute la langue primitive étoit une langue *effentielle*, dont chaque mot renfermoit l'énoncé le plus diftinct de l'effence & des attributs du fujet qu'il défignoit. Mais il n'y a pas un mot de tout cela dans l'unique fource où nous puifons le fait en queftion. Il paroît plus fimple & plus naturel de dire qu'*Adam* environné d'animaux qu'il voyoit tous les jours, (& il n'étoit queftion fans doute que de ceux-là, une revue générale de tous les genres & de tous les efpeces n'étant pas croyable, ni peut-être poffible), il leur donna des noms arbitraires pour les reconnoître, comme le font tous les hommes, lorfqu'ils fe trouvent dans des cas femblables.

CAÏN fut un méchant homme; cela eft certain. Donc il profeffa & enfeigna l'Epicuréifme. A qui, quand, & comment? C'eft ce que perfonne n'eft en état de dire.

SETH s'appliqua à l'Aftronomie. On n'en eft pas plus affuré; ou bien cette affertion repofe fur les fondemens les plus ruineux, favoir ces prétendues Colomnes de Seth, qui n'exifterent jamais, non plus que les Infcriptions qu'on dit y avoir été gravées.

JUBAL, TUBAL CAIN, &c. ont fait des dé-

cou-

couvertes en Chymie, en Métallurgie, en Muſique, &c. Quand on a cité les paſſages où il en
eſt parlé, tout eſt dit.

ENOCH a laiſſé un Recueil d'Oracles. Ce
Recueil eſt un Livre des plus apocryphes; &
quand il ne le feroit pas, qu'eſt-ce que cela fait
à la Philoſophie?

En voilà plus qu'il n'en faut ſur une matiere
qui n'a été traitée au long que par des viſion-
naires.

SECTION II.

*Hiſtoire de la Philoſophie depuis le Déluge juſqu'à
la fondation de Rome.*

Nous trouvons dans ce ſecond période I. la
Philoſophie des Barbares, & II. celle des Grecs.

CHAPITRE I.

De la Philoſophie des Barbares.

C'eſt le nom que les Grecs avoient donné à
toutes les autres Nations. L'étymologie du mot
eſt incertaine; il ſemble pourtant qu'elle ſe rapporte principalement à la rudeſſe du langage de
ces Peuples; rudeſſe en partie réelle, en partie
apparente, car tout langage étranger paroit un
cri

cri modulé plutôt qu'une langue à ceux qui ne l'entendent pas. Mais il s'agit principalement de l'idée que les Grecs attachoient au mot de *Barbare*; elle ne différoit pas beaucoup de ce que nous entendons aujourd'hui par le nom de *Sauvages*.   Ils s'imaginoient que quiconque n'étoit pas Grec, étoit par là même plongé dans l'ignorance & dans la ftupidité, incapable même d'en fortir, & fur-tout de s'élever à des connoiffances d'un certain ordre.   Ils refufoient donc aux Barbares toute teinture de Philofophie.

Ils fe trompoient cependant, comme nous l'allons voir.   Les Barbares ont connu la Philofophie, quoiqu'ils l'ayent fort déguifée en la traitant à leur façon.   Cette Philofophie confiftoit principalement dans des Traditions tranfmifes des pères aux enfans; le raifonnement, & fur-tout cette force du raifonnement qui vient de la liaifon des idées, n'y entroit pas pour beaucoup.   Avec cela il eft bien difficile de féparer la Théologie de ces Nations, tant Orientales & Occidentales que Méridionales & Septentrionales, d'avec leur Philofophie.   C'étoit un vrai chaos de faits altérés, & mêlés à de fauffes opinions, le tout fous le voile d'allégories outrées, obfcures dès leur origine, & que le tems a rendues tout à fait inintelligibles.

Nous rangerons fous quatre Articles la Philofophie des Barbares, favoir, 1. celle des Orientaux, 2. celle des Occidentaux, 3. celle des Méridionaux, & 4. celle des Hyperboréens, ou Septentrionaux.

ARTICLE I.

De la Philosophie des Orientaux.

Immédiatement après le Déluge, & au sortir de l'Arche se présente N o e', sur lequel on ne peut rien dire de plus positif, par rapport aux connoissances Philosophiques que sur les Patriarches antérieurs au Déluge. La fabrique de l'Arche & le degré de savoir qu'elle suppose, ne peuvent pas être regardés comme procédant de l'habileté de *Noé*. Il fut dirigé par *l'éternel Géometre* ; ce fut le même secours qui le mit en état de rassembler, & les animaux qui entrerent dans l'Arche, & les provisions nécessaires pour les entretenir pendant la durée du Déluge. Tout ce qu'on dit de plus sur la Science de ce Conservateur du genre humain, en particulier sur les secrets de sa Chymie, est une pure fiction. Les sept fameux préceptes qui portent son nom ne le regardent pas davantage.

La postérité de *Noé* se multiplia, peupla le Monde ; & d'elle sortirent toutes les familles, dont la réunion produisit dans la suite des peuples, & forma des Empires. N'ayant ici en vue que

que la Philofophie & fon Hiftoire, nous n'indiquerons parmi les Orientaux que 1. les Hébreux, 2. les Chaldéens, 3. les Perfes, 4. les Indiens, 5. les Arabes, & 6. les Phéniciens.

§ I.

Des Hébreux.

Leur premiere tige fe trouve dans le fils ainé de *Noé*.

SEM, (c'eft fon nom), paffe encore pour grand Aftronome, mais fans preuve. Il faut mettre cette Aftronomie avec la Magie de CHAM, fur laquelle on a dit tant d'abfurdités.

ABRAHAM tient, avec le même droit, un rang diftingué parmi les Savans de fon tems; & cela pour avoir enfeigné aux Egyptiens, l'Arithmétique, l'Aftronomie, & ce qu'on appelle les Sciences des Chaldéens, qui confiftoient principalement dans la Divination. Les Juifs ne tariffent point en rêveries fur ce fujet. Mais pour nous, *Abraham* ne nous eft connu que par fa foi & par fes vertus.

JACOB fut un infigne Phyficien; & ceux qui en doutent, on les renvoye à l'artifice dont il fe fervit pour avoir des agneaux tachetés. Etoit-ce un fecret que l'expérience lui eut appris; ou

B 6

bien

bien fut-il affifté par quelque révélation? C'eft de quoi nous ne faurions décider.

JOSEPH eft un grand Politique, un homme profondément verfé dans l'œconomie, un habile Interprête des fonges, &c. Mais il demeure également indécis quelle part l'Efprit Divin qui le conduifoit, & le foutenoit, eut dans toutes ces lumieres. C'eft au refte à tort qu'on veut le confondre avec *Hermès*. Le perfonnage, quel qu'il ait été, qui a porté le premier ce nom, doit avoir précédé de beaucoup le tems de *Jofeph*; car il paffe pour l'Auteur de la fageffe des Egyptiens, & il paroit que cette fageffe étoit fur un pied trop floriffant, pour n'être pas ancienne, lorfque le Patriarche Hébreu fut chargé du gouvernement de l'Egypte.

MOÏSE puifa dans cette même fageffe un grand nombre de connoiffances, qui en firent un des hommes les plus éclairés de fon fiecle. Cette affertion n'eft point téméraire, puifque l'Ecriture la confirme. Mais il n'y en auroit pas moins de témérité à vouloir entrer dans le détail des différentes Sciences que Moïfe poffédoit. Comme Légiflateur, nous ne voyons en lui qu'un homme infpiré, à qui Dieu confie immédiatement les Loix deftinées à fonder la République d'Ifraël. Sa Cosmogonie, ou le récit qu'il fait de la Création du Monde, n'annonce

pas

C'eft tout l—contraire: tout annonce qu'il a puifé aux anciennes fources; c'eft à dire aux Cosmogonies Chaldéennes et Perfanes (comme l'étude de l'Edda) et dans les traditions

pas non plus qu'il l'ait puifé dans d'autre fource
que celle d'une révélation expreffe. La maniere
dont il réduifit le veau d'or en poudre, fi elle ne
lui fut pas fuggérée d'en haut, eft peut-être un
de ces fecrets des Anciens qui ne font pas parvenus jufqu'à nous. *Moïfe* eft à tous égards un
des plus grands hommes qui furent jamais; mais
nous ne faurions dire à quel point il étoit grand
Philofophe, dès-là que nous ne favons pas en
quoi confiftoit la Philofophie de fon tems.

SALOMON fera l'homme univerfel, le Philofophe accompli, fi aux explications forcées de
quelques paffages qui le concernent, on joint des
Traditions fabuleufes qui donnent l'idée la plus
exagérée de fa Science. Nous n'avons point ce
qu'il avoit écrit fur l'Hiftoire Naturelle; nous
n'appercevons dans les énigmes qu'il expliquoit,
qu'un ufage général à la Cour des Rois fes contemporains; les jugemens qu'il a prononcés,
n'annoncent qu'un homme d'un fens droit, &
d'un efprit pénétrant; enfin fes proverbes font
d'excellentes maximes de Morale. Cela fuffit
bien pour le rendre très recommandable; mais il
faut fe fouvenir que c'eft à Dieu qu'il avoit de-
mandé la fageffe & que c'eft de lui qu'il l'avoit
obtenue. Le titre de Philofophe ne lui convient
donc qu'imparfaitement: & pour tous les myftères dont on l'a fait dépofitaire, les Livres qui

les

les contiennent, c'eſt l'impoſture qui les a for-
gés, & la crédulité qui les a reçus.

DANIEL a des caraƈlères fort brillans; mais
c'eſt à l'Eſprit divin qu'il en eſt redevable, &
non à la Philoſophie.

JOB a vêcu dans un tems dont il eſt difficile
de fixer l'époque; & quand on y parviendroit,
il faudroit encore prouver qu'il eſt l'Auteur du
Livre qui porte ſon nom. Ce Livre renferme à
la vérité bien des échantillons de dialeƈtique &
de phyſique; mais ils doivent plutôt être mis
ſur le compte de l'inſpiration que ſur celui de la
Philoſophie.

Ainſi, pour bien juger de la Philoſophie des
Hébreux, il faut recourir ſimplement aux Ouvrages de leurs Doƈteurs, à leurs Livres claſſiques; & en les examinant on verra qu'ils n'ont
point eu, à proprement parler, de Philoſophes,
mais que leur ſageſſe étoit un aſſemblage de notions puiſées en partie dans la Révélation à laquelle ils joignoient pluſieurs Traditions, & en
partie dans l'expérience. Les perſonnages diſtin-
gués qu'ils ont eu parmi eux, ont tourné leur ſagacité du côté de la Légiſlation & de l'œconomie politique, ſans faire preſque aucune attention aux choſes qui ſont du reſſort immédiat de
la Philoſophie.

§ 2.

§ 2.

Des Chaldéens.

On les nomme auffi *Affyriens*. Leur Philofophie eft difficile, obfcure, & incertaine, parce
qu'elle remonte à la plus haute Antiquité, &
qu'on ne peut guères la puifer que dans des
fources très fufpectes.   Ce n'eft qu'avec d'extrê-
mes précautions qu'on évite de confondre les
vrais dogmes des anciens avec des fictions enfan-
tées dans des tems fort poftérieurs.   Rien n'eft
auffi plus embarraffant à cet égard que le mêlange perpétuel des idées de la Théologie avec
celles de la Philofophie.   La Religion de ces
peuples n'étoit qu'un affemblage monftrueux des
plus bizarres fuperftitions, une Idolâtrie groffière & déteftable.   Les Prêtres en impofoient
aux peuples par toutes fortes d'artifices.   Ce
n'étoient que divinations, augures, enchantemens, interprétations de fonges, cérémonies
puériles ou licentieufes.   S'il y avoit quelque
chofe de caché fous cette écorce, il eft impoffible de le démêler aujourd'hui ; & cette fageffe
a l'air de la folie la plus complette. Il faut que
c'ait été en même tems une folie dangereufe,
puifque, dès les premiers tems de la Monarchie

Ro-

Romaine, les arts des Chaldéens furent proscrits comme suspects & impies.

La méthode de la Philosophie Chaldéenne étoit *traditive* & *secrete*. Elle étoit *traditive*, c'est-à-dire, que les dogmes passoient des pères aux enfans, & que ceux-ci les recevoient sans aucun examen, & avec une soumission aveugle. Elle étoit *secrete*, c'est-à-dire, qu'on n'admettoit à sa connoissance, ou du moins qu'on n'initioit à certaines doctrines plus mystérieuses que les autres, que des personnes choisies, en qui l'on avoit une pleine confiance. Ce secret a été depuis, & pendant bien des siecles, le caractère de la Philosophie réelle : on n'abandonnoit au vulgaire qu'une Philosophie vague, on le payoit de mots, reservant les choses aux initiés.

Malgré les obscurités de la Philosophie des Chaldéens, elle a été fort célébre dans toute l'Antiquité ; & ses sectateurs se sont partagés en différentes sectes, dont on ne connoit plus aujourd'hui que les noms. Tels étoient les *Hipparéniens*, les *Babyloniens*, les *Orchéniens*, les *Borsippiens*, &c.

A la tête des noms illustres que cette Philosophie présente, on trouve ZOROASTRE ; mais comment démêler ce qui le concerne, au milieu de tant d'autres personnages du même nom, avec qui il a été confondu ? Au moins faut-il

être

être foigneux de le diftinguer d'avec le *Zoroaftre des Perfes*; il eft beaucoup plus ancien, & paffe pour l'Auteur de la Magie, c'eft-à-dire, pour le père de la plus groffière des impoftures & de la plus honteufe des fuperftitions. On dit qu'il périt par le feu du Ciel.

BELUS paffe pour avoir enfeigné aux Prêtres l'Aftronomie & la Phyfique. Erigé depuis en Divinité, fon Temple a été une des merveilles du Monde.

BEROSE, MARMARIDIUS, ZABRABUS, TEUCRUS, &c. ne nous ont tranfmis que leurs noms.

Les principaux dogmes de cette Philofophie, autant qu'on peut en juger, confiftoient à recon-noitre un Dieu Créateur de toutes chofes, (ce qui n'emportoit point la Création de rien, géné-ralement inconnue des Anciens,) à admetre même l'Empire de la Providence, mais en regar-dant la Divinité comme l'Ame du Monde, ré-pandue par-tout, & comme la fource des Efprits, ou des Intelligences, qu'ils croyoient préfider aux différentes parties du Monde. Prefque tous les peuples barbares de l'Antiquité n'ont point eu d'autre idée de Dieu, que celle d'un Efprit univerfel, répandu dans toute la matiere, dont les parties principales préfident aux parties du Monde, tandis que quelques unes defcendent dans les corps des hommes diftingués & les ani-ment.

ment. C'eſt là la véritable & premiere ſource de l'Idolâtrie, qui ne conſiſtoit originairement que dans le culte rendu aux principales parties de l'Univers & aux grands hommes, à cauſe des particules de la Divinité qu'on ſuppoſoit y réſider.

De cette idée de Dieu découloit celle de différens ordres d'Eſprits, ou d'Emanations. Ces Eſprits formoient des claſſes élevées les unes au deſſus des autres, rélativement au degré de leur intelligence ou de leur puiſſance. Il y en avoit de malins, ou trompeurs; & de là nâquit la Magie. Celle des Chaldéens & des autres peuples barbares étoit un culte ſecret de la Divinité, un commerce avec des Dieux qu'on ſe propoſoit d'appaiſer ou d'évoquer. Il y avoit une Magie *naturelle*, fondée ſur les vertus des choſes céleſtes & des choſes ſublunaires & ſur leur accord conſidéré comme la cauſe des événemens qui arrivent ſur la Terre. Il y avoit une Magie *theurgique*, par laquelle on formoit des rélations étroites avec les Dieux, on étoit en quelque ſorte admis à leur familiarité, & l'on éprouvoit leurs bénignes influences. Enfin il y avoit une Magie *goëtique*, ou impure, qui apprenoit à entretenir un commerce avec les Eſprits impurs & terreſtres.

L'Aſtrologie étoit une dépendance de la Magie. En partant du principe qu'il régne un accord entre les choſes terreſtres & les choſes céleſtes, leftes, on examinoit la fituation & les divers afpects des Aftres; on faifoit fur-tout attention aux fignes qui dominoient dans le moment où un enfant venoit au Monde; on s'imaginoit que certaines conftellations étoient bienfaifantes, & d'autres malignes; en un mot on rapportoit tout à une Deftinée écrite dans le firmament.

Les Divinations formoient, pour ainfi dire, le faîte de cet édifice chimérique. On les tiroit du vol des oifeaux, des entrailles des animaux, & des fonges. C'eft en cela que confiftoit la plus grande partie de la Philofophie, ou pour mieux dire, de la Théologie des Chaldéens.

La génération du Monde occupoit auffi beau-coup les anciens Philofophes; & ce qu'il y a de Philofophique dans leur doctrine, fe réduifoit prefque à la Cofmogonie, qu'ils appelloient auffi Théogonie. Celle des Chaldéens étoit toute al-légorique: & il n'y a rien qui puiffe fervir au-jourd'hui à l'interpréter. On y entrevoit qu'ils faifoient de la matiere originairement humide, le principe matériel des chofes, qui avoit été comme fécondé par l'émanation divine, dont l'homme avoit fur-tout reçu une mefure abondan-te. Des Dieux fecondaires avoient imprimé par leur vertu les femences des chofes au Ciel & à la Terre. Au commencement il n'y avoit que des ténébres & de l'eau; il fe forma enfuite des animaux d'abord monftrueux; une femme nom-

mée

mée *Ornoroca* avoit la préfidence fur eux. *Belus* la coupa par le milieu; les animaux périrent, & de là vinrent le Ciel & la Terre.

§. 3. (1)

Des Perfes.

ZOROASTRE, ou ZERDUSHT, fut l'Auteur de leur Philofophie. Il vivoit du tems de la captivité de Babylone. S'étant retiré dans les montagnes, il entreprit de réformer l'ancienne Religion des Mages, & de rétablir le culte du feu. Cette Religion antérieure à *Zoroaftre*, plaçoit la plus confidérable partie de la Divinité dans le Soleil. C'eft d'elle auffi que vient le dogme de deux Principes, contraires l'un à l'autre, dont le premier étoit la fource de la lumiere & du bien, & le fecond celle des ténébres & du mal. Mais cette ancienne doctrine étant tombée dans l'oubli, le culte des Aftres s'étoit établi fur fes ruines: & c'eft à détruire celui-ci pour ramener celle-là que *Zoroaftre* confacra fes efforts. Il fe rendit agréable à Darius, fils d'*Hyftafpe*, & lui fit adopter fes fentimens. Il alla conférer avec les Brachmanes, & fit des profélytes dans les contrées voifines de la Perfe. Il devint le Chef de la Religion, & mit fes principes dans un Ouvrage, intitulé *Zendaveft*. Les
Ora-

Oracles qui portent fon nom, ne font pas de lui; c'eft un Livre fuppofé par les Platoniciens modernes.

Cette efpece de Religion philofophique fe foutint longtems & eut des partifans diftingués par leur rang & par leur favoir. C'étoient pour la plûpart des Prêtres, ou Sacrificateurs, célébres par leurs connoiffances théurgiques, & qui formerent une race à part. Ils étoient adorateurs du feu. Il y eut d'autres Prêtres, attachés aux mêmes opinions, qui offroient beaucoup de facrifices, & avoient un Chef, nommé *Archimage*. Ils étoient les Théologiens de la Nation; & le partage de leurs opinions les divifa en différentes fectes.

L'abrégé des dogmes de la Philofophie Perfanne fe réduit à ceci. Le Dieu Souverain eft le feu intellectuel, duquel font fortis pour produire le Monde, deux principes contraires l'un à l'autre. L'Etre Suprême dont tous les autres procédent & dépendent par la loi néceffaire de l'émanation, fe nomme *Mithra*. Les deux principes oppofés font *Oromasdes*, lumiere très pure, active & fpirituelle; & *Arimanius*, ou les ténébres paffives & matérielles, nées de la limitation de la lumiere, & qui lui font attachées comme une conféquence néceffaire. Du mêlange de ces deux principes font fortics toutes les chofes fublunaires; & c'eft ainfi qu'il faut expliquer l'origine du mal fur la terre. Mais il viendra un

tems

tems où les ténébres feront vaincuës & détruites par la lumiere.

Quant au culte, ils prétendoient que ni les images, & les ftatues, ni les Aftres même, ne doivent point en être les objets.

L'ame, felon eux, venoit des Dieux, & étoit immortelle comme eux.

Leur morale recommandoit la chafteté, l'équité, l'honnêteté, la fuite des voluptés : ce qu'ils exprimoient en difant qu'il faut fuivre la lumiere, & fe préferver de la contagion des ténébres, ou de la conception de la matiere.

§. 4.

Des Indiens.

On ne doit pas confondre la Philofophie des anciens habitans de l'Inde, avec celle des peuples qui fe trouvent aujourd'hui dans les mêmes régions. Il fera fait mention de celle‑ci vers la fin de cet Ouvrage. Pour la premiere nous n'en fommes guères inftruits que par le témoignage des Grecs, qui pénétrerent avec l'armée d'Alexandre jufqu'aux Indes.

Les Philofophes Indiens font connus fous le nom de *Brachmanes*. C'étoit une race d'hommes particuliere. Ils habitoient fur les montagnes & le long des fleuves, vivoient de fruits, s'abftenoient

noient de la chair des animaux, obfervoient les préceptes de la plus auftère fobriété, & y joignoient les exercices du corps les plus fatigans, les tourmens même les plus infupportables. Ils ne fouffroient aucun fimulâcre dans leur culte. Les Brachmanes tenoient le milieu entre les *Samanéens* dont les principes étoient plus relâchés, & les *Hylobiens*, enfoncés au fond des bois, & y pouffant la dureté de leur genre de vie au plus haut point. Les Rois & les peuples avoient une grande vénération pour les Philofophes, qui étoient en odeur de parfaite fainteté. On leur confioit le foin du Gouvernement & les intérêts publics. Leurs fentences étoient autant d'Oracles, reçus fans contradiction. La Magie, fuivant quelques uns, entroit pour quelque chofe dans leur grand crédit. Les noms les plus célébres parmi eux, font celui de *Buddas* dans la haute Antiquité, de *Calanus* du tems d'Alexandre le Grand, & de *Jarcha* dans des tems poftérieurs.

Leur Philofophie faifoit envifager Dieu comme une lumiere intellectuelle, qui pénétre tout, & à laquelle le Monde fert de corps, ou de vêtement. Ce Dieu étoit immortel, & il gouvernoit par fa Providence. L'ame avoit une origine célefte, & dégagée de ce corps elle devoit lui furvivre dans l'attente d'une régénération, & d'une vie à venir, où elle jouïroit du bonheur.

Il exiſtoit des Dieux inférieurs, qu'il faloit adorer, non en leur offrant des victimes, mais en
célébrant leurs louanges, & ſur - tout par la pureté
de l'ame, par la pratique des vertus. L'Aſtrologie & la Divination étoient en honneur parmi
ces Philoſophes; ils les regardoient comme des
moyens de dérober à la Nature ſes ſecrets, d'in-
terroger cette ame de la Nature qui eſt répanduë par - tout. Leurs préceptes pour les mœurs
tendoient à une purification continuelle; ils enſeignoient le mépris de la mort, à laquelle on
devoit ſe préparer par des travaux continuels du
corps; & quand on étoit duëment préparé, on
avoit droit de ſe la donner.

§. 5.

Des Arabes.

Ce n'eſt que très improprement qu'on peut
leur attribuer une Philoſophie. Leur genre de
vie errant & vagabond ne leur permettoit pas de
s'appliquer à ces objets. Tout au plus prati-
quoient - ils quelques Divinations, cherchoient
la ſolution de quelques énigmes, & prétendoient
donner l'interprétation des ſonges. Ils avoient
auſſi du goût & du talent pour la Poëſie.

Nous rencontrons pourtant ici le *Zabianiſme*,
qui a fait du bruit dans l'Antiquité, mais qui ne
nous

nous eft connu que par des traditions fort incertaines. Quoique les Etoiles fuffent des Dieux,
fuivant cette doctrine, on ne doit pas la confondre avec l'adoration des Aftres. Le Soleil é-
toit le Dieu Souverain des *Zabiens*, ou *Sabéens*;
les Planetes recevoient enfuite leurs principaux
hommages. Mais ils fe partageoient en deux
fectes, celle des Temples, & celle des fimulachres, dont voici la différence. La premiere
difoit que les Aftres étoient les Temples des fubftances immatérielles, & que les Efprits médiateurs y habitoient. La feconde prétendoit que
les fimulachres, c'eft-à-dire, les ftatues & les
images faites de main, étoient le féjour des Intelligences fupérieures, qui venoient les occu-
per par voye d'irradiation: en conféquence de
quoi ils rendoient un culte à ces fimulachres, en
rapportant chacun d'eux à quelque Conftallation du
Ciel; ils faifoient fumer de l'encens devant eux,
les revêtoient d'habits & d'autres ornemens,
leur adreffoient des prières, & recouroient à
divers enchantemens.

Les deux fectes dont nous venons de parler
fe réuniffoient en admettant un fondement commun de leur doctrine & de leur culte; c'eft que
tous les hommes ont befoin de Médiateurs auprès de la Divinité. Ils regardoient les corps
des Aftres comme vivans & raifonnables. Ils é-
toient fort attentifs à obferver la fituation des

C

Pla-

Planetes, & les Conſtellations. Inſenſiblement cela les conduiſit à l'Idolâtrie, & à toutes ſortes de ſuperſtitions, entr'autres à celle des Taliſmans, qui s'eſt repandue par-tout, & a eu long-tems la vogue.

L'ancienne Philoſophie Arabe eſt une des principales ſources de l'*Iſlamiſme*, ou du Mahométiſme, dont nous parlerons en ſon lieu.

§. 6.

Des Phéniciens.

La navigation & le commerce ont été la grande cauſe de la célébrité de cette Nation; mais en même tems elles lui ont fourni l'occaſion, d'abord d'acquérir, & enſuite de répandre diverſes connoiſſances dans les païs où le deſir du gain la conduiſoit. On pouſſe les choſes trop loin, quand on repréſente les Phéniciens comme doués d'un génie extraordinaire, & qu'on leur attribue d'avoir été les dépoſitaires de toute l'ancienne ſageſſe. Ce qu'ils ſavoient & diſoient des nombres & des Aſtres ſe réduiſoit à fort peu de choſe; c'étoient des connoiſſances purement empiriques; & il eſt faux que *Pythagore* ait puiſé chez eux ſa doctrine.

MOSCHUS SIDONIUS a été pris ſans fondement pour *Moïſe*. La plûpart des Anciens l'ont l'ont fait Auteur du fyftême des Atomes, qui fut enfuite tranfmis, à ce qu'on prétend à *Pytha- gore*, à *Leucippe*, & à *Démocrite*. Cela n'eft point prouvé, & ne s'accorde d'ailleurs nullement avec la fimplicité de la Philofophie des Barbares, purement fondée fur la tradition.

CADMUS, quand on admettroit ce qui eft dit de lui, qu'il conduifit une Colonie en Gréce, & y apporta les lettres qu'il avoit empruntées aux Phéniciens, ne pourroit pas être mis au rang des Philofophes.

SANCHONIATHON a raffemblé les ancien- nes origines & les cofmogonies de ces tems-là; mais fon témoignage n'eft pas affez affuré pour y faire fond. Nous n'avons pour garant de l'Au- thenticité des chofes avancées par cet Auteur, que *Porphyre*, qui dit les avoir puifées dans *Phi- lon de Biblos*, Ecrivain parfaitement inconnu. Les fragmens de *Sanchoniathon* ne laiffent pas de contenir plufieurs doctrines très anciennes. On y établit pour principes de cet Univers un Air té- nébreux & fpirituel, & un Chaos confus, tout en- vironné d'obfcurité. L'Efprit amoureux de ces principes en a procuré le mélange, d'où toutes chofes ont pris naiffance.

A R-

ARTICLE II.

De la Philofophie des Peuples Méridionaux.

Nous ne ferons mention ici que des Egyptiens & des Ethiopiens.

§. I.

Des Egyptiens.

THEUT, ou THOYT, nommé par les *Grecs Hermès*, & par les Latins *Mercure*, eft l'Auteur de la Philofophie Egyptienne. Il avoit été Secrétaire du Roi *Ofiris*; la Nation lui étoit redevable de fes Loix, des Lettres hiéroglyphiques, de l'invention de plufieurs Arts, de l'inftitution des Sacrifices, & des élémens de prefque toutes les Sciences, pour tant de bienfaits, il avoit été mis après fa mort au rang des Dieux Cabires. Il vint longtems après un autre *Mercure* qui en déchiffrant les hiéroglyphes que le premier avoit fait graver fur diverfes colomnes, en tira les Dogmes facrés, & les écrivit dans des Livres qui furent auffi regardés comme facrés. Il enfeigna aux Egyptiens la Géométrie, l'Aftrologie & la Théologie. On lui a attribué une foule d'Ecrits qui font tous fuppofés; & quant aux inventions

dont

dont on le fait Auteur, il n'eft guères poffible d'en fournir des preuves fatisfaifantes, ou du moins il faut convenir que ce n'étoient encore que des effais groffiers & informes.

Il n'y a eu d'autres Philofophes en Egypte que les Prêtres, diftingués en divers Colleges, ou ordres particuliers, défignés par les noms de *Prophetes*, de *Chantres*, de *Tireurs d'horofcopes*, de *Scribes*, &c. Ils employoient dans leurs enfeignemens une méthode fécrete, énigmatique, emblématique, environnée, & comme hériffée d'initiations (*a*). Tout cela eft aujourd'hui très incertain & très obfcur.

Ce dont on ne fauroit douter, c'eft que les Egyptiens font une Nation fort ancienne, & qu'elle a eu, dès fon origine, des Sages, des hommes de génie, qui ont inftruit un peuple groffier, & lui ont appris d'abord à fe procurer les chofes néceffaires, enfuite à jouïr des commodités & des agrémens de la vie. L'Egypte étoit un grand Royaume, peuplé & floriffant, avant que les autres contrées fuffent en quelque forte défrichées. Cependant tout cela n'a qu'un rapport très éloigné à la Philofophie.

Il

______

(*a*) Ceux qui ne veulent pas recourir là-deffus aux anciens Auteurs, ne peuvent faire de meilleure lecture que celle du beau Roman Philofophique de Mr. l'Abbé *Terraffon*, intitulé *Sethos*.

Il paroit que diverfes révolutions, comme quelque inondation générale, de grands tremble-mens de terre, ou de cruelles guerres, détruifi-rent prefque entiérement cette Monarchie, dif-perferent la plùpart de fes habitans en diverfes Colonies qui fe répandirent par tout le monde a-lors connu, & firent retomber ceux qui demeu-rerent en Egypte dans une nouvelle barbarie. Ils en furent tirés par le fecond *Hermès*, qui re-trouva & réunit en un corps les reftes de l'an-cienne doctrine. Ce fut pour les conferver foi-gneufement qu'on forma ces différens Colleges de Prêtres, auxquels fut confié le dépôt de l'érudi-tion facrée. L'ufage du fecret prit alors naiffan-ce, & les Lettres hiéroglyphiques fervirent à le conferver. Les Prêtres furent d'autant plus foigneux de ne point laiffer tranfpirer leurs con-noiffances, qu'elles étoient la bafe de leur crédit, & de l'autorité qu'ils avoient fur le peuple. Les Princes n'en étoient pas jaloux, parce qu'ils é-toient admis aux initiations, & infcrits dans le College des Prêtres.

En général ce qu'on pourroit appeller la Phi-lofophie Egyptienne, n'étoit qu'une Politique accommodée à l'efprit du Gouvernement & aux befoins de l'Etat. Les Egyptiens joignoient à cela quelque teinture des Mathématiques, une Médecine empirique, l'Aftrologie & la Magie.

Il y a bien des diftinctions à faire dans leur
Théo-

Théologie & dans leur Cofmologie, rélativement à la méthode fuivant laquelle ces doctrines
ont été traitées en divers tems, dont les principaux font ceux qui ont précédé l'invafion de
Cambyfe, ceux qui l'ont fuivi, & les temps d'A-
lexandre le Grand. Depuis ces derniers, la doctrine Egyptienne fut entiérement altérée & défigurée par les fictions mythologiques des Grecs.

A ne confulter que la doctrine *exotérique*, ou
publique, les Egyptiens regardoient les hommes,
les animaux, les Aftres, comme autant de Divinités ou d'Etres dans lefquels la Divinité réfi-
doit. Mais en pénétrant dans la doctrine *efotéri-
que*, ou fécrete, qui étoit la vraye Philofophie,
on y apprenoit que la Divinité eft répandue par
tout l'Univers; que par fes influences & fes émanations elle defcend dans les grands hommes,
dans ces Génies diftingués qui ont donné des
Loix aux Nations; que le fiége principal de fa
majefté eft dans le Soleil, la Lune & les Planetes; que tout participe à l'ame du monde, &
qu'ainfi tout eft rempli de Divinités; que de
même tout retourne à cette ame du monde; que
la matiere eft en oppofition avec elle, qu'elle la
combat par fes imperfections, mais qu'à la fin
elle fera domptée; que l'ame eft immortelle, &
fubit diverfes migrations; que la matiere eft é-
ternelle, que l'Efprit divin eft effentiellement lié
avec elle, & que c'eft de cette union qu'eft né

C 4

le

le Monde, autrement défigné par le nom d'*Orus*, fils d'*Ofiris* & d'*Ifis*; que les animaux ont été produits de la pourriture, &c. Quant à la morale, ils enfeignoient qu'il faut honorer les Dieux, les Rois, fes père & mère, ne faire tort à perfonne, s'abftenir des péchés, éviter en particulier l'adultère, &c.

Les contradictions apparentes qui régnent dans la Théologie Egyptienne peuvent être levées, en recourant, comme nous l'avons infinué, aux divers temps où elle a été enfeignée. La premiere Religion de ce peuple fut fort fimple; les grands hommes furent élevés au rang de la Divinité; & de là vinrent les Dieux des Egyptiens. Lorfque *Cambyfe* envahit l'Egypte, les dogmes des Perfes, & en particulier ceux des Mages, prirent le deffus. Cela fit naître les fables d'*Ifis*, d'*Ofiris*, & de *Syphon*, que les Perfes appliquerent à leurs trois principes, *Mithra*, *Oromafdès*, & *Arimanius*. Enfin depuis *Alexandre* le Grand, les Grecs qui s'établirent à *Alexandrie* dans les Provinces de l'Egypte, étant imbus des opinions de *Pythagore* & de *Platon*, y rapporterent & y accommoderent l'ancienne doctrine Egyptienne. Les Philofophes Afiatiques firent encore un mélange de ce fyftême avec la doctrine de *Zoroaftre*; & il en réfulta un nouveau genre de Théologie, qui régna pendant le tems que les *Ptolemées* gouvernerent l'Egypte. On voit affez par cet expofé combien il eft difficile de déterminer avec précifion ce qui a été crû & enfeigné en Egypte, tant en général, que dans quelcune, des époques particulieres que nous avons indiquées (a).

§. 2.

Des Ethiopiens.

Les Philofophes Ethiopiens étoient des hommes graves, que l'ardeur du climat faifoit aller nuds, & qui habitoient principalement le long des rives du Nil. Ils étoient en même tems Sacrificateurs, & avoient beaucoup d'autorité parmi leur Nation. Ils étoient divifés en Colleges. Ils montroient un parfait mépris pour la mort. Ayant l'Idolâtrie en horreur, ils ne reconnoiffoient qu'un feul Dieu, bon, éternel, & la caufe de toutes chofes. Ils admettoient cependant un mauvais principe, mais mortel. Ils enfeignoient que l'ame eft immortelle, & que par conféquent on ne doit point craindre la mort, & que l'homme doit être rempli d'un vrai courage. Enfin ils s'attachoient à l'obfervation

des

____

(a) Le meilleur Ouvrage fur ce fujet, c'eft celui de feu Mr. *Jablonski*, Profeffeur à Francfort fur l'Oder, qui a pour titre *Pantheon Aegyptiacum*.

des Aftres; & c'eft parmi eux qu'a vécu *Atlas*, fur les épaules duquel la Fable a mis le Monde, parce qu'il étoit grand Obfervateur, & habile Aftronome pour le tems où il vivoit. ⁍

Tout ce qu'on a débité de plus fur les Philofophes Ethiopiens, confifte en de pures rêveries, nées fur-tout dans l'imagination de *Philoftrate*. Il eft vraifemblable que cette Nation a eu des Sages, mais plus recommandables par l'auftérité de leur vie, que par la fublimité de leurs connoiffances.

ARTICLE III.

De la Philofophie des Peuples Occidentaux.

Nous trouvons ici 1. les Celtes, 2. les Etrufques, 3. les Romains dans leur origine.

§. I.

Des Celtes.

Les noms des *Druïdes* eft fameux. Ils étoient diftingués en divers Colleges, & tenoient des Ecoles, où l'on étoit inftruit par une difcipline domeftique. Ils préfidoient aux facrifices & à tout le culte; ils étoient même Juges, ou arbitres des différens. Ceux qui étoient inftruits

de

de la doctrine fecrete, formoient trois claffes, celle des *Bardes*, celle des *Prophetes* (*Vates*) & celle des *Druïdes*. C'eft ce qu'on a exprimé en Allemagne par les noms de *Drottar*, *Wyfendammen*, & *Scaldes*. Comme leur doctrine eft une de celles où le fecret a été le plus religieufement obfervé, & où les initiés ont été dans le plus petit nombre, elle eft demeurée très inconnue. On fait en général qu'ils regardoient Dieu comme l'ame du monde, qu'ils fuppofoient de grands Efprits qui préfident aux grandes parties du Monde, aux montagnes, aux fleuves, aux rochers. Ils ordonnoient de rendre un culte à ces Divinités, mais fans Temples, ni Idoles. Livrés à la démangeaifon de prédire l'avenir, ils ont employé tous les Arts fuperftitieux qui ont paffé pour y être propres; & c'eft de là que dérivent encore aujourd'hui tant de fables puériles, fur le commerce que les hommes peuvent avoir avec les Démons; fables que le vulgaire crédule adopte aveuglément. Ils propofoient auffi quelques raifonnemens fur l'origine du Monde, qu'ils faifoient fortir du Chaos ébranlé & agité par la Divinité. Ils nommoient nos premiers parens *Mannus* & *Emla*.

On n'eft pas d'accord fur la véritable étenduë qui doit être affignée à la Nation Celtique. Ce qu'il y a de certain, c'eft que fes Colonies fe

C 6

font

font répandues depuis le fond du Septentrion jufqu'en Occident; & qu'outre les Scythes, on peut y comprendre les Gaulois, les Germains, les Bretons, les Efpagnols, &c. qu'on diftingua dans la fuite, & lorfque la barbarie vint à s'adoucir, d'avec les Hyperboréens (a).

§. 2.

Des Etrufques.

On regarde les Philofophes de cette Nation comme des Phyficiens, parce qu'ils obfervoient avec beaucoup d'exactitude les météores, la foudre fur-tout, les oifeaux, &c. Mais ces obfervations étoient de pures pratiques fuperftitieufes. Ils n'ont eu d'autre dogme connu, finon que le Monde dont ils admettoient la création, devoit être affujetti à de grandes révolutions.

(a) Ceux qui voudront en favoir davantage là-deffus, peuvent recourir à la docte *Hiftoire des Celtes* par feu Mr. *Pelloutier*, & aux excellens Ouvrages de Mr. *Mallet* fur la Mythologie du Nord.

§. 3.

§. 3.

Des Romains dans leur origine.

Romulus fut le fondateur de Rome, mais *Numa Pompilius* en fut le Légiſlateur. On a cru qu'il tenoit de *Pythagore* la Religion & le culte qu'il introduiſit; mais c'eſt un anachroniſme; car le ſecond Roi de Rome vivoit pluſieurs années avant le Philoſophe de *Samos*. C'eſt chez les Sabins qu'il avoit puiſé ſes connoiſſances; & il ne fut queſtion de Philoſophie à Rome, qu'après que cette Ville eut mis la Grèce au nombre de ſes conquêtes.

ARTICLE IV.

De la Philoſophie des Peuples Hyperboréens.

Ce que nous en ſavons ſe réduit à ſi peu de choſe, que ce n'eſt pas la peine de diſtinguer les Scythes des Thraces. On ne connoit leurs Philoſophes que par quelques uns d'entr'eux qui ont voyagé en Grèce, & qui s'y ſont fait eſtimer par leur ſageſſe, par leurs vertus & même par leur eſprit. Tels ont été *Abaris* (a), *Anacharſis*,

Toxa.

(a) Voyez le *Dictionnaire de Bayle.*

C 7

Toxaris, & *Zamolxis*, qu'on regarde comme le dernier qui ait enfeigné la Philofophie aux Scytes d'après les inftructions qu'il avoit reçues de *Pythagore*. Mais c'eft une fiction des Platoniciens modernes, qui ont fur-tout rempli de fables l'hiftoire d'*Abaris*.

La fageffe des Thraces & des Scythes différoit totalement de celle des Grecs. Ne s'amufant point à de frivoles fpéculations, ils rapportoient tout à la conduite, à la pratique de la vertu, à l'amour de la Patrie, & au mépris de la mort. A ces principes ils joignoient quelques cérémonies religieufes.

CHAPITRE II.

De la Philofophie des Grecs.

On peut la confidérer dans fon état d'enfance, & dans l'age de fa vigueur.

ARTICLE I.

De la Philofophie des Grecs dans fon enfance.

Les Grecs étoient un ramas de diverfes Colonies, venues principalement d'Egypte, de Phénicie, & de Thrace. Quelques hommes éclairés & prudens qui fe trouverent parmi eux, employerent leur efprit & leur éloquence à adoucir des

mœurs

mœurs encore très grossieres; ils se servirent
avec efficace des motifs pris de la Religion &
de l'amour de la Patrie, pour fonder des Sociétés, & y introduire insensiblement l'ordre. Les
commencemens furent lents & difficiles; mais,
après certains progrès, les choses atteignirent
un point de perfection supérieur à celui qu'on
auroit pû naturellement espérer; la Gréce devint le séjour de la politesse, des Arts & des
Sciences, le centre de la Législation, la source
des beaux Esprits & des bons Ecrivains, le modèle des autres Nations. La Théologie & la Politique commencerent cet édifice, & le pousserent même fort loin; ce ne fut que lorsqu'il é-
toit presque achevé que les Grecs tournerent
leur vuë du côté de la Philosophie, & qu'on vit
naître chez eux tous ces Systêmes qui font la
principale partie de l'Histoire Philosophique ancienne.

Nous diviserons la Philosophie des Grecs
dans son état d'enfance, 1. en Philosophie fa-
buleuses ou Mythologie, 2. en Philosophie politique.

§. I.

De l'ancienne Philosophie fabuleuse des Grecs.

C'est une entreprise impossible que celle de
déterminer exactement le sens de toutes les Fables

bles des Grecs. Les Colonies venues de contrées différentes ont fourni chacune leur contingent à la Mythologie; & ce mélange a produit une confufion impénétrable. Elle n'a pû qu'aller en augmentant, lorfqu'on a érigé en Divinités les hommes illuftres qui s'étoient fignalés par d'infignes exploits & par de rares bienfaits. Les faits de leur vie ont été confondus avec des explications obfcures qu'on commençoit à donner des phénomenes de la Nature. Le dogme fondamental fur lequel repofoient ces explications, c'étoit celui de l'Ame du Monde, répanduë dans toutes fes parties, & faifant fa réfidence d'une façon plus marquée dans les parties principales. On trouve ici tout à la fois la clef de la Mythologie, & la fource de l'Idolâtrie. Mais les détails n'en demeurent pas moins fujets à une incertitude, qui ne laiffe lieu qu'à des conjectures fort vagues (a).

Les Chefs des Colonies y établirent les principes de Religion, & les préceptes de morale, qu'ils avoient apportés de leur Patrie. Les plus connus d'entre ces Chefs furent *Phoronée* & *Cecrops*, Egyptiens; *Orphée*, de Thrace; & *Cadmus*, Phénicien. Venant tous de contrées, où la doc-

tri-

____

(a) Voyez les grands Ouvrages de *Bochart*, de *Huet*, & de *Voffius*, la *Mythologie* de l'Abbé *Banier*, l'*Hiftoire du Ciel*, &c.

trine du fecret étoit introduite & ufitée, ils la conferverent; & les enfeignemens qu'ils donnerent à cette multitude agrefte, qui s'étoit foumife à leur conduite, formerent un nouveau genre de Théologie Philofophique, qui n'étoit qu'un tiffu de fables & d'allégories. Le vulgaire s'arrêtoit à l'écorce & s'en repaiffoit : les Sages pénétroient dans l'intérieur, & arrivoient au noyau. L'imagination groffiffoit tous les jours le fyftême mythologique de quelques chimères; & il ne faut pas s'étonner qu'à la longue il foit devenu auffi vafte, auffi abfurde, & auffi inintelligible qu'il l'eft. Les doctrines les plus claires & les plus fimples s'obfcurciffent à force d'explications & de glofes; à plus forte raifon des notions qui étoient l'obfcurité même dès leur origine, dûrent-elle fe couvrir dans la fuite des plus épaifes ténébres. Bornons-nous à dire quelque chofe des perfonnages les plus illuftres de ces tems-là.

Promethe'e forma l'homme, & par le mêlange des élémens d'où il le tira, il donna tout à la fois au corps le mouvement & à l'ame les idées. Ayant dérobé le feu du Ciel, *Jupiter* le condamna à être attaché au mont *Caucafe*, où fon cœur continuellement dévoré par un oifeau de proye, renaiffoit toujours. Il paroit que cette fiction eut d'abord un fens hiftorique, duquel on paffa au fens phyfique. *Promethée* doit avoir

été

été un homme de génie, qui donna aux Grecs les premiers principes des Sciences & des Arts, leur enseigna l'usage des choses néceffaires à la vie, & les inftruifit en particulier de tous les fecours qu'on peut tirer du fer. Mais, comme il viola la doctrine du fecret, & divulgua les myftères qu'on tenoit cachés en Egypte, il fut arrêté & detenu prifonnier pendant quelque tems; après quoi on le relâcha.

Linus fe rendit célébre par la Philofophie & par la Mufique. *Apollon* jaloux de ce qu'il avoit inventé les Inftrumens à corde, le fit mourir. Il avoit écrit fur le cours du Soleil & de la Lune, fur la génération des animaux & des fruits, & fur divers points de Théologie & de Cofmogonie. Tout cela eft perdu. Il eut pour difciples *Hercule*, dont il feroit inutile de rapporter les travaux & les exploits qui ne font rien à l'Hiftoire de la Philofophie, *Thamyris*, dont nous parlerons plus bas, & *Orphée* qui mérite une attention particuliere.

Orphe'e avoit la Thrace pour Patrie; mais on ne fait d'ailleurs rien fur fon extraction & fur les premieres années de fa vie. Il alla chercher la fageffe en Egypte; & ayant paffé par toutes les épreuves des initiés, il s'inftruifit à fond de la Théologie & des Myftères. Il excella fur-tout dans la Mufique, & pouffa fi loin ce talent qu'on en a pris occafion de dire que les
ani-

animaux, & même les rochers éprouvoient l'im-
preſſion de ſa lyre; ce qui ne déſigne autre choſe que l'attention que des hommes auſſi ſauvages que les animaux, auſſi durs que les rochers,
firent à la douceur de ſes accens, & aux maximes inſinuantes qu'il leur propoſa. Verſé dans
les ſecrets de la Médecine, il flêchit *Pluton*, &
l'obligea de lui rendre ſa femme, c'eſt-à-dire,
qu'il la rappella des portes du trépas; mais,
preſqu'auſſi-tôt après, une rechûte ſupérieure
aux reſſources de ſon art, la lui enleva ſans retour. Ayant voulu mettre un frein aux excès que
commettoient les femmes de Thrace dans leurs
Fêtes, il excita leur fureur contre lui à un tel
point qu'elles le mirent en pieces. On ne peut
regarder que comme une calomnie de l'Antiquité contre lui, l'accuſation de débauches hon-
teuſes & d'inceſte, qui lui a été intentée. Ses é-
crits lui avoient acquis une grande réputation;
mais ils n'ont pû réſiſter à l'injure du tems.
Tout ce qui a été répandu dans la ſuite ſous ſon
nom eſt ſuppoſé par les Platoniciens modernes;
tout au plus y a-t-il quelques fragmens, tirés
de ſes diſciples, & conformes à ſes principes. Il
paſſe conſtamment pour avoir été parmi les
Grecs l'inventeur & le principal Auteur de la
Muſique, de la Magie, de l'Aſtrologie, des myſtères, des initations, &c. On voit qu'en effet
les Grecs ont eu beaucoup de cultes myſtérieux

&

& de cérémonies fécretes, qu'ils tenoient immédiatement de leurs premiers Légiflateurs, & dont
ceux-ci s'étoient fervi pour donner des mœurs
à leurs fujets par le moyen le plus propre à produire cet effet; c'étoit de leur enfeigner une Religion, de les réunir par les liens d'un même culte.   Les principaux myftères de la Grece étoient
ceux de *Bacchus*, d'*Hecate*, les myftères Eleufi-
niens, & ceux qu'on nommoit *Panathenées*, &
Thefmophories (a).   Ce n'étoit que par divers degrés, par plufieurs fortes de purifications, qu'on
étoit admis à la connoiffance & à la célébration
de ces myftères. Tout cela étoit utile, & même
néceffaire dans les commencemens, pour en impofer à une populace indocile; mais dans la
fuite l'impofture & le fanatifme firent dégénérer
ces inftitutions en abus énormes, & en vrais fa-
crilèges.

La Philofophie d'*Orphée*, autant qu'on peut
la connoître à préfent, étoit en partie théolo-
gique, en partie cofmologique & phyfique. Il a-
voit une double doctrine, l'une publique, l'autre fécrete.   Suivant la premiere, il concevoit
les émanations divines de l'ame du Monde comme autant de Dieux; & c'eft de là principalement qu'eft venu le Polythéifme des Grecs.
Mais,

(a) On peut recourir là-deffus à divers Ouvrages du
favant *Meurfius.*

Mais, lorsqu'il s'expliquoit confidemment à ſes diſciples, il diſoit, que toutes choſes ont été originairement en Dieu, & qu'il les a produites hors de lui par une eſpece de génération ſemblable à celle des Hermaphrodites ; que la Divinité eſt un Eſprit qui traverſe & pénétre continuellement l'Univers, ou plutôt que c'eſt l'Univers même ; que tout en eſt ſorti, & que tout y retournera. Les explications qu'il donnoit de l'origine des choſes, découloient du principe des émanations. Avant que le Monde fut formé, Dieu joint au Chaos conſtituoit l'Univers ; il jetta enſuite hors de ſon ſein la matiere, puis la façonna & l'embellit ; toutes les parties de l'Univers, font des parties de Dieu, des membres de la Divinité, intimément unis avec elle. Le vrai & ſouverain bien conſiſtoit à ſe réunir à Dieu ; ce qu'on ne pouvoit obtenir qu'à l'aide des myſtères & des puuifications. L'Univers étoit rempli d'Eſprits, qui en font autant de particules ou d'écoulemens. Les grands d'Eſprits préſidoient aux principales parties du Monde, & aux régions de notre Globe. Les Divinités ſe marioient entr'elles d'une maniere conforme à leur nature. Quant à la Coſmologie proprement dite les dogmes d'*Orphée* ſe réduiſoient à ceci. Dieu avoit produit au commencement l'Ether créateur, auquel il avoit ajouté enſuite le Chaos & la Nuit. De l'aſſemblage de ces trois premiers prin-

principes des chofes s'étoit formé un Oeuf, qui s'ouvrit ; & alors les parties les plus pefantes defcendirent, les plus legères monterent, & tout s'arrangea dans la place qui lui convenoit. Si l'on veut pénétrer le fens de cette allégorie, elle eft probablement deftinée à marquer, que la lumiere & les ténébres, indiqués par l'Ether & la Nuit, fortirent avant toutes chofes du fein de la Divinité, & qu'enfuite fe fit la féparation des Cieux & de la Terre. Suivant la même hypothefe, les hommes étoient fortis du fein de la Terre, & d'abord fous des formes très irrégulieres, de Cyclopes, d'hommes à cent mains, &c. Le Monde éprouvoit des révolutions périodiques qui le conduifoient à périr par le feu. Chaque Etoile étoit un Monde. Les Aftres étoient des Corps de feu, doués d'une ame. Celle des hommes, renfermée dans le corps, comme dans une prifon, lui furvivoit après la mort, pour recevoir les récompenfes ou les peines qu'elle auroit méritées. La pratique des initiations étoit le meilleur moyen d'obtenir les unes & d'éviter les autres.

Mus e' e, difciple d'*Orphée*, établit fes myftères chez les Athéniens, & les y conduifit à leur perfection. Il étoit Théologien, Phyficien, Médecin, Interprète des myftères, Prophete. Il eut pour fils *Eumolpe*.

Thamyris fut un excellent Muficien ; ce qui,

qui, dans ces tems-là, emportoit prefque toutes les autres connoiffances. Ayant été néanmoins vaincu dans un combat public, il en fut vivement affligé, & perdit la vuë. Il avoit compofé fur la Cofmogonie divers Ouvrages qui n'exiftent plus.

AMPHION, autre perfonnage célébre par fes talens pour la Mufique, s'en fervit à adoucir les mœurs des Thébains; & de là toutes les fables débitées fur la force de fon art. Il enfeigna la Théologie, la Religion & la Morale. Ses préceptes étoient d'une extrême févérité.

MELAMPE fut un autre *Orphée*. C'étoit un très grand génie. Ayant été initié aux myftères des Egyptiens, il les répandit chez les Grecs fous le voile des Théogonies. Médecin & Devin, on raconte des chofes prodigieufes de la vertu de fes fecrets & de fes enchantemens. Ayant guéri les filles du Roi *Proetus* de violentes affections hyftériques, par le fecours des bains & l'ufage de l'Ellebore, il en reçut pour récompenfe une partie du Royaume; & après fa mort on inftitua une fête à fon honneur, dans laquelle on lui offroit des Sacrifices.

HESIODE eft connu par fes Ouvrages de Poëfie; & fon nom trouve place ici, parce qu'il a prétendu expliquer l'origine du monde dans fa *Théogonie*. C'eft un fujet qui a été traité par une foule d'Ecrivains de ces tems-là; mais nous

n'a-

n'avons plus leurs Ouvrages. Nous n'y trouve-
rions que d'epaiſſes ténébres. On traveſtiſſoit
d'anciennes traditions hiſtoriques en fables théo-
goniques; après quoi, pour redoubler l'obſcurité, on ſe ſervoit de ces fables pour expliquer
les phénomenes de la Nature, & l'on faiſoit de
nouveaux efforts pour les allier avec la Religion
dominante. Cela produiſoit une foule d'opinions, qui varioient ſuivant les tems, les lieux,
& le caractère des Ecrivains; en ſorte que les
Coſmogonies Grecques forment un vrai labyrinthe d'où il eſt impoſſible de ſe tirer. Les articles
les moins équivoques de cette doctrine ſe réduiſoient à ceci. Il y a deux principes de toutes
choſes, le Chaos & la Nuit. Rien ne ſe fait de
rien. Le Chaos eſt une matiere où tout eſt en
confuſion; elle eſt imprégnée des ſemences des
choſes. La Nuit eſt la premiere qualité. Il ſur-
vint une inimitié, ou diſcorde, qui produiſit la
ſéparation de la matiere; & il y eut en même
tems une amitié, ou concorde, en vertu de laquelle les choſes ſemblables ſe réunirent. Cette
amitié avoit été imprimée par la Divinité, lorſqu'elle jetta le Chaos hors d'elle: & c'étoit auſſi
la Divinité qui avoit aſſocié les choſes homogenes, & cela par des vuës d'intelligence. Les
parties les plus legeres s'étant élevées, tandis
que les plus peſantes deſcendoient, on vit paroître le Ciel & la Terre. Celle-ci, en ſe ma-
riant

riant avec le Ciel, produifit par fes exhalaifons la Mer. Les animaux raifonnables nâquirent enfuite; & parmi eux il y eut de grands tyrans, des hommes puiffans, qui après leur mort retournerent dans les Aftres.

Epimenide de Crete, après un fommeil de cinquante fept ans, fe fit connoître par plufieurs miracles. Il avoit en particulier le pouvoir de faire fortir fon ame du corps, quand il le vouloit. Il exerça le Sacerdoce avec beaucoup d'éclat, ayant préfidé aux luftrations & aux expiations de plufieurs Villes. Ses prédictions firent auffi grand bruit. Il n'étoit pourtant au fond qu'un infigne impofteur.

Homere enfin ne fauroit être paffé fous filence. Ses Poëmes l'ont rendu immortel. S'il n'a pas été Philofophe de profeffion, fes Ouvrages n'en font pas moins la fource la plus abondante de toute l'ancienne Philofophie: & fans donner dans l'admiration outrée qu'ont eue pour lui quelques uns de fes partifans, on ne fauroit difconvenir qu'il n'ait eu des lumieres furprenantes pour les tems où il vivoit.

§. 2.

De l'ancienne Philosophie Politique des Grecs.

Cette Philosophie fit des progrès rapides. L'Achaie, l'Ionie, & cette partie de l'Italie qu'on nommoit la grande Gréce, furent comme peuplées d'Etats & de Républiques, où divers Législateurs avoient établi des formes différentes de Gouvernement, presque toutes remplies d'une vraye sagesse. Telles furent celle de *Locres*, à laquelle *Zaleucus* avoit donné des Loix très sevères; celle de *Catane*, fondée par *Charondas*; celle d'*Athenes*, qui eut successivement pour Législateurs *Triptoleme*, *Dracon*, & *Solon*; celle de *Lacédémone*, où *Lycurgue* introduisit une discipline tout à fait mâle, celle de *Crete* à laquelle *Minos* & *Rhadamante* présiderent. Ces grands hommes porterent en général le nom de SAGES; mais il y en eut sept, qu'on distingua particuliérement par ce titre, & qu'on appelle encore aujourd'hui les sept Sages de la Gréce (*a*). On rapporte l'origine de cette qualification à un trépied d'or que des pêcheurs tirerent de la Mer, & au sujet duquel il y eut un procès entr'eux &

de

(*a*) Voyez leur Histoire par *Mr. de Larrey.*

de jeunes gens qui avoient acheté leur jet. L'affaire fut portée fucceffivement devant ces hommes célébres, qui ne voulurent pas prononcer, mais renvoyerent la décifion à l'Oracle de Delphes. Il eft plus vraifemblable que ce trépied fut propofé pour un des Prix qu'on adjugeoit dans l'affemblée folemnelle des Grecs, & qu'on y déclara ces grands hommes que leur favoir & leur Légiflation diftinguoient fi éminemment entre tous les autres, feuls dignes d'obtenir ce trépied. Quoiqu'il en foit, on reconnoit l'exiftence des fept Sages; & bien qu'il y ait quelque diverfité dans la lifte qu'on en donne, ce font les noms fuivans qui y entrent pour l'ordinaire.

THALES reviendra plus bas, à la tête de ceux qui ont rédigé la Philofophie en un corps, & lui ont donné une forme Syftématique.

SOLON, Athénien, beau génie, bon Poëte, habile Capitaine, excellent Légiflateur. Il eut le commandement des Troupes dans l'expédition contre *Salamine*, & reprit cette Ville. Il délivra la République des Ufuriers gui la dévoroient. Il mitigea les Loix de *Dracon*, qui fembloient écrites avec du fang, & les rendit plus humaines. Il en établit auffi de nouvélles qu'il fortifia par fon exemple. Ayant quitté Athenes, il fit divers voyages. Etant parvenu jufqu'en Scythie, il infpira une grande vénération aux peuples de ces contrées. Il s'inftruifit des con-

noif-

noiſſances ſécretes des Egyptiens, & alla conférer en Egypte avec *Thalès*. Il mourut à Cypre.
Son mot, (car chacun des Sept Sages a eu le
ſien), c'étoit: *Conſidère ta fin*.

CHILON, Ephore des Lacédémoniens, fut
recommandable par ſa juſtice & par ſa modération. Il eut le don de prévoir & de prédire l'a-
venir. Il prononça quantité de ces ſentences laconiques, dont la briéveté augmentoit la force.
Les deux pincipales étoient: *Connois · toi toi - même*, & *Rien de trop*.

PITTACUS, de *Mitylene*, homme de cœur
& bon Guerrier. Il vainquit les Athéniens, &
refuſa le gouvernement de ſa Patrie qu'on lui
offroit. Vaincu cependant par les inſtances de
ſes Concitoyens, il prit les rênes de l'Etat, &
les tint avec beaucoup de modeſtie. Il étoit très
verſé dans la ſaine Politique, & faiſoit bien des
vers. Il diſoit: *Connois le tems*.

BIAS de *Priene*, ville d'Ionie, honnête homme, vertueux, généreux, prudent, délivra ſa
Patrie aſſiégée à la faveur d'un ſtratagème. U-
niquement occupé à acquérir les richeſſes de
l'ame, il ſe vantoit avec raiſon de porter tout
avec lui. Son eſprit & ſon ſavoir lui procurerent
des agrémens dans pluſieurs Cours. Il avoit pour
ſymbole: *Aimez comme pouvant haïr*.

CLEOBULE, originaire de *Rhodes*, apprit la
ſageſſe chez les Egyptiens, eut un talent diſtingué

gué pour ces énigmes qui avoient alors tant de vogue, & se fit encore plus d'honneur par d'excellentes leçons de morale & de vertu qu'il donna. Il les mit en pratique par la maniere sage & humaine dont il gouverna les *Lindiens*. Sa fille *Cleobuline* fut héritiere de ses connoissances & de ses vertus. *Rien de meilleur*, disoit - il, *que la modération.*

PERIANDRE, Tyran, c'est-à-dire, Roi ou Prince des Corinthiens, a été fort noirci par les Grecs, sans doute pour avoir érigé la Monarchie sur les ruines de l'Aristocratie. Il étoit pourtant digne du nom de Sage; & sa Législation, un peu sévère à la vérité, fut excellente. Il ne se rendit odieux aux Grecs que par ce qu'il gênoit une liberté dont ils étoient excessivement jaloux.

A ces sept personnages illustres on a coutume de joindre ESOPE, quoiqu'il ait été un simple esclave. Ses Fables sont une des plus précieuses choses que l'Antiquité nous ait transmises : on y voit un fonds admirable de sagesse, de prudence, d'expérience, & de saine morale. Pour sa vie, elle est très incertaine; & ce qu'on donne aujourd'hui sous ce titre, n'est qu'un ramas de fictions puériles.

ARTICLE II.

De la Philosophie des Grecs dans l'âge de sa vigueur.

Ici commencent les Systèmes & les Sectes. Nous aurons à considérer cette Philosophie, 1. dans la grande Grèce, ou l'Italie inférieure, 2. dans la Grèce-proprement dite; & 3. hors de la Grèce, en tant qu'elle a été enseignée & cultivée par des Grecs.

§ I.

De la Secte de Pythagore, autrement dite Secte Italique.

Nous avons déjà insinuée que la partie inférieure de l'Italie, avec les Isles adjacentes, ayant été remplie de bonne heure de Colonies Grecques, en prit le nom de grande Grèce. *Pythagore*, Grec de Nation, dont nous parlerons tout à l'heure plus au long, s'étant établi dans ces contrées, & y ayant fondé une Ecole, sa Secte reçut le surnom d'*Italique*. Elle se soutint pendant environ deux siècles, au bout desquels elle fut détruite; mais de ses débris se forma la Secte *Eléatique*, qu'on peut regarder comme une
Mè-

Mère féconde, à laquelle toutes les autres Sectes de la Gréce doivent leur exiftence.

L'hiftoire de la Secte Italique eft remplie de
difficultés, d'obfcurités, & d'incertitudes. Nous
n'avons plus les vrais Ecrits des Philofophes de
cette Secte; & ceux que les Anciens nous ont
tranfmis, font pour la plûpart remplis de fables
puériles. La prévention pour ou contre *Pythagore* a fait auffi avancer une foule de chofes dénuées de fondement; & les Platoniciens modernes fur-tout fe font plû à remplir le récit de fa
vie, de quantité de traits merveilleux, qu'ils fe
propofoient de mettre en parallèle avec les miracles du Sauveur rapportés par les Evangéliftes.
Le flambeau d'une faine Critique eft donc tout
à fait néceffaire pour faifir les probabilités, rejetter ce qui eft notoirement faux, & fufpendre
fon jugement fur ce qui n'eft pas affez prouvé.

PYTHAGORE nâquit entre les Olympiades
XLIII & LIII, dans l'Ile de Samos. Son père le
conduifit, encore enfant en Phénicie, & le
confia aux foins du célébre Philofophe *Phéré-
cyde*. On a dit beaucoup de menfonges fur les
divers maîtres dont il reçut des enfeignemens.
Ce qu'il y a de certain, c'eft qu'il fit le voyage
d'Egypte, & y fut initié aux myftères. Il avoit
commencé par confulter les Phéniciens, dont il
tiroit fon origine. La Chronologie ne permet
pas d'ajoutér foi à ce qu'on dit., qu'il fit un

 tour

tour en Judée, & qu'y ayant été fait captif, on le conduifit par ordre de Cambyfe à Babylone; d'où il pénétra jufqu'aux Indes. On a plus de raifon de croire qu'étant revenu d'Egypte en Jonie, après avoir confulté les Oracles les plus célébres, il érigea une Ecole dans la Ville de *Samos*, fa Patrie. Comme il y avoit beaucoup d'impofture dans fon fait, il demeura quelque tems renfermé dans un antre, où il fe vanta d'avoir acquis la connoiffance de plufieurs myftères. Ayant quitté *Samos* pour fe rendre en Italie, il s'établit à *Crotone*, & y eut une grande afluence de difciples. Tout ce qui eft dit des miracles qu'il fit alors, eft inventé; & cette grande autorité dont on prétend qu'il a jouï, eft du moins exagérée. Il paroit cependant avoir été habile dans l'art des preftiges, & a pu en impofer par là au peuple : de forte qu'on eft en droit de le mettre au rang des fameux Impofteurs. Ses mœurs étoient, ou paroiffoient, bien réglées; fes manieres étoient agréables; il montroit un grand refpeét pour la Religion; en un mot il ne négligeoit rien de tout ce qui pouvoit lui concilier l'eftime publique, & le rendre un objet de vénération. Auffi parvint-il à fon but; & fut-il regardé, non feulement comme un Génie extraordinaire, mais comme une Intelligence d'un ordre fupérieur, qui honoroit la terre de fa préfence. Il eut de fa femme *Théano*, deux fils,
Té-

Telaugès, & *Mnesarque*, & trois filles. Sa famille hérita de son Ecole. Le tems & le genre de sa mort sont incertains; mais toute l'Antiquité s'accorde à dire qu'il finit ses jours par une mort violente.

On ne sauroit dire si *Pythagore* avoit composé des Ecrits; & il y a lieu de croire que la méthode du sécret, à laquelle il s'astreignoit, l'en empêcha. Tous ceux qu'on lui attribue, sont tout au plus des ouvrages de ses disciples, qui y mirent le nom de leur Maître, suivant l'usage des Anciens. Le plus célébre de tous est celui qui porte le titre de *Vers dorés*.

Sa doctrine étoit double, publique & sécrete. Il enseignoit la premiere à tout le monde, & elle rouloit principalement sur les mœurs. L'autre au contraire n'étoit communiquée qu'à des disciples de l'ordre le plus intime, qu'il avoit rassemblés en une Communauté, assujettie à de très étroites observances. Les Auditeurs de *Pythagore* avoient de longues & pénibles épreuves à essuyer, avant que d'être rendus participans de tous ses sécrets. Ils se dépouilloient de toute propriété de leurs biens, gardoient un silence de plusieurs années, & s'engageoient à ne jamais révéler quoique ce soit de ce qu'ils auroient appris. Alors, & après toutes ces précautions, admis en quelque sorte au dedans du voile, il n'y avoit plus rien de caché pour eux; ils devenoient

Ma-

Mathématiciens, Phyficiens, Métaphyficiens; & quelques uns Légiflateurs. Une regle fixe & invariable déterminoit toutes les occupations de leur journée; ils s'occupoient de Mufique, de Danfe, de fpéculations, de facrifices, & fe récréoient par des promenades. Leur nourriture étoit auffi affujettie à divers préceptes; quelques alimens leur étoient interdits, par exemple les feves; & les plus parfaits d'entr'eux s'abftenoient de la chair des animaux. Tous les enfeignemens, même de la doctrine fécrete, étoient envelopés de perpétuelles allégories. De là l'incertitude & l'obfcurité des Symboles Pythagoriciens, dont toutes les explications ne font que des conjectures fort hazardées.

En général toute la Philofophie de *Pythagore* eft aujourd'hui couverte de ténébres prefque impénétrables; & cela vient de diverfes caufes, dont les principales font le filence de la fecte, la méthode du fécret, le grand nombre de chofes fauffement attribuées à *Pythagore* par fes adverfaires, & la confufion introduite dans tous les dogmes de l'ancienne Philofophie par les Platoniciens modernes, qui, en voulant concilier ces dogmes, les ont altérés & défigurés. Un enthoufiafme ridicule a fur-tout caufé bien du défordre, & a fait perdre de vue ce qui auroit pû mériter l'attention.

Le but de cette Philofophie paroit avoir été

de

de dégager l'ame du commerce trop étroit où
elle se trouve avec le corps, pour l'élever par
divers degrés, & en particulier par des prépara-
tions mathématiques à l'intuition des êtres proprement dits, des choses qui subsistent par elles-
mêmes. Pour cet effet, on débutoit par une
Arithmétique, sur laquelle on ne peut dire aujourd'hui rien de satisfaisant. *Pythagore* distin-
guoit les nombres en *intellectuels* & *scientifiques*.
Les premiers existoient selon lui, de toute éternité dans l'Entendement divin ; & c'est d'eux que
toutes choses procédent, par l'extension des raisons séminales, & par la production de l'unité en
acte. A cela il ajoûtoit que le nombre infini
étoit pair, que la Monade étoit le commencement du repos, & qu'elle tenoit de la Divinité ;
que la Dyade en venoit, & de celle-ci la matiere informe, & dans un état de discorde, que le
premier nombre parfait étoit le ternaire ; que la
Tetrade renfermoit les plus profonds mystères
d'une Philosophie divine ; que le nombre de six
étoit parfait, celui de sept sacré, celui de dix
harmonique. Enfin il prétendoit qu'on pouvoit
deviner l'avenir par les nombres ; & c'est l'*Arith-
momancie*. Venoit ensuite la *Musique*, qui n'é-
toit pas tant l'objet de l'ouïe que celui de l'entendement. Il la faisoit résulter d'une associa-
tion convenable des choses contraires ; il en tiroit les noms de l'harmonie des Planetes, disant

D 6

qu'el-

qu'elle étoit *diapafon*, *diapenté*, *diateffaron*; il
la divifoit en trois genres, le *diatorique*, le
chromatique, & *l'enharmonique*, & vouloit qu'on
en apprit les degrés & les progrès fur un Inftru-
ment *monochorde*. Une femblable Mufique avec
tous fes chants, tous fes rythmes, & toutes fes
modulations, étoit deftinée à la correction des
mœurs, & à la guérifon des maladies. Quant
à la *Géométrie*, ce Philofophe en joignoit les figures avec les nombres, pour déterminer & repréfenter les élémens des chofes. Il avoit pouffé
affez loin l'étude de cette fcience, pour être l'inventeur de quelques uns de fes théorêmes. Son
Aftronomie fuppofoit dix fphères céleftes, dont
la derniere étoit en oppofition avec notre terre.
Le feu étoit placé au milieu du Monde, dont
les parties fe mouvoient autour de ce feu, com-
-me d'un centre; & la terre elle-même avoit une
femblable révolution, pareille à celle des autres.
Le mouvement des Planetes étoit harmonique,
& rendoit le fon le plus mélodieux, mais qui ne
pouvoit être ouï par les hommes. La Lune &
les autres planetes étoient des féjours habitables.
Il y avoit des Antipodes.

Si nous paffons préfentement aux dogmes qui
conftituoient plus particulierement la Philofophie
Pythagoricienne; elle enfeignoit que l'objet de
cette fcience, ce font les chofes effentiellement
belles & divines, immatérielles & éternelles;
que

que le nom d'Etres ne convient qu'improprement à toutes celles qui font affujetties aux loix de la génération ; que le but du Philofophe eft de conduire fon ame à la connoiffance intuïtive de Dieu, & même à la Nature divine, les hommes pouvant ainfi devenir des Dieux ; que dans cette vue il faloit dégager l'ame du corps & des paffions par la mort philofophique ; qu'en fe repliant d'abord fur elle-même, cela la mettoit en état de s'élever à Dieu; & qu'un génie favorable affiftoit ceux qui s'appliquoient à ce travail. A quoi *Pythagore* ajoûtoit, que le fage ne s'étonnoit de rien.

A ces principes généraux étoient fubordonnés ceux d'une Philofophie plus particuliere, active, & divifée en *pædentique*, ou rélative à l'éducation, & *politique*. Les préceptes de la premiere étoient, de recevoir des inftructions, de garder le filence, de s'abftenir de la chair des animaux, d'acquérir du courage, de la tempérance, de la fagacité. La vertu y étoit confidérée comme faifant la perfection de l'homme, & ayant befoin de la raifon, pour lui fervir de moyen & de confeil. L'ame étoit fuppofée avoir trois parties principales, la connoiffance réglée par la raifon, la colere par la force, & la cupidité par l'appétit; d'où procédoient toutes les vertus, la patience, la continence, le courage, la tempérance, la juftice, &c. La Politique fe

ré-

réduifoit à ces chefs. Les hommes doivent vivre en commun, être liés par l'amitié, rendre un culte aux Dieux, & des devoirs aux morts. Le principe général de toutes ces doctrines, étoit qu'il faut fuivre Dieu. L'idée théoretique de cet Etre fuprème, c'eft qu'il eft l'ame du monde, répandue dans toutes fes parties, & que tout ce qui a vie, la tire de lui; que c'eft un Etre invifible, qui foutient le Monde, qui a jetté la matiere hors de lui, & qui la gouverne par une néceffité intrinféque. On défignoit encore la Divinité par les épithetes de premiere Monade, de feu intelligible, de chaleur de l'éther fuprème. Après Dieu venoient les chofes intelligibles, les Dieux, les Héros, les Démons, les Ames, dont l'air eft plein. L'explication des chofes naturelles confiftoit à dire, que tout vient de l'unité & du nombre binaire; que le Monde eft l'ouvrage de Dieu; que le deftin eft la caufe de l'ordre qui y régne; que le Soleil & les Aftres font des Dieux; que les Etoiles font des Mondes, que la Lune eft une Terre, que le genre humain a toujours exifté, & qu'il ne prendra jamais fin; que l'ame eft un nombre qui fe meut lui-même; qu'elle eft raifonnable & immortelle; qu'elle s'eft détachée extérieurement de la fubftance divine dont elle faifoit partie; qu'il y a une Médecine diételique, &c.

Le nombre des Difciples de *Pythagore* fut fort grand,

grand, & fon Ecole fubfifta après lui; mais l'envie, après lui avoir fufcité diverfes perfécutions, l'attaqua enfin à main armée; on mit le feu à la Maifon où fe tenoit cette Ecole, la plupart de ceux qui la compofoient, furent égorgés, & les autres condamnés à l'exil. *Ariftée*, célébre Mathématicien, en recueillit cependant les débris; & après en avoir été le Chef, il tranfmit cette fonction à *Mnefarque*, ou à *Telaugès*, fils de *Pythagore*, auquel d'autres fuccéderent jufqu'au tems de *Ptolemée*, fils de *Lagus*. Il y eut auffi dans cette Ecole des femmes Philofophes.

Les principaux fectateurs de *Pythagore* ne peuvent guères porter que le nom de Semi-Pythagoriciens, par ce que la doctrine de leur premier Maître ne fe conferva point dans fa pureté; mais elle fut altérée à plufieurs égards, fur-tout dans ce qui concerne l'explication des chofes naturelles. Paffons en revue les principaux d'entre ces Philofophes.

ECPHANTE de *Syracufe*: il prétendit que nous ne pouvons arriver à la connoiffance du vrai. Il fit confifter les premiers principes en un nombre innombrable de corpufcules individuels, qui font les Monades; & il y joignit le Vuide. Selon lui, les corps fe meuvent par la puiffance divine.

HIPPON de *Rhegio*, enfeigna que le froid & le chaud, c'eft-à-dire, l'eau & le feu, font les principes

cipes des chofes; que le feu eft forti de l'eau, par où il entendoit le feu divin, qui, en quittant le chaos, a formé le monde. L'ame étoit engendrée de l'humide.

EMPEDOCLE d'*Agrigente* a été le plus célébre des Pythagoriciens. Il vivoit avec éclat dans fa Patrie, & fe montra ennemi déclaré des Tyrans. Il fut un excellent phyficien, ce qui lui a fait attribuer des miracles. Il fe diftingua auffi dans la Médecine, à laquelle il affocioit la Magie. Il fit des vers. On raconte qu'il finit fa vie en fe jettant dans le Mont *Etna*; mais c'eft une fable. Quant à fes dogmes, il difoit qu'on doit juger de la vérité, non par les fens, mais par la raifon, parce que les fens n'étoient pas en état de la comprendre. Il faifoit venir la Raifon de dehors, comme une chofe qui tomboit en quelque forte dans l'homme; & il lui donnoit pour objet les chofes intelligibles. Il établiffoit en phyfiologie un double principe de toutes chofes; l'un actif, favoir, la Monade, ou Dieu; l'autre paffif, on la matiere. Le premier étoit le feu intellectuel, d'où tout vient & où tout retourne. Il n'admettoit qu'un Monde, & foumettoit les chofes terreftres au gouvernement des Démons. Il attribuoit à la matière une pure inertie; il fuppofoit comme antérieures aux élémens, de très petites molecules rondes, qui fe meuvent feules, & en qui fe trouve une amitié

&

& une difcorde, par lesquelles toutes chofes ont été produites. Il peut être regardé comme l'Auteur de la doctrine des quatre élémens, qui fuffifent à la compofition de tous les mêlanges.

EPICHARME de *Cos*, enfeigna la Philofophie à *Syracufe*, & fit auffi quelques Comédies. Il difoit que rien ne fe fait de rien ; qu'ainfi les Dieux, c'eft-à-dire, le Soleil & les Aftres ont toujours exifté ; que la matiere eft dans un mouvement continuel ; que la mort n'a rien qui nous regarde & nous intéreffe.

OCELLUS furnommé *Lucanus* eft connu par fon petit Traité fur l'Univers. *Ariftote* a beaucoup emprunté de lui. L'Univers, felon lui, n'a point été produit, & ne périra point. Il établiffoit des effences des chofes qui ne fauroient être apperçues. Il attribuoit un mouvement circulaire aux premieres chofes mortelles, &c.

TIMÉE de *Locres*, grand Aftronome & habile Phyficien fit auffi un Traité du Monde. Il y reconnoit deux caufes de toutes chofes, Dieu qui eft celle des chofes intelligibles, & la néceffité, ou la matiere, qui eft celle des corps. *Platon* l'a fuivi en beaucoup de chofes. Il n'y a point d'Ouvrage dans lequel on puiffe mieux voir que dans celui de *Timée* de *Locres* à quel point les Semi-Pythagoriciens s'étoient écartés du vrai fyftème de leur premier Maître. Au-lieu de confidérer l'Univers comme un tout unique, une

vraye

vraye Monade, ils avoient adopté le dualifme, ou les deux principes: & ce fut enfuite la doctrine de *Platon*. Il faut donc être bien attentif à faifir cette diftinction qui fuffit pour empêcher de confondre le fyftème de *Pythagore* avec celui de *Platon*; à quoi l'on pourroit être porté, parce qu'on trouve auffi dans le premier la *dyade*, ou l'origine de toutes chofes déduite de l'unité & du nombre binaire.

ARCHYTAS de *Tarente* eut pour difciples *Platon*, *Philolaus* & *Eudoxe*. C'étoit un grand Mathématicien, fur-tout dans ce qui concerne la Méchanique. Il acquit auffi de la réputation dans le Gouvernement de fa Patrie. Il eft l'inventeur des dix Catégories. Il difoit que Dieu eft le principe, le moyen, & la fin de toutes chofes.

ALCMAEON fe rendit célébre dans la Phyfique & dans la Médecine. Il eft le premier des Philofophes de la grande Gréce qui ait écrit fur la nature des chofes. Il réduifoit toute pluralité à la dualité, c'eft-à-dire, aux viciffitudes qui réfultent du choc des chofes contraires. Il plaçoit la Divinité dans les Aftres, & attribuoit un mouvement perpétuel à l'ame.

HIPPASE étoit originaire d'Italie. Ses difciples furent furnommés *acoufmatiques*, & fe diftinguerent par leurs connoiffances arithmétiques. Il eut le malheur de périr dans la mer. Il mettoit

le

le principe de toutes chofes dans le feu, qu'il regardoit comme la Divinité. En s'éteignant ce feu produifoit tout, & tout devoit finalement y retourner.

PHILOLAUS, de *Crotone*, divulgua le premier la Philofophie de *Pythagore*, en vendant à *Platon* les Ouvrages qui la renfermoient. Tous les dogmes qu'on lui attribue font des opinions Pythagoriciennes, revêtues de calculs Mathématiques. Il mourut de déplaifir, parce qu'on l'accufa d'avoir voulu fe rendre le Tyran de fa Patrie.

EUDOXE, de *Cnide*, acquit une haute réputation par fes connoiffances aftronomiques. Etant venu jeune à *Athenes*, il y fut difciple de *Platon*, & alla enfuite puifer la fageffe chez les Egyptiens. Il vécut de la maniere la plus irréprochable.

§. 2.

*Des Sectes qui tirerent leur origine du Py-
thagorifme.*

On divife communément toutes les Sectes Grecques en *Italiques* & *Joniques*; mais cette divifion n'eft pas fuffifante pour bien diftinguer leurs dogmes. En effet les Sectes Italiques s'éloignent pour la plûpart beaucoup de leur origine;

ne; & quoiqu'iſſues de l'Ecole de Pythagore, elles n'en ont pas retenu grand choſe.

De la Secte Eléatique.

Elle eut pour fondateur X𝚎NOPHANE de *Colophon*, qui mourut à l'âge de cent ans. Il étoit diſciple de *Telaugès*, fils de *Pythagore*. Ayant été obligé de ſortir de ſa Patrie, il ſe réfugia en Sicile, d'abord à *Zancla*, & enſuite à *Catane*, gagnant ſa vie à chanter. Il écrivit un Traité métaphyſique ſur la Nature, ſa Philoſophie eſt obſcure, tant par le défaut des monumens qui la concernent, que par la double méthode qu'il ſuivit, l'une conforme aux ſimples apparences, l'autre fondée ſur la raiſon. Il oppoſa ſon ſyſtème à ceux d'*Epiménide* & de *Thalès*. Il attribua l'unité au tout, rendant raiſon de Dieu, du Monde, & de tous les changemens de la Nature, par les apparences, qui mettent ſeules de la différences entre ces êtres, qui ne ſont au fond qu'une ſeule & même choſe. Il enſeigna par conſéquent que, rien ne ſe faiſant de rien, tout ce qui eſt actuellement, a exiſté de toute éternité, & forme un vrai tout, parfaitement ſimilaire, immobile, immuable; & que c'eſt là en quoi conſiſte la Divinité éternelle & incorporelle; que ce tout voit, entend, & eſt à la fois toutes cho-

chofes. En mettant plus de précifion dans ces idées, il paroit que *Xenophane* vouloit dire que l'Univers eft un quant à fa nature & à fa fub-ftance, qu'il confifte dans la matiere & dans la force divine qui y eft renfermée, & qu'on ne doit regarder cette force que comme une affec-tion néceffaire à la matiere pour que l'Univers exifte. Suivant cela la matiere eft immuable, & les changemens qu'elle éprouve fe réduifent à de fimples apparences : le mouvement même en eft une, & n'a pas lieu réellement ; il n'y a ni vraye génération, ni vraye deftruction ; les fens nous trompent, & ne fauroient nous conduire à la connoiffance du vrai. Enfin ce Philofophe ad-mettoit plufieurs Mondes infinis & immuables. Il difoit que le Soleil eft un nuage de feu, & qu'il y avoit plufieurs Soleils pour les différens climats.

Les difciples de *Xenophane* peuvent être dis-tingués en *Métaphyficiens* & *Phyficiens*.

PARMENIDE fe préfente à la tête des premiers. Il étoit d'*Elée*, & avoit été Auditeur de *Xeno-phane*, d'*Anaximandre*, & de quelques autres Pythagoriciens. Après avoir paffé quelques an-nées dans le tumulte des affaires civiles, il fe jetta entre les bras de la Philofophie. Sa vertu fut fi grande & fi reconnue, qu'elle paffa en pro-verbe. Il fit des vers. Sa philofophie eft in-certaine, & les Anciens l'ont rapportée de di-

ver-

verſes manieres. Ce qu'il y a de plus vraiſem-
blable à cet égard, c'eſt qu'il a enſeigné que la
Philoſophie peut être propoſée, ou conformément à la nature changeante de la matiere, ou
en s'attachant à la vérité même & à l'eſſence des
choſes. La premiere de ces deux philoſophies
eſt incertaine, c'eſt la Phyſique; l'autre eſt con-
ſtante, c'eſt la Métaphyſique. Le principe de
toutes choſes eſt un, immobile, immuable, é-
ternel, ſphérique; & c'eſt à lui ſeul qu'appartient le titre d'Etre; tout le reſte doit être mis
dans la claſſe des non-êtres. Rien ne s'engen-
dre, rien ne ſe corrompt; mais les apparences
nous en impoſent. Dans ce ſyſtème Dieu paroit
être la forme *informante* du monde, un feu dans
le ſens Pythagoricien, qui y eſt répandu & qui
l'anime. Les dogmes phyſiques de *Parmenide*
établiſſoient le chaud & le froid, c'eſt-à-dire, le
feu & la terre pour principes de toutes choſes.
La Terre étoit ronde, & placée au milieu de
l'Univers &c. *Platon* emprunta la plûpart de
ces dogmes, mais il y fit beaucoup d'altérations.

MELISSE de *Samos* s'acquitta des fonctions du
Gouvernement avec beaucoup d'honneur. Il ſoutint auſſi l'unité du tout, auſſi bien que l'infinité & l'immutabilité du principe des choſes.

ZENON d'*Elée*, diſciple & fils adoptif de *Parmenide*, eſſuya diverſes perſécutions tyran-
ni-

niques, dont il vint à bout par fa conftance. Il s'attacha beaucoup à introduire la méthode d'argumenter en Philofophie, & il enfeigna la Logique. Sa Métaphyfique fut la même que celle de toute la Secte Eléatique. Il n'y a qu'un feul Etre, infini, éternel, immobile, c'eft Dieu. Le lieu, ni le mouvement n'exiftent pas. Il y a plufieurs Mondes. On doit rejetter le vuide. Paffons aux Phyficiens.

Leucippe, difciple de *Zenon* & de *Meliffe*, donna naiffance au nouveau genre de phyfique qu'on nomme ordinairement *Atomiftique*, lequel fut enfuite conduit à fa perfection par *Democrite*, & fur-tout par *Epicure*. L'Univers, felon lui, eft infini; mais en partie vuide, en partie plein. Le plein eft l'affemblage d'une infinité de corpufcules, ou d'atomes, qui, dans le vuide infini, deviennent des élémens infinis. Ces élémens, doués de toutes fortes de figures, & détachés de la maffe totale de l'infini, font emportés dans le vuide, où ils fe réuniffent & forment un tourbillon, dont les agitations & les fecouffes font caufe que les corpufcules s'embarraffent & s'engagent les uns dans les autres, de façon cependant que les chofes homogenes fe cherchent réciproquement & s'approchent les unes des autres. Les corpufcules les plus déliés tendent à fe difperfer dans l'immenfité du vuide; mais les autres fe réuniffent, s'arrondiffent, &

quand

quand ils font couverts d'une membrane, deviennent des corps, dont la fomme forme le Monde.

De'mocrite d'*Abdere* fut un très grand génie. Après un voyage de plufieurs années, revenu chez lui, il s'enfonça dans la folitude, & fe livra tout entier à la contemplation de la Nature. Cette retraite a donné lieu à diverfes fables, que l'audace des anciens Sophiftes a inventées & transmifes à la poftérité, mais dont l'abfurdité & la fuppofition fautent aux yeux. Tels font les faits fuivans; qu'il fe priva lui-même de la vuë avec un verre ardent; qu'il jettoit de continuels éclats de rire; qu'il a été poffeffeur de la pierre Philofophale; que fes Concitoyens firent venir *Hippocrate* pour le guérir de la folie dans laquelle ils le croyoient tombé; qu'il fut profondément verfé dans les fécrets de la Magie; & d'autres rêveries femblables, qui ne peuvent entrer que dans des cerveaux Abdéritains. Ce qu'il y a de vrai, c'eft que *Démocrite* perfectionna le fyftême de *Leucippe* & y adopta les fecours du raifonnement, tels que la Logique les fournit. Il prétendit que la vérité exiftoit dans les principes feuls; & que tout ce qui fe rapportoit aux affections des corps, n'étoit que pure apparence. Il conferva les principes de la Phyfique de *Leucippe*, fuivant lefquels il n'y a d'autres êtres que les atomes, qui ont exclufivement la
fo-

folidité en partage; ils font infinis en nombre, & deftitués de toute qualité, n'ayant que
la pefanteur, la grandeur, & la figure; mûs par
un mouvement très rapide, ils s'accrochent les
uns aux autres, & forment ainfi les corps. Toutes les différences des chofes, & en particulier
toutes les qualités fenfibles, ne viennent que de
la figure, de l'arrangement & de la fituation des
Atomes. Il y a une infinité de Mondes, mais
qui n'ont point d'Ames; l'Ame humaine eft un
feu; la derniere fin de toutes chofes, c'eft la
tranquillité d'efprit, εὐθυμία.

PROTAGORAS, auffi d'*Abdere*, Difciple de
Démocrite, s'exprimoit fort éloquemment. Ayant
été accufé d'impiété, il fut banni de toute l'Attique. Il périt dans la mer. Un de fes dogmes
particuliers, c'eft que la matiere eft dans un
flux perpétuel, emportée fuivant deux directions
contraires.

DIAGORAS de MELOS, & ANAXARCHUS qui de
valet de *Démocrite* devint fon difciple, furent
auffi notés d'infamie par l'Antiquité à caufe de
leur Athéifme. Celui-ci eut part aux bonnes
graces d'Alexandre le Grand. Il finit fa vie d'u-
ne maniere bien tragique, étant tombé entre
les mains d'un Ennemi, qui le fit piler dans un
mortier.

Telle fut la Secte Eléatique, qui tira fon nom
de la Ville d'*Elée*, (*Elia*, ou *Velia*,) dans la

 Gran-

Grande Gréce, où la Légiſlation de *Pythagore* avoit été reçue. Comme les plus célébres Philoſophes de cette Secte, *Parmenide*, *Zenon* & *Leucippe*, étoient natifs de cette Ville, cela ſervit à confirmer ce ſurnom, qui s'eſt conſervé. La Métaphyſique de cette Secte avoit un grand air de ſubtilité, & même de génie; on en pouvoit tirer beaucoup d'uſage dans la diſpute; mais elle ne ſuffiſoit pourtant pas aux deſirs de ceux qui aſpiroient à la connoiſſance du vrai. Dans une contradiction perpétuelle avec le témoignage des ſens, elle leur refuſoit abſolument toute créance; ce qui ſappoit par les fondemens toute étude de la Philoſophie naturelle. *Leucippe* apperçut ces inconvéniens, & crut devoir abandonner ſes prédéceſſeurs pour revenir à l'hypotheſe ſimple des anciens Phyſiciens, qui diviſoient la matiere en très petites parties, & qui recouroient enſuite à une cauſe externe pour expliquer comment ces particules douées de qualités avoient acquis le mouvement, & s'étoient réunies. Enſuite il trouva que cette cauſe externe étoit un principe précaire, dont il pouvoit ſe paſſer; & il la rejetta en effet comme n'étant qu'une ſimple abſtraction qu'on avoit miſe mal à propos au nombre des cauſes naturelles. Dégouté en général des notions métaphyſiques, il rapporta toute la Philoſophie à la ſeule Méchanique, & ſe propoſa de rendre raiſon de tout par l'arrange-

gement & par la figure des particules. Il conſer-
va pourtant cette Unité, qui faiſoit la baſe de
la Secte Eléatique; mais il la plaça dans les
Atomes. Il regarda le vuide comme un non-
Etre. Il fit dépendre les apparences qui ſont
l'objet des ſens, de l'union & des combinaiſons
différentes des Atomes. De cette maniere la
Philoſophie naturelle prit une face tout à la fois
plus ſimple & plus conforme à la Nature même.

De la Secte d'Héraclite.

HERACLITE étoit Epheſien. Il fut diſciple
de *Xenophane* & d'*Hippaſe*. Son tempérament le
portoit à la triſteſſe & à la mélancolie: & ce
qui en eſt une ſuite ordinaire, il étoit dominé
par l'orgueil. Il vêcut dans la ſolitude, ſe nour-
riſſant d'herbes, & mourut hydropique. Il répandit à deſſein de l'obſcurité dans ſes Ecrits;
& obtint par là le ſurnom de *ténébreux* qu'il paroit avoir deſiré. Il ne reconoiſſoit que l'autorité de la raiſon, refuſant tout droit de juger
aux ſens; mais, outre cela, il diſtinguoit la
raiſon en divine & commune, & reſtraignoit la
connoiſſance évidente du vrai à la premiere. Il
poſoit le feu pour le principe naturel d'où toutes choſes procédent; & il repréſentoit ce feu
ſous l'idée de ramifications extrémement déliées.
Il établiſſoit une cauſe intrinſéque, qui donne

con-

continuellement le mouvement à tout. Il convenoit que la réunion de certaines particules produifoit du feu, mais ce n'étoit pas ce qu'il nommoit le feu élémentaire. Il fuppofoit deux Mondes, l'un éternel, l'autre produit. Le feu exiftant dans celui-ci étoit la Divinité, ou le Deftin, c'eft-à-dire, une fubftance intelligente, qui fervoit d'ame au Monde. Il mettoit dans les particules un mouvement de contrariété, & une efpece de guerre, qui eft la caufe de tous les changemens auxquels les élémens font affujettis. Mais pour expliquer la manière dont ces changemens s'operent, il parloit d'une double voye, *fupérieure* & *inférieure*, ἄνα & κάθα, qui, autant qu'on peut demêler aujourd'hui quelque chofe dans ces obfcurités, revenoit à ceci. Les élémens s'étoient réunis en un tout par la *coalefcence*, ou *conftipation* du feu élementaire; & alors les particules qui s'étoient affaiffées, avoient gagné le bas, en fuivant la voye inférieure, tandis que d'autres particules, en fe dégageant du fein de cette maffe confufe, s'étoient élevées en haut par la voye fupérieure. Le feu avoit commencé par pénétrer l'eau, & en la faifant bouillir, l'avoit réfolue en vapeurs, defquelles toutes les autres chofes étoient forties, les Aftres ayant été produits par les vapeurs les plus pures. L'ame elle-même étoit une évaporation humide du Monde; la matiere, pour ainfi
dire,

dire, des ames environnant continuellement les hommes, s'introduifoit au dedans d'eux par les conduits de leurs organes, & y demeuroit dans un mouvement perpétuel. L'humidité étoit le principe de la mort, &c. Quant à la pratique, *Heraclite* ajoutoit que la derniere fin de l'hom- me confiftoit à pouvoir fuivre fon bon plaifir, qu'il étoit égal de vivre & de mourir, & qu'on ne faifoit alors que paffer d'un état à l'état qui lui eft oppofé.

De la Philofophie Epicurienne.

EPICURE étoit Athénien. Il paffa les premieres années de fa vie en divers lieux; & lorfque l'âge le lui permit, il fut auditeur de *Naufiphane*, Philofophe Pythagoricien; mais il ne fe borna pas aux leçons qu'il recevoit, il penfa par lui- même, enrichit la Philofophie de plufieurs dog- mes, & devint un des plus fameux Chefs de Secte. Il ouvrit d'abord à *Lampfaque*, & enfuite à *Athenes*, une Ecole, où il eut une grande af- fluence de difciples: & c'eft une chofe très re- marquable qu'on ait accouru à fes leçons, non feulement de la Gréce, mais encore de prefque toute l'Afie. La Gréce étoit alors dans un très grand relâchement par rapport aux mœurs; & cela l'avoit dégoûtée des Philofophes, dont les principaux, avant *Epicure*, étoient les Stoïciens,

& les Cyniques; gens qui ne prêchoient que le renoncement aux plaifirs, & le genre de vie le plus dur, donnant ainfi à la fageffe les apparences les plus triftes & les plus rebutantes. *Epicure* comprit bien qu'il faloit prendre une autre route, s'il vouloit fe faire écouter; il deguifa la fageffe fous le nom attrayant de la volupté, & donnant fes inftructions dans un Jardin très agréable, il y ramenoit la Philofophie à l'art d'entretenir la tranquillité dans l'efprit, & de mettre le corps à l'abri de la douleur, enfeignant que la Nature fe contenté de peu. On fentit bientôt que ces préceptes étoient plus faits pour l'homme que ceux des autres Philofophes; & cela lui donna une fupériorité dont furent vivement piqués les Cyniques, mais bien plus encore les Stoïciens, qui faifoient parade de la vertu la plus auftère De là les accufations intentées à *Epicure*, & les calomnies répandues contre lui, comme s'il ne fe propofoit que de conduire les hommes aux voluptés groffieres. Les Epicuriens à la vérité contribuerent à s'attirer ces reproches, en s'éloignant de la fimplicité & de la frugalité de leur Maître; en forte que l'épithete de *pourceau du troupeau d'Epicure* ne leur fut pas toujours donnée fans fondement. Il faut donc ufer ici d'une grande circonfpection, pour ne point porter de jugement précipité fur la Morale d'*Epicure*. Quiconque veut

la

la bien connoître, ne doit jamais perdre de vûe le dessein que ce Philosophe avoit de combattre & de détruire les vaines & puériles subtilités des autres Sectes, en faisant sur tout voir qu'on n'en pouvoit tirer aucun fruit pour la tranquillité de l'ame & pour le vrai bonheur. C'est ce qui l'engageoit à détourner les jeunes gens de l'étude de la Grammaire, de la Rhétorique, & de la Poëtique, c'est-à-dire, de ces études telles qu'on les faisoit alors. En recourant aussi au témoignage des sens, & à des raisons méchaniques, il vouloit éviter les écueils contre lesquels se heurtoient les Pyrrhoniens & les Stoïciens, les premiers en voulant jetter l'homme dans le gouffre du doute universel, les autres en étourdissant les oreilles de fausses déclamations, & de vanteries outrées, qui ne pouvoient aller au cœur, ni influer sur la vie (*a*).

Epicure avoit aussi établi une espece de communauté entre ses disciples, mais sans exiger qu'ils se dépouillassent de la propriété de leurs biens. L'amitié étoit le lien de cette communauté, & ce lien fut si fort que l'Ecole se soutint fort longtems, & conserva la plus grande vénération pour la mémoire de son Maître.

Ce-

(*a*) Voyez l'Ouvrage que Mt. l'Abbé *Batteux* a publié sur ce sujet.

Celui - ci laiffa des Lettres, & des Sentences, qui ont paffé jufqu'à nous.

Pour achever de donner une idée de fa Philofophie, il la divifa en *canonique* & *phyfique*. La premiere comprenoit les régles qu'il faut fuivre pour bien juger de la vérité. Les principales de ces régles font; que les fens ne nous trompent point; que les apparences font des repréfentations fideles des chofes; que c'eft dans le jugement que fe trouve la fauffeté; que *l'anticipation* eft le principe de la démonftration, & que cette anticipation vient des fens; enfin que dans la Morale le fentiment de la volupté & celui de la douleur doivent déterminer nos actions. *Epicure* exigeoit qu'on n'employât que des termes communs & clairs. A l'égard de la Phyfique, il s'attacha au fyftème de *Leucippe* & de *Démocrite*; difant que l'Univers a toujours exifté, qu'il eft compofé de la matiere & du vuide, fans qu'il y ait une troifième forte d'être; qu'il eft infini & formé de l'affemblage de parties parfaitemént fimples & infécables, (ce font les Atomes) immuables, folides, mais qui different par leur grandeur, leur figure & leur poids; qu'elles font muës d'un mouvement de pefanteur, & d'un mouvement de répercuffion; que les atomes les plus anguleux ou branchus s'embarraffent & s'engagent les uns dans les autres;

fres; que ceux qui font ronds agiffent par leur force; que tous les changemens qui arrivent dans la Nature viennent du lieu où les atomes fe trouvent, & que c'eft en cela que confifte le Deftin; que la figure des corps dépend de celle des atomes, & leur mobilité de la pefanteur de ces mêmes atomes; que toutes les générations réfultent de la maniere dont les atomes fe réu-niffent ou fe féparent dans le vuide, & que la mort n'eft qu'une réfolution. Il inféroit de là que le Monde n'a point eu befoin d'une force divine pour être produit, & que la providence n'eft pas plus néceffaire à fa confervation, puif-que le concours de la Nature & du Hazard régle & décide tout. Il reconnoiffoit pourtant des Dieux, mais qui n'étoient occupés qu'à jouïr de leur bonheur, fans prendre aucun foin du Mon-de; & pour cet effet il les plaçoit dans les intervalles qui féparent les Mondes. Il faifoit confifter la derniere fin de l'homme dans la vo-lupté, & il plaçoit la volupté dans l'exemption de toute douleur, d'où réfultoit une parfaite tranquillité de l'ame & du corps, fans qu'on pût affigner aucun autre état vrayement heureux, aucune autre caufe réelle de bonheur. Les moyens qu'il indiquoit pour y arriver, étoient la prudence, la tempérance, la force & la ju-ftice, vertus d'où naiffoient toutes les autres, &

E 5

qui,

qui, réunies enfemble, formoient la vie heu‑
reufe.

De la Philofophie Pyrrhonienne ou Sceptique.

PYRRHON d'*Elée* fut difciple d'*Anaxarque*, & l'accompagna dans fon voyage des Indes. Il paffe pour avoir mené une vie folitaire. Comme il doutoit ou prétendoit douter parfaitement de tout, il n'évitoit aucun danger, & n'étoit affecté par aucune douleur. Il exerça une charge de Pontife, dans fa Patrie. Il ouvrit une Ecole dans laquelle lui fuccéda *Timon* de *Phliafe*, cé‑lébre comme Philofophe, & comme Ecrivain fatyrique. Sa Secte parut enfuite éteinte; mais *Ptolemée* de *Cyrene* & *Heraclides*, fes Auditeurs, la firent revivre pendant quelque tems.

Le Pyrrhonifme proprement dit eft plutôt un amas d'extravagances qu'un fyftème. Dès qu'il cherche à s'établir par la voye du raifonnement, il fe détruit lui‑même. C'eft ce dont peuvent fe convaincre ceux qui auront la patience de li‑re le gros Ouvrage de *Sextus Empiricus*, qui eft l'Arfenal de l'ancien Pyrrhonifme, comme les Ecrits de *Bayle* font celui du nouveau, mille fois plus dangereux. Quand les Pyrrhoniens n'étoient pas fur la défenfive, ils attaquoient toutes les autres Sectes, niant toute fcience, &

ré‑

répandant par-tout des doutes. Leur grand principe étoit qu'il n'y avoit aucune preuve à laquelle on ne pût oppofer une preuve contraire
d'égale force. D'ailleurs, plus judicieux en cela
que leur Maître, ils convenoient qu'il faloit fe
régler fur les apparences, & fuivre la vie commune. Cette doctrine eft l'éponge de toutes les
connoiffances, & la pefte de l'efprit humain. Il
faut cependant avouër qu'on ne fe jetta dans
cette extrémité que pour en éviter une autre,
favoir l'abfurdité du faux Dogmatifme & l'info-
lence du ton décifif que prenoient les autres
Sectes. L'étude d'une Dialectique trop fubtile
avoit conduit les Sophiftes à des difputes fans
fin, par lefquelles les queftions ne faifoient que
s'embrouiller au lieu de s'éclaircir. Ainfi les
Pyrrhoniens, quoiqu'ils s'y priffent mal, avoient
pourtant un but raifonnable, c'étoit de fe débarraffer de ces fatigantes Controverfes, & d'arriver tout d'un coup à une parfaite indifférence,
qui leur procurât ce repos d'efprit, auquel le
bonheur eft attaché. Trouvant donc dans les
fauffes affertions des autres Philofophes ample
matiere à les réfuter, & à les tourner fur-tout
en ridicule, ils ne s'y épargnerent pas, & la
plûpart d'entr'eux furent des Critiques très
mordans. *Timon* fe fignala dans cette carrière;
& fes *Silles* firent beaucoup de bruit. Jufqu'au
tems des Empereurs le Pyrrhonifme n'eut pas

E 6

gran-

grande vogue; mais il prit alors faveur, & fit une figure très confidérable, comme nous le verrons dans la fuite.

§. 3.

De la Philofophie Grecque dans la Gréce proprement dite.

Nous avons à confidérer ici la fecte Ionique, tant en elle-même, que dans l'Ecole de *Socrate* qui en fortit.

De la Secte Ionique.

THALES en eft le fondateur. Il fut le premier des Grecs qui donna une forme fyftématique à la Philofophie, & qui entreprit de déduire les vérités de principes certains. C'eft dommage qu'il ne nous refte que des connoiffances imparfaites de la Philofophie Ionique, les Ecrits de ceux qui l'ont profeffée n'étant point parvenus jufqu'à nous; & *Socrate* le feul Philofophe célébre qui foit forti de cette Ecole, n'en ayant pas même confervé les dogmes. Car il abandonna la Phyfique qui faifoit l'objet des Philofophes Ioniques, pour fe tourner tout entier du côté de la Morale, faifant ainfi defcendre, comme il le difoit, la Philofophie du Ciel en

Ter-

Terre. Tout ce qu'on peut donc dire. fur cette ancienne Secte fe réduit à de fimples conjectures. Ce qui paroit le plus pofitif, c'eft que toutes fes recherches étoient dirigées vers l'étude des chofes naturelles; ce qui fit donner à ces Philofophes le furnom de *Phyficiens* par excellence. Ils n'avoient, quant à la Morale & à la Politique, qu'une doctrine exotérique, conçue en termes laconiques. Et c'eft par cet endroit là que *Thalès* a été mis au rang des fept Sages de la Gréce.

Les Ancêtres de *Thalès* étoient Phéniciens; il nâquit à *Milet*, Ville d'Ionie, & demeura chez *Thrafybule* dont il reçut une excellente éducation, qui le rendit de bonne heure propre aux affaires du Gouvernement. Il parvint à en être le chef dans la République de *Milet*, & montra beaucoup de fageffe dans toute fon adminiftration. Mais il fe dépouilla de fon autorité pour fe livrer tout entier à l'étude de la Philofophie & des Mathématiques. Il fut initié en Crete aux doctrines myftérieufes, & apprit tout le fecret des Théogonies. Déjà avancé en âge, il fit le voyage d'Egypte, & en rapporta les connoiffances qu'il s'étoit propofé d'y acquérir, & qu'il pouffa beaucoup plus loin encore. De retour dans fa Patrie, il y fut extrèmement confidéré; & de là il répandit la lumiere de la Philofophie dans toute la Gréce. Il ne fe mêla plus du foin de fes biens, les abandonnant à fa famille. Il

E 7 mou-

mourut à l'âge de 90 ans, sans avoir écrit aucun Ouvrage.

Voici ce qu'il disoit de Dieu & du Monde. L'eau est le premier principe des choses corporelles, & tout va finalement s'y résoudre. Par cette eau, il n'entendoit autre chose que la matiere premiere, ou le Chaos des Anciens. Il n'admettoit qu'un seul Monde, & le regardoit comme l'ouvrage de Dieu, qui étoit l'ame du Monde. C'est ce qui lui faisoit affirmer que tout étoit plein de Divinités, que le Monde étoit animé, que rien n'étoit caché à Dieu, que Dieu est la chose la plus ancienne, que le Monde, qui est son ouvrage, dépend du Destin, c'est-à-dire, d'un jugement immuable de la Providence; qu'il est contenu dans le lieu, & que ce lieu est son ame; que par conséquent il n'y a point de vuide. Il ajoutoit que la matiere de sa nature est changeante & dans un flux perpétuel; qu'elle ne sauroit être divisée à l'infini, mais qu'il faut s'arrêter à des principes indivisibles; que la nuit a précédé le jour; que les composés se font par le mêlange des élémens; que les Etoiles sont des Terres enflammées; que la Lune reçoit sa lumiere du Soleil, qu'il n'y en a qu'une, & que sa figure est ronde. Il reconnoissoit des Esprits, ou Démons, qui étoient des substances intelligentes & immortelles; il croyoit que les ames se séparent des corps à la mort,

mort, qu'elles se meuvent toujours, & que les choses inanimées ont des ames brutes. Il cultiva aussi les Mathématiques, & y fit des découvertes. Il porta l'Astronomie d'Egypte en Gréce, divisa le Ciel en Zones, marqua les révolutions du Soleil, & prédit les Eclipses. Il fut redevable de presque toutes ces connoissances à la seule force de son génie. Passons en revue les principaux successeurs de *Thalès* dans l'Ecole Ionique.

ANAXIMANDRE de *Milet* est le premier qui ait enseigné publiquement la Philosophie, & qui ait écrit sur les matieres qui y appartiennent. Il poussa fort loin, pour le tems où il vivoit, l'exactitude des Observations physiques; & on lui attribue d'avoir prédit un tremblement de terre. On prétend aussi qu'il a décrit le premier la circonférence de la terre & de la mer. Il enseignoit que l'infinité des choses est le principe & l'élément universel; que cet infini conserve toujours son unité, mais que ses parties subissent des changemens; que tout sort de lui, & que tout y retourne. Selon les apparences c'étoit le Chaos qu'il vouloit désigner par ce principe obscur & incertain. Il ajoutoit qu'il y a des Mondes à l'infini; que les Etoiles sont des amas d'air & de feu, qui sont emportés par leurs sphères; que ces sphères sont des Dieux: que la Terre est placée au milieu de l'Univers,

com-

comme une efpece de centre. Il difoit encore que du fein de l'infini étoient fortis des Mondes infinis, & que la corruption procédoit de la maniere dont les chofes fe féparoient les unes des autres pendant le cours d'une durée fans bornes.

ANAXIMENE auffi de *Milet*, fut difciple d'*Anaximandre*, & répandit quelque lumiere fur l'obfcurité de fon fyftème. Il mit le premier principe des chofes dans l'air qu'il regardoit comme immenfe ou infini, & auquel il attribuoit un mouvement perpétuel. Il difoit que les êtres qui en font fortis font définis, ou bornés; & que cet air eft Dieu, parce que la force divine y réfide & l'agite. Le froid & l'humide, la chaleur & le mouvement, le rendent vifible; enfuite de quoi il revêt différentes formes, fuivant les degrés de fa condenfation. Tous les élémens fortent du froid & du chaud. La Terre eft une efpece de table, ou furface plane.

ANAXAGORE, difciple d'*Anaximene*, étoit *Clazomenien*. Il abandonna tout fon patrimoine pour vaquer uniquement à l'étude de la Philofophie. Il fe rendit d'abord à *Athenes*, & y enfeigna l'Eloquence; enfuite ayant été s'inftruire de la Philofophie fous *Anaximene*, il revint en donner des leçons dans la même Ville. Mais il ne les donnoit qu'en particulier, & à des difciples choifis avec beaucoup de circonfpection.
Ce-

Cela n'empêcha pas, ou plutôt cela fut peut-être caufe, qu'il fut accufé d'impiété, & jetté en prifon, malgré le crédit de *Periclès*, l'un de fes difciples, & fon intime ami. Ayant été condamné à l'exil, il ceda tranquillement aux efforts de l'envie a & ouvrit une Ecole à *Lampfaque*, où il fut extrèmement honoré pendant le refte de fa vie, & encore plus après fa mort, puifqu'on lui érigea des ftatues. Il paffe pour avoir fait plufieurs prédictions fur les chofes naturelles. Il a auffi écrit fur la Nature. Ses principaux dogmes fe réduifent aux fuivans. Tout étoit originairement enfemble, dans une entiere confufion, & fans aucun mouvement. Le principe des chofes eft tout à la fois un & multiplié : ce font les *Homœmeries*, ou particules fimilaires, privées de vie. Mais il y a, outre cela, de toute éternité un autre principe, favoir un Efprit infini, & incorporel, qui a don-né aux particules un mouvement en vertu duquel celles qui étoient homogenes fe font réu-nies, & celles qui étoient hétérogenes fe font féparées, fuivant leurs efpeces. De cette ma-niere toutes chofes étant muës par cet Efprit, & les femblables s'étant unies à leurs femblables, le mouvement circulaire produifit les chofes cé-leftes, les particules legères monterent, celles qui étoient pefantes defcendirent ; des pierres arrachées de la terre par la force de l'air qui

l'enl'environne, s'embraferent & devinrent des Aftres; au deffous defquels fe placerent le Soleil & la Lune. Ainfi il ne regardoit point les Aftres comme des Divinités. Il difoit que la neige étoit noire, &c. Ici il faut remarquer, en quoi *Anaxagore* fe diftingua de *Thalès* & de fes autres prédéceffeurs. Ceux-ci n'avoient pas à la vérité banni Dieu de l'Univers; mais il le plongeoient en quelque forte dans la matiere & le confondoient avec elle fans faire intervenir la Divinité dans l'explication d'aucun des phénomenes de la Nature. *Anaxagore* au contraire diftingua Dieu de la matiere, & en fit un principe à part, qu'il fuppofa agiffant fur la matiere, mais non y habitant. De cette maniere le fyftème des émanations fit place au fyftème *dualiftique*, ou des deux principes; & Dieu fut confidéré comme le maître de la matiere, qui l'arrange & la gouverne à fon gré. C'eft cette doctrine qui fit donner à *Anaxagore* le furnom de *l'Efprit*. Il le méritoit à toutes fortes d'égards, & peut être regardé comme un des plus grands Génies de l'Antiquité.

DIOGENE d'*Apollonie*, difciple d'*Anaximene*, occupa la Chaire de l'Ecole Ionique après *Anaxagore*. Il étoit un habile Philofophe, & un Orateur célébre. Il admit auffi l'air pour le principe des chofes; mais en ajoûtant que cet air avoit befoin d'une force divine, qui y habi-

toit

toit en effet, & qui animoit la matiere. En vertu de cette force, l'air étoit dans un mouvement perpétuel. Il exiftoit une infinité de Mondes. La Terre étoit ronde, mais oblongue ; les Etoiles étoient des exhalaifons qui fe formoient par une efpece d'exfp*ration de l'Univers. Les animaux naiffoient inanimés, & recevoient l'ame par les poûmons.

Archelaus, difciple d'*Anaxagore*, ne s'écarta pas beaucoup des opinions de fon Maître. Il enfeigna l'exiftence d'un double principe des chofes, favoir la rareté & la condenfation de l'air, qu'il regardoit comme infini. Le chaud, félon lui, eft en mouvement, & le froid en repos. La Terre placée au milieu de l'Univers ne fe meut point. Elle a été originairement un marais ; enfuite elle s'eft deffechée ; fa figure eft ronde comme celle d'un œuf. Les animaux s'engendrent de la chaleur de la terre ; & c'eft ainfi que les hommes font nés. Tous les animaux ont une ame qui eft née avec eux, mais dont l'ufage ou l'inaction varie fuivant la ftructure du corps.

De l'Ecole de Socrate.

C'eft ici une Epoque mémorable pour la Philofophie, une des circonftances les plus favorables aux progrès de l'efprit humain. Il femble
que

que la Providence ait en quelque forte fufcité *Socrate*, pour faire entrevoir aux hommes quelques rayons des Vérités qui peuvent le plus efficacement contribuer à leur perfection & à leur bonheur.

Ce grand Philofophie trouva les Sciences réduites aux plus vaines fubtilités, qui les faifoient tomber dans la décadence & dans le mépris: L'amour des plaifirs avoit entièrement pris le deffus; & les Grecs n'avoient d'autre but que la volupté. *Socrate* vit bien que la Philofophie, telle qu'il la trouvoit, ne pouvoit contribuer à éclairer, beaucoup moins encore, à corriger les hommes: c'eft ce qui lui fit entièrement abandonner l'étude de la phyfique pour fe tourner du côté de la Morale, & travailler à la réformation des mœurs; en quoi l'on peut dire qu'il a furpaffé non feulement tous les Philofophes qui l'avoient précédé, mais encore tous ceux qui l'ont fuivi. Il étoit d'autant plus eftimable qu'il joignoit à la fupériorité de fes lumieres toute la modeftie poffible, reconnoiffant continuellement les bornes de l'efprit humain, & avouant qu'il ne fçavoit qu'une feule chofe, c'eft qu'il ne fçavoit rien.

Ce grand homme étoit Athénien, fils d'un Sculpteur dont il apprit l'art; mais il ne l'exerça pas, ou du moins il donna la principale partie de fon tems à méditer, & à faire part de fes

ré

réflexions aux personnes qui goûtoient ses idées, & recherchoient son commerce. Il commença pourtant par s'instruire de tout ce qu'on sçavoit alors en Philosophie; & ce fut un riche Citoyen, nommé *Criton*, qui fournit aux frais de ses études. Il fut en particulier auditeur d'*Anaxagore* & d'*Archelaüs*; & il alla dans toutes les Sciences aussi loin qu'il étoit possible d'aller. S'étant mis dans les troupes, pour suivre les loix de sa Patrie, il montra une valeur peu commune, & eut le bonheur de sauver la vie à *Xenophon*. Dans un âge avancé, ayant été aggrégé au nombre des Sénateurs, il s'opposa aux entreprises des trente Tyrans avec une courage invincible. Il se vantoit d'être assisté par un Génie, sur lequel on a eu tort de faire tant de recherches, puisqu'il est assez évident que c'est à la force de son Génie propre qu'il devoit tout ce qu'il a dit & fait. Les grandes vertus qu'il fit éclater, sa tempérance, sa justice, sa vraye piété (autant que cette expression peut être employée en parlant d'un Payen) exciterent contre lui l'envie des Sophistes; & il y contribua aussi par les vifs reproches qu'il leur faisoit, & par les railleries piquantes dont il se servoit contr'eux. Ses ennemis s'étant donc érigés en délateurs, il fut accusé d'impiété, mis en prison & condamné à boire la ciguë. Mais cet attentat fut bientôt universellement détesté par toute la
Gré-

Gréce; & rien n'égale l'amertume des regrets qui furent donnés à fa perte.

La Philofophie de *Socrate*, comme on l'a déjà infinué, s'éloignoit également de la vaine curiofité des Phyficiens, & de la ridicule oftentation des Sophiftes; elle fe rapportoit toute entiere aux befoins de l'homme & à l'utilité de la vie. Il n'ouvrit point d'Ecole; mais il Philofophoit par-tout où il fe trouvoit. Il avoit un art merveilleux pour déguifer la marche de fes idées, & pour ne laiffer appercevoir fon but que lorfqu'il y avoit inévitablement conduit ceux à qui il parloit. Il employoit pour cet effet une fuite de queftions & d'inductions, étroitement liées les unes aux autres: & c'eft ce qu'on a nommé *la Methode Socratique*. L'ironie étoit fa figure favorite, & il favoit très bien la manier. Comme il n'écrivit aucun Ouvrage, c'eft par ceux de fes difciples que fa Philofophie nous a été tranfmife; & ce n'a pas été fans altération, fur-tout de la part de *Platon* qui a fait un mêlange perpétuel des dogmes de *Socrate* avec ceux de *Pythagore*, d'*Héraclite*, & de *Parmenide*.

Pour entrer dans quelque détail fur les dogmes de *Socrate*, il difoit que Dieu quoiqu'invifible, peut être connu par ceux qui confiderent fes Ouvrages; que c'eft lui qui a fait l'Univers, & qui le foutient; qu'il eft la caufe de tout ce

qui

qui y arrive; qu'il prend foin de l'homme &
des autres êtres; qu'il connoit toutes les actions, qu'il punit les mauvaifes, & qu'il récom·
penfe les bonnes. L'ame avoit, felon lui, quelque chofe de commun avec la Nature divine:
Dieu ayant jugé à propos de donner à l'homme
l'ame la plus excel'ente de toutes, une ame capable de le connoître, de le fervir, & de s'é-
lever à des connoiffances fublimes. Il croyoit
que cette ame eft immortelle, & qu'au fortir
du corps, elle retourne dans le Ciel, dont l'entrée lui eft ouverte. Il bâtiffoit la doctrine des
mœurs fur ces grands fondemens, en prefcrivant
de les affujettir à des régles qui répondiffent
aux notions de la Providence & de l'immortalité
de l'ame. Il plaçoit le vrai & unique bien dans
la Science ; mais par cette Science il entendoit
celle de fe bien conduire, ou la Sageffe, l'homme n'étant appellé à éclairer fon entendement
que pour corriger fa volonté. C'eft en cela
qu'il faifoit confifter la vertu, & c'eft à cela
qu'il attachoit la volupté, ne féparant jamais
l'utile du jufte, & faifant dépendre la tranquillité de l'ame de la pratique du bien. Il enfeignoit qu'on ne pouvoit arriver à ce terme que
par l'étude affidue de foi-même; & que cette
étude conduifoit tout à la fois à la fageffe & à
la vertu qui font une feule & même chofe.
Quant au culte des Dieux, il le plaçoit fur-tout

dans

dans l'obéiſſance. Il diſoit qu'il exiſtoit des Loix divines non - écrites; qu'on devoit ſe conformer à
celles qui étoient reçues dans ſa Patrie; qu'il
faloit faire un uſage raiſonnable des richeſſes;
que les paſſions déréglées étoient la peſte des
Etats; que l'Agriculture méritoit d'être encoura-
gée d'une façon particuliere; qu'il n'y a de choſes véritablement utiles que celles dont nous
ſçavons faire un bon uſage; qu'il faut uſer de
grandes précautions dans le choix d'une femme,
(idée qui paroit ne lui être venue qu'après
coup, la ſienne paſſant pour une des plus mé-
chantes qui ayent jamais exiſté), qu'il étoit
beau à une femme de garder le logis, &c.

Le nombre des diſciples de *Socrate* fut très
conſidérable. On peut d'abord mettre dans ce
rang de jeunes gens de qualité, tels que *Critias*,
Alcibiade, &c. qui s'attacherent à lui. Il y en
eut quelques autres, d'un ordre plus diſtingué,
mais qui ne fonderent point de Secte. Plaçons
à leur tête XENOPHON, ce grand Général qui
commanda les Troupes Grecques de l'Armée de
Cyrus, & les conduiſit dans cette retraite mémorable dont il nous a laiſſé lui - même le récit.
C'étoit un homme incomparable dans la paix
& dans la guerre; éloquent au plus haut degré,
comme le prouvent ſes Ecrits qui ſubſiſtent encore aujourd'hui. De tous les diſciples de *Socrate*, c'eſt celui qui a recueilli ſa doctrine avec
le

le plus de foin, & qui l'a expofée avec le plus de fidélité. Joignons à cette lifte *Aefchine*, pauvre, mais tendrement chéri de *Socrate*; & qui tient un rang diftingué dans les Dialogues Socratiques; *Criton*, le Bienfaiteur de notre Philofophe; *Simon*, Conroyeur, mais Philofophe; *Cebes*, Thebain, Auteur de ce beau Tableau qui porte fon nom; *Timon*, furnommé le Mifantrope, &c.

Des Sectes qui font forties de l'Ecole de Socrate.

Nous en compterons trois principales; la Secte *Cyrénaïque*, la Secte *Mégarique*, ou *Eriftique*, & la Secte *Eliaque*, ou *Eretriaque*.

De la Secte Cyrénaïque.

ARISTIPPE de *Cyrene*, en fut le fondateur. Il quitta fa Patrie pour aller trouver *Socrate*, & profiter de fes inftructions: mais il ne les fuivit pas en tout, ayant un penchant au fafte, & un goût pour les plaifirs, dont fon Maitre entreprit inutilement de le ramener. Le mot de volupté étoit continuellement dans fa bouche: ce qui lui attira une haine déclarée, & peut-être outrée, de la part des difciples de *Socrate*. Pour fe fouftraire aux perfécutions qu'il commençoit à effuyer, il fe retira dans l'Ile d'*Egine*, où il eut

F

pour

pour Ecoliere la fameufe Courtifanne *Laïs*. A-près un voyage en Perfe, & un naufrage, il vint à la Cour de *Denys*, Tyran de Syracufe, où il continua à mener une vie peu Philofophique. A la fin il revint à *Athenes*. C'étoit un homme poli, & d'un commerce agréable.

Quant à fa Philofophie, il rejetta, comme *Socrate*, les Sciences telles qu'on les enfeignoit alors, & prétendit qu'on pouvoit fe borner à la Logique, qui fournit les moyens de connoître le vrai & le faux, & d'en juger par des caractères affurés, qu'il plaçoit dans le fentiment du plaifir & de la douleur, comme dans une chofe dont chacun eft doué. Il difoit qu'il n'y a que deux paffions, le plaifir & la douleur; que la premiere confifte dans un mouvement doux, & la feconde dans un mouvement violent; qu'il faut diftinguer la volupté inconftante & paffagère de la volupté folide & permanente; que la volupté corporelle eft bien la derniere fin de l'homme, mais que ce n'eft qu'autant qu'on l'affujettit à l'empire de l'ame, ou de la raifon; que les plaifirs confidérés féparément font l'objet de fins particulieres; que l'affemblage des plaifirs réunis forme la vie heureufe; qu'elle confifte dans la jouïffance du préfent; que les plaifirs du corps font préférables à ceux de l'efprit: que la douleur eft le fouverain mal, pour lequel la Nature a une répugnance invincible, au-lieu qu'elle fe

por-

porte vers la volupté; que c'eft au Sage à choifir s'il lui convient de vivre ou de mourir; qu'il
n'y a rien qui foit naturellement agréable ou des-
agréable; que la vertu eft un principe de volupté, &c.

ARETE', fille d'*Arifippe*, hérita de la doctrine de fon père, qui eut auffi pour difciples fon
fils de même nom que lui, *Théodore*, & *Antipa-
ter* de *Cyrene* qui, après avoir occupé la Chaire
de cette Ecole, la tranfmit à *Epitimides*, & celui-ci à *Parœbate*.

HEGESIAS, inftruit par ce dernier, fe fignala
par la force de fon éloquence, prêchant la mort
d'une maniere qui engageoit fes Auditeurs à fe
la donner. On lui interdit avec raifon l'ufage
d'un talent auffi dangereux.

ANNICERIS le jeune fut auffi difciple de *Parœbate*. Il épura la doctrine d'*Arifippe*, en donnant la préférence aux plaifirs de l'efprit fur
ceux du corps, & en recommandant de ne s'attacher qu'à la volupté permanente: Il faifoit
beaucoup de cas de la gayeté, & il avoit raifon; c'eft prefque toujours la marque d'un efprit fenfé & d'un bon cœur.

THEODORE eut l'odieux furnom d'*Athée*, &
fut chef d'une Secte qui porta fon nom. Il paroit que fon Athéifme confiftoit à donner des
explications phyfiques des Théogonies & des autres Fables de la Théologie payenne. En gé-

né-

néral il aimoit les doutes, & se plaisoit à les multiplier. Cela le fit bannir de *Cyrene* & d'*Athenes*, comme un impie déclaré. Ayant cherché un asyle à la Cour de *Ptolemée* fils de *Lagus*, ce Prince le condamna à la mort par le supplice du poison, décerné contre le crime dont il étoit chargé. Voilà ce qu'il en coûtoit à ceux qui vouloient tourner en ridicule les superstitions des Grecs; ce qui n'empêchoit pas qu'il ne se trouvât souvent des Philosophes qui ne pouvoient s'en abstenir. Tels furent encore *Evemerus*, & *Bion*, dit le *Borysthenite*, homme de beaucoup d'esprit, mais sans Religion. Il écouta d'abord à *Athenes* les instructions de *Cratés* & des Cyniques; il s'attacha ensuite à *Théodore*, & à la fin à *Théophraste*. Il y avoit plus de subtilité que de solidité dans son génie; aussi lui arriva-t-il une chose dont les exemples sont assez fréquens, c'est de tomber de l'irréligion dans la superstition.

De la Secte Mégarique, ou Eristique.

Le second surnom de cette Secte lui vint de l'espece de Philosophie contentieuse dont elle se servit pour attaquer & maltraiter extrêmement les adversaires de la doctrine de *Socrate*. Quoique le principe de ce zele fut louable, les effets en allerent beaucoup trop loin. On retomba
dans

dans les vaines difputes que *Socrate* avoit voulu éviter ; & on abufa en particulier de fa méthode, en compofant des Traités entiers par Demandes & par Réponfes; ce qui n'avoit été nullement l'intention de ce Philofophe, lorfqu'il s'étoit fervi de l'interrogation pour conduire les hommes à la vérité. Cela fit donner auffi à cette Secte le furnom de *Dialectique.*

EUCLIDE de *Mégare* en fut le fondateur. C'étoit un efprit fubtil & acre. Les Ecrits de *Parménide* & de *Zénon* d'*Elée* l'avoient gâté, en lui infpirant le goût de la controverfe, & l'efprit de chicane. S'étant enfuite attaché à *Socrate*, fon caractère ardent fortifia cet attachement à un tel point qu'il ne craignit pas d'expofer fa vie pour le témoigner. Ce fut le même principe, qui, après la mort de fon Maître, l'engagea à défendre fa doctrine par les voyes que nous venons d'indiquer. Tout occupé des frivolités de la Secte Eléatique, il les porta auffi au Barreau, & ouvrit dans fa Patrie une Ecole de difpute. Il enrichit la Logique de plufieurs nouvelles fortes d'argumens, ou plutôt il la pervertit par ce moyen. A force de raifonner, on perdit la raifon. Ce feroit une chofe fuperflue que de rapporter ce qu'il difoit de Dieu, du Souverain Bien, &c.

EUBULIDE de *Milet* fut un des adverfaires d'*Ariftote.* Il fe rendit fameux par l'invention de

plu-

pluſieurs ſophiſmes dont les noms ſeuls montrent la puérilité, comme *le voilé*, *le chauve*, *le cornu*, &c. Les Stoïciens en firent leur profit dans la ſuite, & s'approprierent preſque toutes ces bagatelles.

CLINOMACHUS fut le premier qui traita par écrit la matiere des axiomes.

ALEXINUS fut appellé *Elenxinus*, parce qu'il ne pouvoit ſe laſſer de la diſpute, attaquant en quelque ſorte le premier venu pour ſatisfaire ce goût. C'étoit un homme fort vain.

EUPHANTES & APOLLONIUS CRONUS ne ſont guères connus que de nom.

DIODORUS CRONUS fut un puiſſant Dialecticien, & de tous les hommes le plus propre à faire durer une diſpute. Il paſſa ſa vie dans cette étrange occupation, & communiqua ſon talent à ſes cinq filles. Il parloit auſſi de phyſique, & admettoit des particules d'une petiteſſe infinie, ou du moins inaſſignable.

STILPON de *Megare* eſt le Philoſophe le plus célébre que cette Ecole ait produit; il avoit beaucoup d'eſprit, & a jouï d'une grande réputation, qu'il méritoit encore mieux par ſes vertus. Il fut dans les bonnes graces de *Ptolemée Soter*. Malgré le genre de Philoſophie qu'il profeſſoit, ſon caractère étoit ſimple & droit. Il poſſédoit une éloquence & une érudition qui contribuerent beaucoup à donner du luſtre à ſa

Sec-

Secte. On lui attribue d'avoir détruit la doctrine des Universaux. Il se distingua aussi par ses Ecrits. Il eut un fils nommé *Bryson*, qui fut le Maître de *Pyrrhon*.

De la Secte Eliaque, ou Erétriaque.

P H E' D O N d'*Elie* lui donna naissance, & le premier de ses deux surnoms. On ne peut l'appeller Secte qu'improprement. Ce fut plutôt une Ecole, où l'on s'en tint à enseigner la doctrine de *Socrate*. A *Phédon* succeda *Plistane*, & à celui-ci

M E N E D E M E, *Eretrien*, qui transporta l'Ecole dans la Ville d'*Eretrie*, d'où il étoit originaire; & ce fut la cause du second surnom de cette Ecole. Il avoit été disciple de *Platon*, de *Xenocrate*, de *Parœbate*, & de *Stilpon*. Admis au gouvernement de sa République, il s'acquitta de ses fonctions avec honneur. Cependant il fut miné par un chagrin qui lui causa la mort. C'étoit un apre disputeur, & pourtant un fort bon homme, qui prenoit grand plaisir à faire des repas frugaux avec ses Amis. Après sa mort on l'honora d'une statue. Il passa presque toute sa vie avec *Asclepiade* qu'il eut pour compagnon dans la bonne & dans la mauvaise fortune. Comme tous ces Philosophes Eristiques cherchoient à se distinguer par quelque nouveauté

F 4

dans

dans l'art de la difpute, on lui attribue d'avoir
aboli les propofitions riantes.

De l'Ecole de Platon, ou des Académiciens.

Quoique la Secte de *Platon* foit non feulement
fortie de l'Ecole de *Socrate*, mais que ce foit
elle qui a proprement recueilli fa doctrine d'une
maniere immédiate, elle a tenu un rang fi brillant, & elle occupe tant de place dans l'hiftoire
de la Philofophie, qu'il convient de lui accorder un titre à part.

P L A T O N étoit Athénien. On raconte qu'il
donna dès fon enfance les indices les plus marqués d'une grande fageffe, & d'une éloquence
divine. Dans fon adolefcence il eut des fuccès
en poëfie, compofa des Tragédies, apprit la Mufique, & fe mit au nombre des Auditeurs affidus
de *Socrate*. Inftruit des dogmes d'*Héraclite* &
de *Parmenide*, il les a répandus dans fes Dialogues Socratiques. Après la mort de fon Maître
il paffa en Italie pour entendre les Philofophes
Pythagoriciens, qui lui donnerent des leçons de
Phyfique & de Métaphyfique. De là il fe rendit en Egypte; mais il ne vifita point la Paleftine, comme on l'a dit, n'apprit rien des Juifs,
& ne put pas lire la traduction Grecque des Livres Sacrés. A fon retour il profita encore des in-
ftruc.

ſtructions d'*Eurytus* & d'*Archytas* ; il fit auſſi l'emplette des Livres des Pythagoriciens, en particulier de ceux de *Timée*. Tant de leçons, & tant de maîtres, le rendirent ſyncrétiſte, & font cauſe que ſes Ecrits ne contiennent aucune doctrine fixe. De retour dans ſa Patrie il fit choix d'un lieu d'exercice, ſitué dans un des fauxbourgs d'*Athenes* pour y ouvrir une Ecole, où il enſeignoit par voye de Dialogue, la Philoſophie à des diſciples dont il exigeoit qu'ils euſ-ſent fait préalablement un cours de Mathémati-que. Il eut une foule incroyable d'Auditeurs, parmi leſquels il y eut des jeunes gens d'une naiſ-fance illuſtre, & d'une rare beauté, & même de fameuſes Courtiſannes. Ce Philoſophe a reçu de grands éloges, & a été l'objet de reproches non moins grands. Il n'y eut guères de matieres ſur leſquelles il ne s'eſſayât : entr'autres choſes il voulut tracer le plan d'une République ; & il y fit entrer bien des idées qu'on ne peut regarder que comme des projets hazardés, ou même chi-mériques. *Dion* l'ayant recommandé à *Denys*, Tyran de *Syracuſe*, il fit trois voyages à la Cour de ce Prince, où il fut fort conſidéré. Dans le premier de ces voyages, il fut pris par des Pi-rates & vendu. De retour à Athenes il mourut le jour de ſa naiſſance en achevant ſa grande année climactérique, la 81. Le ſtile de ſes Ecrits eſt d'une élégance accomplie, & tient le milieu

en-

entre la Poëfie & la Profe. Il s'eft toujours fervi de la Méthode du Dialogue. Il a beaucoup pris d'idées dans les Philofophes qui l'avoient précédé; mais il leur en a aufli beaucoup attribué qu'ils n'auroient pas avouées.

La Philofophie de *Platon* en général a eu une extrême célébrité ; mais diverfes caufes en rendent l'intelligence difficile & y ont répandu beaucoup d'obfcurités. Telles font la double Méthode, publique & fecrete, dont ce Philofophe s'eft fervi ; le ftile figuré & poëtique qu'il a prefque toujours mis en œuvre ; les fubtilités de la Dialectique qui répandent une continuelle incertitude fur les queftions qu'il traite ; les abftractions métaphyfiques qu'il transforme en réalités ; les opinions étrangeres & altérées dont il a rempli fes Ecrits ; mais fur-tout ce fyncrétifme qui eft fon objet perpétuel, c'eft-à-dire, le deffein de fondre enfemble les principes de tous les Philofophes précédens, & fur-tout ceux de *Socrate*, de *Pythagore*, d'*Héraclite*, de *Parmenide*, & de la Secte *Eriftique*, pour n'en faire qu'un feul & même Corps, un fyftême de Philofophie exempt de contradictions. C'eft pour réuffir dans cette entreprife, en rapprochant tous ces dogmes les uns des autres, qu'il y fit les changemens & les falfifications par lefquelles il nous a dérobé la connoiffance exacte de l'ancienne Philofophie. Les diverfes Ecoles forties de la fienne, fous le

nom

nom d'*Académies*, n'ont fait que multiplier ces embarras; mais rien n'égale fur-tout les rêveries des Platoniciens qui ont vêcu depuis la naiſſance de N. S. Ils n'ont preſque rien laiſſé de reconnoiſſable, ni de raiſonnable, dans la doctrine de leur Maître.

Autant qu'on peut aujourd'hui tracer une efquiſſe du Plantoniſme dans fon origine, il fe réduiſoit à ceci. *Platon* propoſoit pour objet aux recherches Philoſophiques, d'un côté les choſes qui exiſtent par elles-mêmes, autrement dites choſes *intelligibles*, & de l'autre celles qui fe rapportent à la vie civile, ou les choſes *active*. Il diviſoit la Philoſophie en trois parties qu'il nommoit *dialectique*, *contemplative*, & *active*. Dans la premiere, il enſeignoit que le jugement de la vérité n'appartient point aux fens, mais que c'eſt à l'ame même à juger, qu'elle peut conſidérer les choſes conſtantes, & les choſes changeantes; que la Science naît des premieres, & l'opinion des fecondes. Il difoit que la mémoire n'eſt qu'une fuite du fentiment; que l'ame eſt originairement une table rafe; qu'avant que d'entrer dans le corps, elle a déjà exercé des fonctions intellectüelles, & que depuis qu'elle y eſt entrée, toutes fes idées ne font que des réminifcences. Les idées étoient, felon lui, les premieres choſes intelligibles; enſuite de quoi venoient les idées imprimées à la matiere. Il

ad-

admettoit un jugement pratique. En Théologie,
il commençoit par établir deux caufes, l'une par
laquelle exiftent, & l'autre de laquelle procédent toutes chofes. Dieu eft la premiere, & la
Matiere eft la feconde. Celle-ci fournit l'étoffe
des corps; elle poſſéde une force brute & irré-
guliere par laquelle elle s'agite en divers fens;
c'eft ce qui a empêché Dieu de l'aſſujettir parfaitement, & d'en faire tout ce qu'il auroit pu
en tirer de meilleur. Dieu eft cependant l'Auteur & la fource de toutes chofes; on doit le regarder très certainement comme un Etre incorporel, doué de raifon, de liberté, & de prévoyance, qui a donné l'ordre & l'arrangement à la
matiere. Le fort de la Philofophie Platonicienne confiftoit dans la confidération des idées; par
où *Platon* entendoit des êtres intelligibles, fub-
fiftans par eux-mêmes, & qui étoient la fource
de toutes les eſſences. Ces êtres exiftoient radicalement dans l'Intelligence Divine; ils étoient
eux mêmes des Dieux; & l'homme devoit afpirer
à leur connoiſſance & à leur contemplation. A-
près Dieu, & l'Entendement Divin, ce Philofophe pofoit pour troifième principe l'Ame du Monde. Il difoit qu'elle étoit émanée de la raifon
de Dieu, & qu'elle étoit inférieure à Dieu; qu'elle étoit compofée d'une matiere indivifible, &
d'une matiere divifible; & qu'en entrant dans la
matiere elle y étoit devenue le principe de la vie
de

dé tous les Etres. Il ajoutoit qu'il y avoit des Dieux éternels, & d'autres qui étoient nés; que ceux-ci étoient de même date que l'ame du Monde; & qu'ils avoient été chargés de préfider à la formation des animaux, & au gouvernement des parties du Monde; qu'ils font les Interprêtes de la volonté divine; & que le Monde en eft rempli. Paffant de-là aux ouvrages de la Nature, *Platon* attribuoit au Monde une beauté parfaite. Il croyoit qu'il avoit été fait dans le tems, & que c'étoit un grand animal. Le feu & la terre avoient été produits les premiers; après quoi l'air & l'eau avoient été placés au milieu. Conftruit d'après un plan géométrique, ce Monde doit toujours durer. Quant à l'ame humaine, elle s'étoit détachée de l'Ame du Monde, ce qui la rendoit d'une nature divine, mais dans un degré inférieur, & avec un mélange de matiere, dont elle eft en partie compofée. De cette façon il y avoit dans l'homme une ame raifonnable & immortelle, & une ame deftituée de raifon, à laquelle ne convenoit pas le privilège de l'immortalité. Il ne refte que deux mots à dire de la Philofophie active, que *Platon* diftinguoit en *morale* & *civile*, bâtiffant l'une & l'autre fur la connoiffance des idées. Il faifoit confifter le Souverain Bien dans la Science même du bien; réfervant à la raifon feule le pouvoir de connoître ce qui eft honnête. Il ajoutoit que la Vertu

eft

eſt belle, & qu'on doit la rechercher pour l'amour d'elle-même; que la fin de la Science active, c'eſt de devenir ſemblable à Dieu par la prudence, la juſtice, la ſaintcté, & la tempérance; que la mort délivre l'ame de la priſon du corps; enfin que les Etats doivent être gouvernés conformément aux principes & aux préceptes de la Philoſophie. Il y a beaucoup de grandeur & de ſublimité dans la plûpart de ces idées; mais quelques unes ſont de pures viſions, & le défaut général de ce ſyſtême conſiſte dans le peu de liaiſon de ſes parties.

Des Académies qui ſuccéderent à l'Ecole de Platon.

La premiere porte le nom d'*ancienne*; & la doctrine de *Platon* y fut conſervée dans ſon intégrité. *Speuſippe* occupa la Chaire immédiatement après *Platon*; c'étoit un homme d'un eſprit doux & agréable; il étoit fort verſé dans les Ecrits des Pythagoriciens, & adopta la plûpart de leurs idées. Il eut pour Succeſſeur *Xénocrate* de *Chalcedoine*, dont l'eſprit qui avoit d'abord paru bouché ſe dévelopa enſuite juſqu'au point de devenir excellent. Auſſi ce Philoſophe eſt-il regardé comme un des plus grands ornemens de l'Académie. Il avoit une phyſionomie ſérieuſe & preſque ſombre; ennemi juré des vices, il pouſſoit fort loin l'auſtérité de ſes vertus. Il fit
de

de bons Ouvrages de Mathématique. Il fut remplacé par *Polemon* qui, après avoir commencé par la débauche, devint non feulement un habile Philofophe, mais encore un homme févère, & enfoncé dans la retraite. Il faifoit peu de cas des fubtilités dialectiques. *Cratès* lui fuccéda, & à celui-ci *Crantor*, dont le nom eft célébre en Morale.

La feconde Académie, dite *moyenne*, fut fondée par *Arcéfilaus*, qui s'étoit d'abord attaché à *Théophrafte* le Péripatéticien, qu'il quitta pour fuivre *Crantor*. C'étoit un homme favant, & très verfé dans les Ecrits des Anciens. Il exerçoit la Critique avec une extrême véhémence; mais avec cela il ne laiffoit pas de s'accommoder au temps & d'aimer le plaifir. Il eut un fort grand nombre de difciples. Sa doctrine s'écarta par bien des endroits de celle de l'ancienne Académie : & l'on peut indiquer pour caufes de ces changemens, le dogme fondamental même de l'Ecole qui fuppofoit que la matiere eft dans un flux, dans un état de viciffitude, incompatible avec une véritable Science; enfuite la double Doctrine dont nous avons déjà eu tant d'occafions de parler; les expreffions modeftes de *Socrate*, auxquelles on donna un fens contraire à fes intentions, en y puifant le doute univerfel, au-lieu qu'elles n'étoient deftinées qu'à faire fentir les bornes de l'efprit humain; la

Mé-

Méthode du Dialogue dont *Socrate* & *Platon* a-
voient fait ufage; la témérité incroyable & l'orgueil infenfé des Philofophes dogmatiques; l'air
myftérieux qu'on avoit répandu fur la doctrine
des idées; la réjection du témoignage des fens,
auxquels on refufoit tout droit de juger; les incertitudes du Pyrrhonifme qui commençoit à lever la tête; les dogmes des Stoïciens & des Péripatéticiens que les Platoniciens vouloient réfuter; & par-là même l'envie de difputer, le defir
de vaincre, & toutes les paffions qui fe mêlent
des chofes auxquelles elles devroient avoir le
moins de part.

L'Académie moyenne pofa donc pour principe, que l'on ne peut rien fçavoir, ni s'affurer
même que l'on ne fçait rien; d'où elle tiroit là conféquence qu'il ne faut jamais rien affirmer, mais
qu'on doit toujours fufpendre fon jugement. Elle croyoit que le Philofophe eft en état de combattre contre tous & de difputer fur-tout, parce
qu'il y a toujours des raifons d'égale force pour
l'affirmative & pour la négative. Suivant cette
doctrine, ni les fens, ni la raifon ne méritoient
aucune créance; cependant on étoit obligé dans
la vie commune de fe conformer aux opinions.
Arcéfilaus eut *Lacydes* pour difciple.

La *nouvelle* Académie fut fondée par *Carnéade*,
de *Cyrene*, difciple d'*Egefinus* de *Pergame*. Ce
Philofophe joignit à beaucoup d'efprit une extrême

me application à l'étude, & parvint à une grande célébrité. Son éloquence en particulier le fit admirer à *Rome*. Il étoit grand ennemi des Stoïciens, habile & véhément dans la difpute. Il apporta encore quelque changement aux dogmes de l'Académie. Il enfeignoit que nous n'avons aucun moyen de juger de la vérité, & que les apparences même les plus évidentes peuvent nous tromper; mais que, dans le cours des affaires, il convient cependant de fuivre les plus grandes probabilités, dont les divers degrés étoient la régle de notre conduite, & tenoient lieu de *criterium* du vrai. Ainfi il permettoit de fe fervir, après un mûr examen, des moyens qu'on avoit reconnu les p'us propres pour arriver au bonheur. La diféfence entre l'opinion d'*Arcéfilaus* & celle de *Carnéade* ne rouloit donc pas fur la foiblefle de l'efprit humain, dont ils convenoient également, mais la nouvelle Académie accorda l'ufage des marques par lefquelles on découvre les moyens les plus propres à réuffir dans une entreprife, au lieu que l'Académie moyenne avoit profcrit ces moyens comme inutiles. *Carnéade* laiffoit donc au Sage l'opinion, & lui permettoit de fuivre des régles pour arriver au bonheur.

Il eut pour fuccefleur *Clitomaque* Carthaginois, qui prit néanmoins diverfes chofes des autres Sectes. Il gouverna l'Académie pendant trentete ans par ſes enſeignemens & par ſes Ecrits. Son diſciple, *Philon* de *Lariſſe* fut l'Auteur de la *quatrième* Académie. C'étoit un homme très éloquent, & qui avoit beaucoup de fineſſe dans l'eſprit. Il diſoit que les choſes ne ſont pas compréhenſibles pour nous, vû les bornes de nos facu'tés, mais qu'elles ſe ſont en elles-mêmes, & par leur nature.

Enfin il y eut une *cinquième* Académie, qui dût ſon origine à *Antiochus* d'*Aſcalon*, diſciple de *Philon* de *Lariſſe*. Au lieu d'attaquer les autres Sectes, *Antiochus* eut pour but de les concilier, ſur-tout la Secte des Stoïciens avec l'ancienne Académie.

De l'Ecole d'Ariſtote, ou des Péripatéticiens.

ARISTOTE, né à *Stagire*, mais Grec d'origine, a eu la plus grande réputation qu'un Philoſophe puiſſe avoir, & l'a peut-être le mieux méritée. Il apprit de bonne heure tout ce qui pouvoit lui former l'eſprit, & ne ſe bornant pas à la ſeule Philoſophie, il ſe rendit fort verſé dans les beaux arts, & parvint à exceller en Poëſie & en Rhétorique. Etant allé à *Athènes*, il fut Auditeur de *Platon*, & ſe fit fort eſtimer de ſon Maître, auprès duquel il paſſa vingt ans. Après ſa mort il alla s'établir à la Cour d'*Hermias*, Tyran d'*Aterne*, dont il épouſa enſuite la

veu-

veuve. Sa réputation s'étant accrue de jour en jour, *Philippe*, Roi de Macédoine, lui offrit le poste de Précepteur de son fils *Alexandre*, surnommé depuis *le Grand*. *Aristote* accepta cette offre, & s'acquitta parfaitement bien de son emploi, ce qui le fit jouïr des bonnes graces du Roi, & de la Reine *Olympias*. Il accompagna depuis *Alexandre* dans son expédition d'Asie, & fut comblé des effets de la bénéficence Royale de ce Prince, qui le mirent en état de philosophes fort à son aise. Cependant il y eut quelque refroidissement entre l'Eleve & le Maître, à l'occasion de l'affaire de *Callisthene*, dans laquelle celui-ci fut impliqué. S'étant retiré à *Athenes*, il y fonda une nouvelle Ecole dans le lieu d'exercice qui portoit le nom de *Lycée*, & y enseigna, suivant l'usage établi, la double doctrine, publique & secrete. Comme il donnoit ses leçons en se promenant dans l'Auditoire, la Secte en prit le surnom de *Péripatéticienne*. Ayant été accusé d'impiété, il se retira à *Chalcis* avec ses disciples, & y mourut. L'histoire de sa vie a été défigurée par plusieurs fables que ses Adversaires ont inventées. C'étoit incontestablement un grand homme, qui eut de grandes qualités, & de grands défauts. Ses partisans ont exagéré son savoir; mais il étoit aussi étendu que le permettoit le tems où il a vécu. Grand génie, il ne laissoit pas d'avoir un foible qui ne convient qu'aux ames basses,

c'est

c'eſt l'envie. Il a beaucoup écrit. Mais la deſtinée de ſes Ecrits a été foit ſinguliere, & a beaucoup influé ſur celle de ſa Philoſophie. Le dépôt de ſes Ouvrages tomba d'abord entre les mains de *Téophraſte*. De-là ils paſſèrent à *Nelée* de *Scepſe*, qui en vendit une partie à *Ptolemée Philadelphe*. Ce Prince les ayant mis dans la Bibliotheque d'*Alexandrie*, ils périrent dans l'incendie qui conſuma cette Bibliotheque. Les héritiers de *Nelée* avoient caché le reſte de ces Manuſcrits dans une caverne ſouterraine où ils demeurerent pendant 130 ans, & l'on peut bien s'imaginer qu'ils y furent fort endommagés. On les tira de-là, & ils furent vendus à *Apellicon* de *Teje*, qui les trouvant dans un affreux déſordre, & tout remplis de lacunes, les arrangea & les interpola à ſa fantaiſie. *Sylla* les tranſporta à *Rome*, où *Tyrannion* y fit de nouvelles corrections. Paſſant ainſi de main en main, ces Ecrits ont prodigieuſement ſouffert de l'ignorance, de la négligence, ou de l'infidélité des Copiſtes; il s'y eſt répandu une grande confuſion; & il y eſt reſté des vuides irréparables. C'eſt ce qui rend le vrai ſens d'*Ariſtote* ſi douteux, & qui a ouvert un ſi vaſte champ aux controverſes des Scholaſtiques. Avec cela ce Philoſophe lui-même ne s'étoit pas piqué de mettre beaucoup de clarté dans ſes Ouvrages; ſon ſtile eſt difficile, & ſur-tout fort coupé; il employe des

no-

notions mathématiques; il fe fert de termes vagues; il mêle à fa propre doctrine diverfes opinions des Anciens tout à fait incertaines. En un mot la Philofophie Péripatéticienne eft très obfcure en foi-même, & tous fes Commentateurs l'ont plutôt embrouillée qu'éclaircie. Depuis la mort de fon Auteur jufqu'au premier fiecle, de l'Ere Chrétienne, elle n'a pas eu grande vogue; mais s'étant enfuite accréditée, elle eft parvenue à une domination dont aucune Secte n'avoit joui, & qu'on peut appeller tyrannique (*).

Le but principal d'*Ariftote* paroit avoir été d'élever un nouveau fyftême de phyfique fur les ruïnes de tous les autres; à quoi fe joignoit le defir de dire des chofes originales. S'il traita la morale, ce fut fur-tout pour l'accommoder aux principes des Courtifans. Il divifa la Philofophie en deux parties, l'une *théorétique*, l'autre *pratique*; auxquelles il fubordonna la partie *inftrumentale*. Il enfeignoit une double Logique, la premiere *analytique*, l'autre *dialectique*, attribuant à celle-là le droit de produire la Science, au-lieu que celle-ci ne conduifoit qu'à la vraifemblance. Suivant cela, il faifoit confifter la démonftration dans le *Syllogifme analytique*, compofé de propofitions, ou énonciations, qui à leur tour étoient compofées de termes fimples.

Il

(*) Voyez le Traité du docte *Launoi*, qui a pour titre, *De varia Ariftotelis fortuna.*

Il diſtinguoit les termes en *homonymes*, *ſynony-
mes*, *& paranymes*.　Il admit les dix claſſes, ou
prédicamens, des êtres univoques; indiqua les
trois parties de la propoſition, qui ſont le ſujet,
le prédicat, & la copule; détermina les trois
rapports qui peuvent ſe trouver entre les propoſitions, ſavoir l'oppoſition, l'équipollence, &
la converſion; fit exactement connoître les trois
termes qui entrent dans la compoſition de chaque
Syllogiſme, & les trois figures auxquelles tous
les Syllogiſmes ſont réductibles. Il dit enfin que
la Science ſe fondoit ſur des raiſons véritables;
au-lieu que les raiſons captieuſes employées dans
les Sophiſmes conduiſoient à l'erreur.

Sa Phyſique eſt fort remplie de termes.　Il
cherche les principes naturels dans l'oppoſition
qui réſulte des habitudes & des privations. Les
trois choſes qu'il fait entrer dans toutes les compoſitions, ſont la matiere, la forme, & la pri-
vation.　Les êtres actuels ſortent du ſein de la
puiſſance; la matiere n'a point été engendrée;
tout vient d'elle; il y a quatre cauſes, la cauſe
matérielle *ex qua*, la cauſe formelle *per quam*,
la cauſe efficiente *a qua*, & la cauſe finale *propter
quam*.　La Nature n'agit jamais ſans avoir une
fin; le mouvement eſt l'acte de ce qui eſt en
puiſſance; il exiſte actuellement; le lieu eſt la
ſurface du corps contenant; il n'y a point de
vuide; le tems eſt le nombre du mouvement par

le-

lequel on diftingue celui qui précéde de celui qui fuit; comme le mouvement eft fini, il faut qu'il y ait un premier Moteur infini, & immobile: c'eft Dieu.

Les idées d'*Ariftote*, fur l'Ame étoient véritablement énigmatiques. Il la définiffoit, ou qualifioit *l'entélecbie* du corps organique, & difoit qu'elle n'avoit point de mouvement par elle-même. Il lui attribuoit trois facultés, qu'il nommoit nutritive, fenfitive, & raifonnable. Il reconnoiffoit un fens commun, & l'immortalité de l'Entendement actif.

Il remontoit dans fa Métaphyfique à l'Etre exiftant par lui-même, & prétendoit que les qualités accidentelles ne pouvoient en procurer aucune connoiffance. La matière première, fuivant lui, ne peut être féparée de la forme; & c'eft cette forme que l'on a coûtume d'envifager comme l'Etre exiftant & réel. Il y a des êtres intentionels. Le mouvement local éternel exige de toute néceffité qu'il exifte une fubftance immobile. C'eft le premier Moteur qui meut les Intelligences inférieures, & les détermine à mouvoir leurs Spheres. Ces Intelligences ne font pas matérielles; & il n'exifte point d'autres Dieux qu'elles, &c.

Il ne refte que la Morale, divifée par ce Philofophe, en *Etique* proprement dite, *Oeconomique & Politique*. Le bonheur confifte dans le

rap-

rapport des fonctions de l'ame avec la vertu; & c'eft par l'exercice de ces fonctions qu'on arrive au Souverain Bien; la vertu eft une habitude fondée fur le choix, & elle confifte à tenir un jufte milieu entre les extrémités; il y a des vertus théorétiques, & des vertus pratiques; celles-ci font au nombre de onze, & il y en a cinq des premieres. L'objet de la Prudence, c'eft le gouvernement des affaires publiques, & le plan d'une fage œconomie.

THEOPHRASTE, *Erefien*, fut le fucceffeur immédiat d'*Arifiote*, & gouverna le Lycée avec beaucoup de réputation, ayant eu jufqu'à deux mille difciples. Auffi étoit-ce un excellent génie, & un homme très éloquent. Ces qualités lui acquirent les bonnes graces de plufieurs Rois & Princes. Il compofa plufieurs Ouvrages importans, & enrichit à bien des égards la doctrine de fon Maître. Après lui vint *Straton* de *Lampfaque*, le coryphée des Péripatéticiens, à qui l'objet principal de fes études fit donner le furnom de Phyficien. Il difoit que toute la force divine exifte dans la Nature, & qu'il n'eft pas befoin de recourir à l'action des Dieux. L'Ecole Péripatécienne fut enfuite dirigée par *Lycon*, par *Oriflon* de *Chio*, par *Critolaus*, & par d'autres dont il feroit fuperflu de rapporter les noms.

De la Secte Cynique.

Le nom de cette Secte paroît lui être injurieux; cependant il n'est pas décidé qu'il doive être pris en mauvaise part. Il y en a qui le dérivent du nom de l'endroit où les premieres leçons de cette Philosophie furent données ; c'étoit un lieu d'exercice d'Athenes, dit *Cynosarge*. Mais, quand on en tireroit l'étymologie, comme on le fait ordinairement du mot Grec qui signifie *Chien*, cette dénomination auroit plutôt été fondée dans son origine sur l'extérieur de ces Philosophes, que sur leur doctrine. Les premiers Cyniques furent des gens respectables par la pureté de leurs mœurs, & par l'austérité de leur vie. Couverts d'un simple manteau, vivants d'herbes & ne bûvant que de l'eau; ils poserent pour fondement de la sagesse que la fin de l'homme consiste à suivre les préceptes de la Vertu, & qu'il peut y parvenir par la science, sur-tout par la connoissance de soi-même. Une conséquence outrée de ce principe, leur fit regarder comme des choses absolument indifférentes tout ce qui n'est ni vertu ni vice, & ils en conclurent qu'il ne faut avoir aucun soin de son extérieur, de ses habillemens, & de tout ce qu'on appelle propreté, ou décence. Par ce moyen tout ce que leur doctrine pouvoit renfermer d'u-

G

tile

tile perdit fon efficace; au lieu d'infpirer de l'é-
loignement pour les voluptés, ils devinrent eux-
mêmes un objet de mépris & de dégoût. On
fe perfuada en les voyant que la Vertu eft une
chofe trifte, incommode, ridicule même, &
impoffible. Tous les amateurs des beaux·arts
que les Cyniques rejettoient, fe fouleverent contr'eux; tous ceux dont ils attaquerent le fafte,
le luxe, & la vie diffipée, les relancerent avec
force & fe liguerent pour les immoler à la rifée
publique. Cependant il y eut des Cyniques
qui furent fe faire confidérer, & qui, malgré
leur bizarre équipage, infpirerent du refpect.
Mais, dans la fuite, quand on ne vit plus en
eux qu'extravagance & impudence on les traita
véritablement en *chiens*; & ils le méritoient. On
a débité fur leur compte beaucoup de fables,
auxquelles il ne faut pas ajouter legérement
créance.

ANTISTHENE fut le chef des Cyniques. Il
étoit Athénien, & commença par le métier de
la guerre. Ayant enfuite affifté aux leçons de
Socrate, il ne s'attacha qu'aux préceptes de frugalité
& de modeftie, dont il comprit mal le fens,
comme on peut en juger par l'excès auquel il
les porta. Laiffant croître fa barbe, & vêtu
d'un méchant habit, il avoit l'air d'un mendiant.
Il fe piquoit de la vertu la plus rigide, & s'en
faifoit un droit pour attaquer les méchans à tou-

te

te outrance. Cela lui donna de la réputation, & même de la confidération; mais il eut peu de Difciples. On voit par-là que fa Philofophie confiftoit plus en action qu'en fpéculation. Auffi difoit-il que la Vertu fuffit pour le bonheur, & qu'elle confifte toute en action; que le fage devroit vivre pour foi, content dans toutes les fituations, & heureux par cela feul qu'il étoit vertueux. Il ne reconnoiffoit d'autres biens que les chofes honnêtes, & difoit que la Vertu s'acquiert par l'ufage.

Parmi le refte de la troupe des Cyniques, il n'y en a qu'un qui mérite qu'on en faffe mention, c'eft le fameux *Diogene*. Il étoit de *Sinope*. *Antifthene* eut beaucoup de répugnance à l'admettre au nombre de fes Difciples. Il n'en eut pourtant point qui pouffât plus loin le dévouement aux maximes de la Secte. *Diogene* fe dépouilla de toute propriété, vivant où il pouvoit & de ce qu'il trouvoit, fe tenant dans les places publiques, ne portant avec foi que fa beface & fon bâton, & paffant fa vie à fe déchainer contre les vices de la maniere la plus violente. Ayant été fait prifonnier dans un âge avancé, on le conduifit à *Corinthe*, où il acheva fes jours dans la maifon de *Xéniade*. On prétend qu'il prononça dans l'affemblée folemnelle des Grecs des Difcours fur la Philofophie Cynique. L'impofture a mis fur fon compte bien

des

des contes puériles, & lui a imputé des chofes trop fcandaleufes pour être croyables. Ses principaux Difciples furent *Monime* & *Crates*, dont la femme *Hipparchia* fe livra auffi à la vie cynique.   Il étoit impoffible qu'une pareille Secte fe foutint: c'étoit une de ces faillies de l'efprit humain, qui n'ont qu'un cours paffager; au lieu que l'Epicuréifme eft un goût inné, & prefque décidé.   Delà vient que celui-ci eft tiès dangereux, au lieu que le *Cynifme* n'eft que ridicule.

De la Secte des Stoïciens.

ZENON, de *Chypre*, en fut le chef.   Etant venu encore jeune à *Athenes* pour étudier la Philofophie, il fuivit pendant quelque temps *Crates* le Cynique, mais il ne put, ni s'accommoder de fa malpropreté, ni digérer le mepris qu'il faifoit de toutes les Sciences.   Il chercha au contraire à profiter des inftructions de *Xénocrate*, de *Stilpon*, & de *Polemon*.   Ayant enfuite conçu le deffein de bâtir lui-même l'édifice d'une nouvelle doctrine, il voulut fuivant la coûtume, s'affurer d'un lieu où il pût donner fes leçons, & fit choix d'un portique nommé *Poecile*, c'eft de-là que vient le furnom de *Stoïcien* donné à ces Philofophes.   Il retint pourtant prefque toute la févérité des mœurs cyniques; mais, comme il en évitoit les inconvéniens, cela n'empêcha pas qu'il qu'il n'eut un très grand concours de Difciples. Il compofa beaucoup d'Ecrits, & mourut dans un âge fort avancé.

Le fyftème de *Zénon* étoit tiré prefque tout entier de ceux de *Pythagore*, d'*Héraclite*, & de *Platon*. Il y introduifit les fubtilités de l'Ecole Mégarique & adopta la Morale des Cyniques. Son principal but étoit d'oppofer fa nouvelle Philo-fophie aux dogmes d'*Arcéfilaus*, de *Carnéade*, & fur-tout à ceux d'*Epicure*; ce qui dans la fuite produifit la plus grande animofité & une haine vrayement implacable entre ces deux Sectes. Le tempérament mélancolique de *Zénon* le jetta dans ces paradoxes qui furent foutenus dans la fuite par les Stoïciens avec une opiniâtreté, qui étoit l'effet d'un fol orgueil, & non d'une vraye con-viction.

La Logique des Stoïciens étoit tout à fait faftidieufe; ce n'étoit que l'art de difputer fans fin, & de foutenir les chofes les plus infoutena-bles. Ils la divifoient en *rhétorique* & *dialectique*. Ils pofoient deux fondemens de nos connoiffan-ces, l'impreffion extérieure des objets, & le fentiment intérieur. Celle-là dépend des circon-ftances fortuites qui nous préfentent les chofes; celui-ci, lorfqu'il va jufqu'à la compréhenfion, eft le *criterium* de la vérité. La compréhenfion eft donc la fcience vraye & folide, foit qu'elle naiffe du fentiment, du raifonnement, ou de

G 3

cette

cette fuite de raifonnemens qu'on nomme dé-monftration. De-là naît le confentiment qu'entraîne après foi la vérité évidemment connue. Nous n'avons point d'idées innées, mais elles viennent toutes des fens. Les définitions font des réponfes aux queftions par lefquelles on demande; qu'eft-ce que telle ou telle chofe? Les Stoïciens fe jettoient enfuite dans plufieurs fubtilités de la Dialectique, où il feroit fuperflu de les fuivre.

Paffons plutôt à leur Phyfiologie, & donnons en le précis. Au commencement exiftoit le Chaos, imprégné des raifons feminales. S'étant dévelopé & arrangé, il en eft forti le Monde, ou la Nature. Ce Tout eft une unité, mais qui renferme deux principes l'un efficient, c'eft Dieu, & l'autre paffif, c'eft la matiere. Dieu eft un feu ou un éther très pur; il habite dans la circonférence du Ciel; & en l'oppofant à la matiere, on doit le confidérer comme un Efprit éternel, incorruptible, bon, & doué de prévoyance en vertu de fa liaifon intime avec le tout. De-là procéde le Deftin qui régit l'Univers, & auquel tout eft foumis, non librement; mais en vertu d'une néceffité intrinféque univerfelle; d'où s'enfuit qu'il y a dans la nature une loi immuable, qui n'eft autre chofe que l'ordre & l'enchaînement des caufes. Les Démons & les Ames font des particules & des émanations de la Divinité. Le Monde eft un animal; le Soleil confifte en un feu très-pur, & fe repait auffi bien que les Aftres de vapeurs. Le Monde finira par la conflagration.

C'eft de leur Morale que les Stoïciens ont tiré le plus de réputation. Elle avoit en effet un grand éclat; mais le fond fe réduifoit à peu de chofe, ou même il étoit dangereux. Ils enfeignoient que la derniere fin de l'homme confifte à vivre d'une maniere convenable à la Nature; & que chacun devoit obéir à fon génie interne, à la particule divine qui lui fervoit d'Ame. Le bien, c'eft ce qui conduit parfaitement à la félicité. Tous les biens font égaux. Les paffions viennent des faux jugemens de l'Ame; les devoirs font fondés fur la connoiffance du vrai & fur la conformité avec la Nature. La Vertu eft une difpofition de l'Ame convenable à la vie; il y a quatre vertus cardinales, & elles ne fauroient être féparées; entr'elles & le vice il n'y a point de milieu. Les divifions ultérieures qu'ils faifoient fur ces matieres, les menoient fort loin, & avec peu de fruit.

Zénon eut plufieurs fucceffeurs dont les plus célébres font *Perfée*, *Arifton de Chio*, qui fit plufieurs changemens dans le fyftème Stoïcien, *Henillus*, *Sphærus*, *Cleanthe*, qui vécut dans la pauvreté, *Chrifippe* le plus célébre de la Secte, & grand Dialecticien, *Zenon de Tarfe*, & *Diogene d'Apollonie*.

 A.

Ajoutons à cette ébauche de la Philofophie Grecque que les conquêtes d'*Alexandre* fournirent à cette Philofophie des occafions de fe répandre hors de la Grece. Ce Prince qui foumit tant de contrées à fes armes, & en particulier l'Egypte & la plus grande partie de l'Afie, avoit été, comme nous l'avons vu, Difciple d'*Ariftote*, & menoit quelques Philofophes Grecs à fa fuite. Par ce moyen leur doctrine fe fit connoître dans ces régions, & les vaincus reçurent infenfiblement les opinions des vainqueurs, comme ils en prirent auffi les mœurs. Le plan d'Alexandre c'étoit de faire de fon Empire, c'eft-à-dire de l'univers alors connu, une feule Cité. Ce fut alors que la Théologie Orientale des Perfes & des Bachiens, fur tout celle de *Zeroaftre*, fut mêlée à la Mythologie & aux Théogonies des Grecs; par où les émanations reparurent dans la Philofophie avec un nouvel habit Oriental. Les progrès de cette doctrine mixte ne furent nulle part plus confidérables qu'en Egypte, à caufe de la méthode fymbolique. Le Pythagorifme & le Platonifme jetterent de profondes racines dans ce Royaume, fous le gouvernement des Ptolemées; & le Peripatétifme auffi bien que le Stoïcifme trouverent auffi quelques partifans. En un mot toute l'Egypte devint en quelque forte Grecque fous ces Rois Grecs. Les idées de la Religion qui y avoit été reçue jufqu'alors, fubirent un changement prefque total;

celles

celles de la Théologie Grecque prévalurent, ou du moins il se forma un syncrétisme de la doctrine Egyptienne & de la Grecque. C'est cette nouvelle Théologie qu'on a coûtume d'attribuer à *Hermès*. Elle acquit beaucoup de crédit; & vers les commencemens de la Monarchie Romaine, elle passoit pour la sagesse la plus sublime & la plus solide qui existât alors.

 LIVRE

L I V R E II.

Contenant l'Histoire de la Philosophie depuis la
fondation de Rome jusqu'au rétablissement
des Lettres.

Nous aurons ici à considérer 1. les Gentils,
2. les Juifs, 3. les Sarrasins & 4. les Chrétiens.

A R T I C L E I.

De la Philosophie des Gentils.

Ils se distinguent 1. en Romains; & 2. en O-
rientaux.

§. I.

De la Philosophie des Romains.

Nous parlerons d'abord des tems qui ont précédé le regne d'Auguste; & ensuite des tems
postérieurs à ce régne.

Des

Des tems qui ont précedé le regne d'Augufte.

Ces préludes de la Philofophie chez les Romains furent d'abord très peu confidérables. On
fçait comment Rome fut fondée, & quel a été
l'efprit de fon Gouvernement pendant quelques
fiècles. C'étoit un Etat purement militaire, qui
ne connoiffoit d'autre occupation, que celle
de combattre, ni d'autre plaifir, que celui de
vaincre. On ne vit donc aucune lueur de Philofophie, ni fous les Rois, ni fous les Confuls
de ces premiers fiècles: non feulement on ne
défiroit pas de s'inftruire de cette fcience, mais
on avoit de l'éloignement pour elle, dans la penfée qu'elle n'étoit propre qu'à amollir le courage.
Voilà pourquoi les Philofophes que la Grece dé-
puta à Rome furent bientôt renvoyés; & le Se-
nat donna immédiatement après un ordre, en
vertu duquel il ne devoit point demeurer de Philofophes ni de Rhéteurs à Rome. Mais dans la
fuite de jeunes hommes d'une naiffance diftinguée
ayant été employés dans les Armées qu'on envo-
yoit en Grece, ils affifterent aux leçons des Philofophes Grecs, & y prirent goût. De ce
nombre furent entr'autres *Scipion*, l'Africain, &
Lælius Furius, qui devinrent partifans déclarés
de la Philofophie Stoïcienne. D'habiles Jurifconfultes, tels que *Q. Tubero*, *Q. Mucius Scæ-*

vola,

vola, & d'autres, fuivirent leur exemple. *Lu-cullus*, un des plus grands & des plus magnifiques Seigneurs de Rome, s'attacha à *Antiochus d'Af-calon*. Depuis ce tems-là, & fur-tout depuis la Dictature de *Sylla*, la Philofophie Grecque fut connue & eftimée des Romains. *Tyrannion* y contribua en mettant au jour les Ecrits d'*Ari-ftote*.

Les principales Sectes qui eurent des partifans dans cette Capitale du monde, furent

1. La *Pythagoricienne*. Il y eut pendant long-tems à Rome une ftatue érigée à l'honneur de *Pythagore*. *Ennius* inféra dans fes Ecrits quelques fragmens de la doctrine exotérique de ce Philofophe. Du tems de *Ciceron*, *Stigidius Figulus*, célébre par fes connoiffances divinatoi-res, propofa diverfes explications des chofes naturelles d'après la doctrine de *Pythagore*. Mais on fe dégoûta bientôt de ce fyftème.

2. La Secte *Académicienne* eut plus de bonheur. L'ancienne Académie eut pour fectateurs *Marcus Brutus*, grand admirateur de *Platon*; & qui s'étant attaché à *Antiochus*, adopta fon Syncrétifme; & M. *Terentius Varron*, le Savant le plus confommé que Rome ait poffédé. On peut regarder comme Difciples de ce dernier M. *Pi-fon*, mais fur-tout M. *Tullius Ciceron*, qui eut auffi pour Maîtres *Philon* de *Lariffe*, *Diodore* le Stoïcien, *Antiochus* l'Académicien, & *Poffido-nius*.

nius. Cet illuſtre Romain fit briller ſon éloquence au Barreau ; mais il ne ſe diſtingua pas moins
dans la Philoſophie, à l'étude de laquelle il ſe livra
pendant les troubles de la République, ſes Ecrits
Philoſophiques ſont le plus précieux tréſor que
l'Antiquité nous ait tranſmis dans ce genre. On
lui a l'obligation d'avoir procuré à la Langue
Latine quantité de termes philoſophiques, qui
n'exiſtoient avant lui que dans la Grecque, &
de nous avoir conſervé un expoſé fidèle des opinions des principales Sectes, dans leſquelles il
étoit profondément verſé. Son penchant le
portoit vers l'Académie moyenne, & ſuivant en
cela *Carnéade*, il n'admettoit que des vraiſem-
blances. Il a pourtant traité la matiere des devoirs de l'homme en Stoïcien.

3. La Secte *Stoïcienne*, à laquelle les gens de
diſtinction, & les Juriſconſultes s'attacherent principalement. On diſtingue parmi les Stoïciens
illuſtres *Q. Lucilius Balbus*, & *Caton d'Utique*,
ce martyr de la République, qui aima mieux ſe
donner la mort que de recourir à la clémence
de *Jules-Céſar*. C'étoit d'ailleurs plus par leur
vie & par leur exemple, que de vive voix & par
leurs enſeignemens, que ces fameux Diſciples du
Portique en propageoient la doctrine.

4. La Secte *Péripatéticienne*. Elle ſortit de
l'obſcurité où elle étoit tombée, lorſqu'on fit
la découverte des Ouvrages d'*Ariſtote* & de *Théo-*

 phraſte,

phrafte, dont *Andronic* le Phodien forma une collection à laquelle il joignit fes Commentaires. Les principaux patrons du Péripatétifme à Rome furent *Caton*, *Craffus*, & *Pifon.*

5. La Secte *Epicurienne*. Elle eut beaucoup de partifans, parmi lefquels on remarque *Torquatus, Velleius, Trebatius, Papirius, Pætus, Venius, Sanfeius, Albutius, Pifon, Fabius*, & *Pomponius Atticus*. Les dogmes phyfiques d'*Epicure* furent mis en vers par *Lucrece*, un des plus grands Poëtes de l'ancienne Latinité.

6. Enfin la Secte *Pyrrhonienne*, qui ne fit pas grande fortune à Rome, pendant toute la durée de la République. Elle paroiffoit même tout à fait éteinte, lorfque *Renedefime* la reffufcita à *Alexandrie*.

Des temps pefterieurs au regne d'Augufte.

A U G U S T E, après avoir détruit tous fes compétiteurs à l'Empire, en jouït pendant plus d'un demi-fiecle, & fit fleurir les Sciences fous fa domination. Tous ceux qui avoient des connoiffances & des talens jouïrent de fa faveur: il honora même de fa familiarité ceux qui fe diftinguèrent par la beauté de leur génie & par l'excellence de leurs productions. Ce Prince eut en particulier beaucoup de goût pour la Philofophie, dans laquelle il étoit lui-même très verfé. Voi-

là pourquoi l'on trouve tant d'idées philofophiques, repandues dans les chefs-d'œuvre de Poëfie qui parurent alors. *Virgile* & *Horace* puife-
rent dans l'Epicuréifme; *Ovide* donna un précis
de la doctrine de *Pythagore*; *Manilius*, *Lucain*,
& *Perfe*, s'exprimerent d'après *Zenon* & le portique. Les Hiftoriens même crûrent devoir em-
bellir leurs Ecrits de femblables ornemens, comme en font foi les ouvrages hiftoriques de *Tite-
Live* & de *Strabon*. Pour les Grands, tels que
Mècene, *Canius Julus*, *Thrafea Pœtus*, ils crurent
que rien ne pouvoit mieux contribuer à leur il-
luftration qu'une profeffion rigide de la vertu
ftoïque. Mais, après *Augufte* & *Tibere*, le thrône impérial fut occupé par des Princes indignes
de regner & par là même ennemis de la faine
Philofophie. Tels furent *Caligula*, *Claude*, *Neron* & *Domitien*. Leurs Succeffeurs, *Trajan*,
Adrien, & fur-tout les *Antonins*, rallumerent ce
flambeau de la raifon humaine; & les chofes
demeurèrent à peu près fur le même pied
fous les regnes de *Sevère*, d'*Alexandre*, de
Gordien, &c.

Les principales Sectes qui furent alors en vogue, font

1. La Secte *Pythagoricienne*. On y trouve
Anaxalaus de *Lariffe*, qui fe livra tout entier à
la contemplation de la Nature, & paffa pour exceller dans la Magie naturelle; ce qui engagea
Au-

Augufte à le bannir de l'Italie; & *Sextius*, illuftre Romain, qui, touché des circonftances déplorables où la République fe trouva de fon
tems, embraffa le genre de vie le plus auftère,
& fonda une Secte qui ne pouvoit être profeffée
que par des gens d'un courage à toute épreuve.
C'étoit une doctrine fecrète, dans laquelle il entroit beaucoup d'ufages empruntés des Pythagoriciens; mais l'auftérité de fes pratiques ne lui
permit pas de fe foutenir longtems, & rien n'en
a été tranfmis jufqu'à nous, fi ce n'eft quelques
fentences de *Sextius*. *Sotion*, précepteur de *Seneque*, fit un mêlange du Stoïcifme avec le Pythagorifme. *Apollonius* de Tyane a fait beaucoup de bruit; & on a prétendu le mettre en
parallèle avec J. C. dans la vue de deshonorer
la Religion Chrétienne. Mais l'ouvrage dans
lequel *Philoftrate* s'eft propofé ce but, eft un
tiffu de fables puériles & d'abfurdités palpables.
Apollonius étoit un hardi & infigne impofteur,
qui parcourut les principales contrées de l'Europe, de l'Afie, & de l'Afrique, & dont la conduite infolente le fit enfin jetter dans les fers. Il
alla mourir à *Ephefe*, on ne fçait comment. La
prédiction de la mort de *Domitien*, qu'il fit tout
à coup dans une Affemblée publique eft célébre.
Sa Philofophie qu'il exprimoit par de courtes
fentences, n'eft autre chofe qu'un déteftable Pan-
théifme. *Moderatus*, de *Gades*, aujourd'hui *Ca-
dix,*

dix, recueillit & expofa divers fragmens du Pythagorifme. *Secundus* crut fe diftinguer en gardant pendant toute fa vie le filence de l'Ecole Pythagoricienne. Ses réponfes aux queftions de l'Empereur *Adrien* lui firent un honneur plus réel. *Nicomachus* étoit un Mathématicien. La Secte de *Pythagore* eft celle de toutes qui a été le plutôt détruite fans retour; fans doute parce que cette doctrine fecrete, qui en faifoit l'effence s'eft entiérement perdue, & que le refte n'a pas paru mériter la peine qu'on s'y attachât. Seulement il s'eft trouvé dans la fuite des Philofophes qui ont adopté des dogmes particuliiers de la Phyfique & de la Morale de *Pythagore*, qu'ils ont comme enchaffés dans d'autres fyftêmes de Philofophie & fur-tout dans le Platonifme.

2. La Secte *Platonicienne*. Il faut prendre garde de ne pas la confondre avec l'Académie. Celle-ci, après avoir eu beaucoup de crédit, fur-tout après les changemens & les adouciffemens qu'on avoit apportés à ce doute univerfel, qui avoit d'abord été fon dogme fondamental, fut entiérement abandonnée fous les Empereurs; & l'exemple de *Phavorin* qui en fuivit les préceptes eft unique. On apperçoit auffi à la vérité quelques veftiges de la premiere, de la troifième, & de la cinquième Académie; mais tout cela eft fort altéré par le Syncrétifme des dogmes Platoniciens & Stoïciens.

THRASYLLE peut être mis à la tête des
Pla-

Platoniciens de cet âge. Il a vécu fous *Augufte* & fous *Tibere*. C'étoit un homme d'un profond favoir, & qui étoit fur-tout très-verfé dans l'Aftrologie; ce qui lui faifoit obtenir tout ce-qu'il vouloit de *Tibere*, qui avoit beaucoup de foible pour les prédictions Aftrologiques. Il a laiffé des Traités d'Aftronomie & de Mufique. *Théon* de *Smyrne* fe fervoit des Mathématiques pour expliquer la doctrine de *Platon*. *Alcinous* compofa une excellente Introduction à la Philofophie Platonicienne. *Taurus* de *Beryte*, fe rendit recommandable fous le regne d'*Antonin* le pieux, par la vigueur avec laquelle il s'oppofa au mélange peu judicieux qu'on faifoit alors des trois Philofophies, Platonicienne, Stoïcienne, & Péripatéticienne. *Apulée*, connu fur-tout par fon Roman intitulé l'*Ane*, étoit un Rhéteur Africain, fort verfé dans les fecrets de la Théurgie, & qui avoit d'ailleurs une très vafte littérature. *Atticus* fit des Ecrits qu'on lifoit fous *Marc-Aurele* dans les Ecoles Platoniciennes comme des ouvrages claffiques, & où il démontroit l'impoffibilité de concilier *Platon* & *Ariftote*. *Numenius* fe diftingua par plufieurs idées Pythagoriciennes qu'il joignoit au Platonifme: c'eft lui qui a donné à *Platon* le furnom de *Moïfe* parlant le langage de l'Attique, *Mofes atticifans*. Sous *Commode* vécut *Maxime de Tyr*, Sophifte élégant, qui mit beaucoup de Philofophie dans fes déclamations.

tions; Ouvrage encore eftimée aujourd'hui. Il eft naturel de comprendre dans cette lifte *Plutarque & Galien*, deux hommes d'un favoir univerfel pour ces tems-là, mais dont la Philofophie n'eft qu'éclectique, ou Syncrétifte. *Plutarque* avoit eu pour maître *Ammonius*.

3. La Secte *Eclectique*. Elle eft originaire d'Egypte. Ce fut dans ce Royaume qu'on commença à trier les dogmes de *Pythagore* & de *Platon* pour les affocier à la Théologie Egyptienne & à la doctrine de *Zoroaftre*. Cela produifit un nouveau genre de Philofophie, auquel on donna d'abord à la vérité le nom de Platonifme, mais qui n'étoit au fonds qu'un fatras d'opinions philofophiques & théologiques, mal afforties enfemble, au moyen duquel on ouvroit la porte à toutes les Religions, & l'on fourniffoit les moyens de concilier les opinions les plus contradictoires, en fe fervant pour cet effet de la méthode fecrete. Tous les Grecs qui ont repréfenté ce fyftème, y ont fait entrer les traits du Pythagorifme & du Platonifme. Ce fut fur-tout à *Alexandrie* que ce Syncrétifme groffier s'accrédita, fous les aufpices d'*Antiochus* d'*Afcalon* qui donnoit des leçons dans l'Académie. Ainfi nâquit la maniere de Philofopher, dite éclectique; qui fut adoptée par de grands hommes dans les deux premiers fiècles de l'Ere Chrétienne, & qui devint enfin, une Secte proprement dite, lorfque les Philofophes

phes Sceptiques & les Chrétiens eurent bien fenti tout le ridicule des difputes philofophiques, & fur-tout quand le Paganifme eut été entièrement détruit.

Le premier qui ait donné quelque ordre & quelque forme aux principes écleftiques, c'eft *Potamon d'Alexandrie*, qui doit avoir vécu vers la fin du fecond fiècle, & qui dans le choix qu'il fit des différentes opinions, eut principalement égard à celles de *Platon*. Cette tentative ne produifit pas grand effet. *Ammonius Saccas* crut donc devoir s'y prendre d'une autre maniere. Il vivoit au commencement du III. Siècle, & ayant été Chrétien il apoftafia pour retourner aux fuperftitions des Gentils. Ce fut à proprement parler de l'Ecole des Catéchiftes Chrétiens qu'il emprunta la liberté écleftique faifant un honteux mêlange de l'Evangile avec la Théologie Egyptienne & le Platonifme, & comptant de pouvoir fatisfaire par là aux objeftions des Chrétiens & des Sceptiques. Il n'entreprit donc pas moins que de réduire en un même corps de doftrine le Péripatétifme, le Portique, la doftrine Egyptienne, & le Chriftianifme, pour arriver ainfi à la gloire d'être le fondateur d'une nouvelle Secte, qui réunit tout ce que les autres avoient de bon. Il eut beaucoup de difciples tant Gentils que Chrétiens. *Plotin* eft le plus célébre d'entre les premiers; & l'on compte parmi les autres *Origene, Adamantius Herennius,* &c.   PLO-

PLOTIN, qui contribua le plus à la propagation de la Secte éclectique. Egyptien, d'origine, son tempérament étoit dominé par une bile noire. Après avoir été auditeur de divers Philosophes, & entr'autres de *Potamon*, il s'attacha finalement à *Ammonius*: puis s'étant mis dans l'Armée de *Gordien*, il fit le voyage de Perse, & s'y instruisit de la Philosophie Orientale. Revenu à Rome, il enseigna la doctrine secrete d'*Ammonius*, mais avec beaucoup de réserve & de précaution, à cause du ferment qui y étoit attaché. Ce fut dans la suite seulement que ses Disciples divulguerent cette doctrine, & alors il ouvrit une Ecole publique. Il entreprit même de composer des Ecrits qui donnassent l'exposé de sa Philosophie; mais il s'acquitta de ce travail assez négligemment, & ce fut *Porphyre* qui depuis retoucha ses Ouvrages. Parmi la multitude des Disciples qu'eut *Plotin*, il se trouva aussi des femmes. Il étoit fort respecté, & jouït d'une grande autorité. Il ne mangeoit de la chair d'aucun animal, & traitoit son corps d'une maniere tout à fait dure: en un mot c'étoit un véritable Enthousiaste. Il mourut dans la Campanie. On n'a guères vu d'homme plus adonné à toutes sortes de superstitions; fanatique achevé, il se vantoit d'avoir des extases, & remplissoit d'admiration par la profondeur de sa Théurgie, ceux dont

l'esprit

l'efprit reffembloit au fien. Rien de plus ténébreux que fes Ecrits.

Entre fes principaux Difciples furent *Amelius Gentilianus*, auffi fanatique que lui, & *Porphyre* qui devint le principal foutien de cette Secte. C'étoit un vrai Savant, rempli de la plus belle érudition, & à qui rien n'étoit inconnu dans l'étendue des Lettres & des autres connoiffances de ces tems-là. Syrien d'extraction, fon véritable nom étoit *Malchus*. Il avoit reçu d'*Origene* la premiere teinture des Lettres: il affifta enfuite aux leçons du célébre Rhéteur *Longin*, & finit par celles de *Plotin* qui le remplirent de toute la doctrine fanatique dont nous venons de parler. Il fut animé d'une véritable rage contre le Chriftianifme, & fit les derniers efforts pour détruire cette fainte Religion. Quant à la Philofophie, celle qui regne dans fes Ecrits eft un pur Syncrétifme; mais fes connoiffances Philologiques y répandent de l'agrément, & en font le mérite. Il mourut au commencement du IV. Siecle en grande réputation d'efprit & de favoir.

Jamblique, Difciple de *Porphyre*, devint après celui-ci & *Plotin*, le troifième appui de la Secte, & ne fut pas le moins enthoufiafte des trois. Confommé dans la Théurgie, il paffa pour l'auteur de plufieurs miracles, qui n'étoient tout au plus que des preftiges: & cela lui attira

le

le furnom de *très divin*. Il étoit d'ailleurs doué
d'un génie heureux, & avoit très-bien profité
des inftructions de *Porphyre*. Il poffédoit toutes
les connoiffances Philofophiques, mathématiques
& littéraires, qu'on pouvoit acquérir alors;
mais le jugement lui manquoit, comme on le
voit par les bagatelles & les menfonges, dont
il a rempli fes Ecrits, qui furent en grand
nombre.

L'Ecole de *Jamblique* fouffrit un traitement
rigoureux, lorfque *Conftantin* le grand entreprit la
deftruction du Paganifme; & cela vint de ce que
la plûpart de ces Philofophes étoient Prêtres, ou
faifoient profeffion de Théurgie. *Julien* rendit
une nouvelle vie à cette Secte, & peut être mis
lui-même au nombre des Philofophes qui en
propagerent la doctrine par leurs Ecrits. On vit
donc fleurir fous fon regne *Ædefius*, *Euftathius*,
Sofipatra, *Eufebe* de *Mynde*, *Prifcus*, & fur-tout
Maxime d'Ephefe. *Hieroclès* vécut, mais plus
tard, à *Alexandrie*; il ne toucha point aux matieres Théologiques. La libéralité des Empereurs
Adrien & *Marc Aurele Antonin*, entretint à *Athenes*, des Profeffeurs gagés qui enfeignoient publiquement cette Philofophie. Après les incur-
fions des Goths, *Plutarque*, Difciple de *Neftorius*,
fournit un afyle à cette doctrine, & fit beaucoup
valoir les connoiffances magiques & Théurgiques, dont il fe vantoit d'être poffeffeur, & aux-
quel-

quelles il avoit initié sa fille *Asclepigenie* & son fils *Hierius*. Il eut pour successeur dans la Chaire Philosophique *Syrianus*, après lequel vint *Proclus*, le plus célébre de son tems parmi les Philosophes de sa Secte, & qui étoit en effet un homme d'un rare savoir. Il étoit né à *Byzance*, avoit appris la Philosophie d'*Aristote* sous *Olympiodore*, & s'étoit appliqué ensuite à la Philosophie Alexandrine sous *Plutarque* & *Syrianus*. Il fut aussi versé dans ce qu'on appelloit les arts des Chaldéens. A une vaste lecture, il joignoit fort peu de jugement. Ses disciples *Marin*, *Isidore*, & *Damascius*, continuerent après lui la succession de cette prétendue doctrine sacrée. Pour cette *Hypathie* qui mourut d'une maniere si tragique, on peut à la vérité la compter au nombre des Philosophes de cette Secte; mais elle n'étoit pas, comme on l'a crû, femme d'*Isidore*. Il y eut encore divers hommes célébres, qui illustrerent cette Secte.

Si nous voulons à présent considérer le fonds & le génie de la Philosophie éclectique, nous trouverons qu'elle tient tout à fait au terroir où elle a pris naissance, & que ce n'est qu'une suite du Syncrétisme des Religions, qui regnoit en Fgypte long-tems avant qu'*Ammonius* dogmatisât. Ce qui fortifia le goût éclectique, ce furent les perpétuelles & honteuses discordes des Philosophes qui les rendirent à la fin tout à fait méprisables,

&

& ne leur laiſſoient aucun moyen de repouſſer les traits dont ils étoient accablés, tant par les Chrétiens que par les Sceptiques. On crut avoir trouvé un reméde efficace dans la réunion de ce que les différentes doctrines, tant Philoſophiques que Théologiques, renfermoient de meilleur. On s'imagina devoir puiſer les notions fondamentales dans le Pythagoriſme & dans le Platoniſme, par-ce que ces deux eſpeces de Philoſophie parurent les plus propres à s'allier avec les Religions. On trouva enſuite le moyen de faire entrer par de fauſſes interprétations la Philoſophie d'*Ariſtote* dans ce plan de conciliation; & l'on ne fit pas difficulté de condeſcendre aux opinions de toutes les Sectes & de toutes les Religions. Cela pro-duiſit la plus grande confuſion, à laquelle l'en-thouſiaſme mit le comble. Ces Philoſophes ne parloient que de viſions, de commerce avec la Di-vinité, de merveilles magiques & théurgiques. C'eſt en particulier ſur la Magie qu'eſt bâti tout le ſyſtême Platonico - Pythagoricien, auquel on aſſocia la doctrine Orientale tirée des principes de *Zoroaſtre*, parce qu'elle fourniſſoit de plus grandes idées, & des expreſſions plus magnifi-ques au ſujet de la Divinité & de la Religion. Les Prêtres puiſerent donc dans ces ſources, & exagérerent beaucoup ce qu'ils en tiroient. La Re-ligion Chrétienne venant à frapper en même tems

H

les

les yeux & l'efprit de ces Philofophes par la fublimité de fes préceptes & par la fainteté de fes
exemples, ils chercherent à l'imiter, & s'efforcerent de l'égaler. Cela produifit au moins le
bon effet de modérer les excès, & de réprimer les
écarts de leurs Superftitions; ils en eurent honte,
& menerent une vie plus réglée; leurs mœurs re-
vêtirent une apparence de fainteté, il adopterent
même quelques dogmes du Chriftianifme, & voulant lui reffembler par toutes fortes d'endroits,
ils s'attribuerent de faux miracles qu'ils oppofoient
aux véritables; le menfonge & la fraude ne leur
coûterent rien; & après avoir commencé par le
fanatifme, ils finirent par l'impofture. Ainfi ce
prétendu renouvellement, cette reftauration apparente de la Philofpphie, n'en fut qu'une dé-
pravation pire que tout ce qui avoit précédé. Ce
qu'il y eut en particulier de fâcheux, c'eft qu'en
voulant procurer l'accord de toutes les doctrines
Philofophiques, on altéra fi fort le fens qu'y a-
voient attaché leurs premiers auteurs, qu'il n'eft
prefque plus poffible de le retrouver aujourd'hui.
La Religion Judaïque & la Chrétienne fouffrirent
auffi beaucoup entre les mains de ces Philofophes;
ils y glifferent, autant qu'il leur fut poffible,
la confufion de leurs idées, & c'eft de-là que
font principalement nées, d'un côté tant d'Héré-
fies qui ont caufé les plus grands troubles
dans

dans l'Eglife, & de l'autre tant de Superftitions qui ont infenfiblement gâté toute la pureté de fon culte.

Il feroit difficile après cela d'entrer dans quelques détails fur les dogmes particuliers de la Philofophie écleétique. Son Syncrétifme n'empêchoit pas qu'elle ne renfermât dans fon fein la difcorde la plus étrange. Ses principaux objets étoient les doétrines métaphyfiques de Dieu, des Efprits, des Démons, de l'Ame, & du Monde. Elle parloit auffi des mœurs. Les expreffions de *Platon* étoient prefque toujours employées dans la difcuffion de ces matieres, mais tout autrement entendues qu'elles ne l'avoient été par leur Auteur.

Quoique la Seéte écleétique eut pris un nom nouveau, on ne fauroit dire que l'idée fur laquelle ce nom étoit fondé, fût nouvelle. C'étoit en général la coûtume des Chefs de Seétes, de joindre à leurs propres opinions le choix qui leur paroiffoit le plus convenable de celles qui avoient été propofées par leurs prédéceffeurs dans la carriere Philofophique; mais le caraétère qui avoit jufqu'alors diftingué les autres Seétes, c'étoit cette déférence totale, cette foumiffion complette aux enfeignemens de leurs Maîtres qui dégénera enfin en une baffe & honteufe fervitude. Les Ecleétiques eurent le louable deffein d'en rompre les liens, en permettant de s'appropier tout ce

H 2

qu'on

qu'on croiroit propre à entrer dans un fyftême formé par la réunion de tous les autres ; mais ils tomberent dans un inconvénient peut-être pire que celui qu'ils vouloient éviter ; leur Secte, au-lieu d'être la quinteffence des autres en devint l'égoût ; & rien ne fait plus de déshonneur à l'efprit humain que les extravagances qui ont été adoptées & débitées par ces Philofophes, qui porterent le furnom de *nouveaux Platoniciens*, parce que, comme nous l'avons dit, ils affectoient de fe fervir des expreffions de *Platon*. La Secte fut auffi dit *Alexandrine*, à caufe que ce fut dans la ville d'*Alexandrie* qu'elle prit naiffance & s'accrût. Ses progrès furent tels qu'à la fin elle abforba toutes les autres Sectes, & regna feule depuis le troifième Siècle de l'Ere Chrétienne, jufqu'au feptième, c'eft-à-dire, jufqu'à l'entiere extinction du Paganifme. C'eft l'Ecole de *Plotin* qui contribua le plus à la propager ; & il fortit de cette Ecole un véritable effaim de Philofophes, dont les principaux furent *Amélius*, *Porphyre*, & *Jamblique*. Les Difciples de ce dernier remplirent l'Afie & la Grece. *Plutarque* mit la même Philofophie en vogue à *Athenes* ; & il eut des fucceffeurs dont la fuite finit à *Damafius*.

4. La Secte *Péripatétique*. Elle eut dans ces tems-là des Docteurs célébres, vrais & fidéles Difciples d'*Ariftote*. Tels furent *Sofigene*, excellent Mathématicien, qui corrigea le Calendrier, *Boetius*,

Ni-

Nicolas de Damas, perfonnage auffi éloquent que favant, *Xenarque*, *Athénée*, & *Alexandre Ægée*. *Ammonius* vint enfuite, & voulut altérer les dogmes de la Secte par un mêlange Syncrétique; entreprife à laquelle s'oppoferent *Adrafte*, *Ariftocles*, *Meffénius*, & fur-tout *Alexandre d'Aphrodifée*, un des principaux piliers du Péripatétifme. Il y eut auffi quelques Eclectiques qu'on pouvoit regarder comme Péripatéticiens par la prédilection qu'ils témoignerent pour la doctrine d'*Ariftote*, par exemple *Thémiftius*, homme illuftre, & d'une rare éloquence, *Olympiodore*, *Simplicius*, *Proclus*, & d'autres. On peut affigner trois périodes à la Philofophie Ariftotélicienne depuis la naiffance de N. S. Le premier s'étend depuis *Andronic* Jufqu'à *Ammonius*, précepteur de *Plutarque*. La doctrine Péripatétique fe conferva dans fa pureté pendant ce tems-là, & la Secte demeura diftincte des autres. Mais depuis *Ammonius* le Syncrétifme s'y introduifit; & il n'y eut que quelques Philofophes qui demeurerent attachés au véritable fens de leur Maître. Ils eurent pour chef *Alexandre d'Aphrodifée*, & en reçurent le furnom d'*Alexandrai*. Enfin *Ariftote* monta fur le thrône de l'Ecole dans le Chriftianifme, & fut miférablement défiguré par les Scolaftiques.

5. La Secte *Cynique* nous offre *Mufonius*, que *Neron* envoya en exil à caufe de l'intempérance de fa langue; *Demétrius*, qui fe rendit redoutable au

mê-

même Empereur par la hardieſſe intrépide avec laquelle il reprenoit les vices, & par la conſtance inébranlable qui l'oppoſoit à toutes les menaces & à tous les tourmens; *Demonax*, celui de tous les Cyniques qui a donné le modèle de vertu le plus parfait, ſans aucun mêlange des vices de ſa Secte, & qui à cauſe de cela fut extraordinairement conſidéré par les Athéniens; *Creſcens*, véhément adverſaire du Chriſtianiſme; enfin *Peregrinus*, qui, après avoir mené pendant longtems une vie errante, tenu une conduite ſuſpecte, & répandu bien des erreurs, finit ſes jours en ſe brûlant volontairement tout vif dans l'Aſſemblée ſolemnelle des Grecs.

La domination des Empereurs ayant amolli les eſprits, détruit tous les veſtiges de l'ancienne liberté & rendu tous les caractères ſerviles & rampans, la Secte des Cyniques s'abâtardit, & à la fin s'éteignit. Ceux qui porterent encore ce nom pendant quelque tems, ne furent que de vils & effrontés mendians, qui vivoient en véritables gueux, & s'abondonnoient aux excès de la plus odieuſe licence. Leur extrême gourmandiſe les rendit paraſites, & par conſéquent flatteurs : ce qui leur fit perdre toute eſtime. Mais les juſtes appréciateurs des choſes conſervèrent toujours une idée avantageuſe, & même une haute idée de la doctrine Cynique, telle qu'elle avoit été dans ſon origine, & du but auquel elle

ſe

e rapportoit, avant qu'on l'eut détournée de sa réritable deſtination.

6. La Secte *Stoïcienne* produiſit de fort ſavans hommes. Nous indiquerons ici *Athenedore* de *Tarſe* que ſa grande équité rendit cher à l'Empereur *Auguſte*; *Cornutus* qui eut pour Diſciples *Lucain* & *Perſe*; C. *Muſonius Rufus* dont *Veſpaſien* fit beaucoup de cas; *Chæremon* Egyptien, qui acquit de la réputation par ſes ſentences, & qui fut précepteur de *Néron*; poſte qu'exerça d'une maniere encore plus diſtinguée le célébre *Seneque*, un des plus grands hommes de la Secte, qui, après avoir tenu un rang éminent à la Cour & dans les Emplois, fut obligé de ſe donner la mort avec ſa femme par ordre du Tyran qu'il avoit élevé; *Dion* de *Pruſe*, que ſon éloquence fit ſurnommer *Chryſoſtome*, & qui imita la vertu des Cyniques; *Euphrate*, recommandable par ſa pénétration, par ſon éloquence, & par une vertu qu'on peut nommer ſainteté; *Epiĉtete*, qui, pour avoir vêcu dans l'eſclavage n'en fut que plus grand Philoſophe, & à qui l'on doit accorder la préférence ſur tous les autres, ſi l'on veut rendre juſtice à l'auſtérité de ſa Morale, & à l'incorruptibilité de ſes mœurs. On ne ſauroit fermer plus pompeuſement cette marche que par l'Empereur *Marc-Aurele*, ce Sage couronné, qui a laiſſé un monument ſi précieux de raiſon & de ſageſſe dans ſes admirables Réflexions, & dont la vie tant privée que publique a été l'expreſſion fidele des Maximes

H 4

qu'il

qu'il propofe dans fon Ouvrage. La Secte Stoïcienne fut en quelque forte dominante fous les
Empereurs, qui eurent pour la plûpart des Pré-
cepteurs Stoïciens. D'ailleurs les dogmes de la
Morale Stoïque s'accommodoient fort bien à la
forme actuelle du Gouvernement. L'oftentation
de vertu qu'ils faifoient, leur concilioit un refpect
& une admiration, qu'on leur auroit peut-être
refufé, fi on les avoit mieux connus ; car il y
avoit beaucoup d'orgueil & d'hypocrifie dans leur
fait. Plufieurs hommes & femmes illuftres de
cette Secte ayant préféré une mort volontaire à
l'oppreffion des tyrans, cela lui donna le plus
grand relief. Tels furent *Cæina Pætus*, & les
deux Epoufes de *Thrafea* & d'*Hévidius*, *Arrie* &
Fannie. On fonda donc des Profeffions publiques de Stoïcifme à *Rome*, à *Alexandrie*, à *Athenes* ; & *Marc-Aurele* porta lui-même l'habit
ou *Pallium* de ces Philofophes. Le Syncrétifme vint enfuite qui gâta cette doctrine comme
toutes les autres, & la fit enfin tomber dans une
entiere décadence.

7. La Secte *Epicurienne* fe foutint long-tems,
à caufe de la concorde intérieure qui y regnoit.
Sa principale occupation fut de combattre avec
une extrême vivacité toutes les pratiques Super-
ftitieufes. On n'y trouve cependant guères de
perfonnages illuftres. *Pline l'Ancien*, *Lucien* &
Diogene Laërce paffent pour avoir goûté les dogmes
de l'Epicuréifme.   8. En-

8. Enfin la Secte *Sceptique* fut peu confidérée fous les Empereurs; & cela la conduifit par degrès à un entier avilifſement, tandis qu'au contraire l'autorité des Dogmatiques s'affermifſoit de plus en plus par la faveur des Maîtres du monde. Les Médecins furent les plus portés au Scepticiſme. Un Savant de cette profeffion, nommé *Sextus Empiricus*, fit le principal Ouvrage que l'Antiquité nous ait tranſmis ſur cette doctrine, & qu'on peut regarder comme l'Arſenal de la Secte ancienne, de même que le Dictionnaire de *Bayle* eſt l'Arſenal de la Secte moderne.

§. 2.

De la Philoſophie des Orientaux.

Elle remorte juſqu'à la doctrine de *Zoroaſtre*, dont nous avons parlé ci-defſus, & aux Opinions des Chaldéens. Le nom ſuperbe de *Sageffe Gnoſtique* lui fut donné dans les Provinces de l'Aſie mineure; & elle en fut aufſi en partie décorée en Egypte. Il faut prendre garde de ne pas la confondre avec la Philoſophie Pythagorico-Platonicienne, à cauſe de divers rapports qui ſe trouvent entr'elles, & qui viennent de ce qu'en effet les nouveaux Platoniciens ont beaucoup puiſé dans les ſources Orientales. De-là nâquirent quantité de Sectes Philoſophiques & d'Héréſies re-

li-

ligieufes, qui porterent auſſi le nom de *Gnoſti-*
ques, auquel on attacha en conſéquence un ſens
défavantageux. Tout s'y réduiſoit en général
au ſyſtème des émanations qui ſortent de l'abyme
caché de la lumiere divine, & qui y retournent.
Du ſein de cet Océan éternel ſont en particulier émanés les *Eons*, & les vertus ſubſtantiel-
les, dont un certain nombre ſont demeurées
remplies de la plénitude divine, tandis que
d'autres s'étant détériorées ont formé le monde,
& s'écartant de plus en plus de la pureté de la
ſource ont donné à leurs Anges le Gouvernement
du Monde. C'eſt de là que tirent leur origine le
mal moral, le mal phyſique, & la matiere elle-
même. L'Ame travaille continuellement à ſortir
de cette eſpece de bourbier où elle ſe trouve en-
foncée, & elle retourne en effet à ſon premier
principe par diverſes purifications, qui la font
remonter par degrés, & arriver enfin à ce dernier
terme; juſqu'à ce que toutes les ames l'ayent
atteint, & que Dieu devienne tout en tous.

ARTICLE II.

De la Philoſophie des Juifs.

Nous en rapporterons l'hiſtoire, & nous en
expoſerons les dogmes. L'hiſtoire ſe diviſe en
deux périodes, dont l'une comprend le tems é-
coulé

eoulé avant la deftruction de Jérufalem & du Temple, & l'autre va depuis cette deftruction juf-qu'à préfent.

§. I.

Des tems qui ont précédé la deftruction de Jé-rufalem & du Temple.

La Révélation divine ayant ceffé vers le tems d'*Efdras*, le Canon des Livres Sacrés fut alors formé ; & les hommes qui fe trouverent à la tête des affaires, foit dans l'Eglife, foit dans l'Etat, ne penferent qu'à maintenir la République contre les affauts des Tyrans qui l'attaquerent & la per-fécuterent. La Loi demeura dans fa pureté ; & fi l'on en donna quelques interprétations, ce fut fans y mêler aucuns dogmes de Philo-fophie.

Le fchifme des Samaritains arriva enfuite. Ces fchifmatiques prétendoient réformer la Religion Judaïque, & la purifier de toutes les altérations qu'elle avoit éprouvées pendant que les Juifs a-voient été difperfés parmi les Gentils. C'eft par-mi les Samaritains que nâquit *Simon le Magicien*, Philofophe & Hérétique, qui étoit initié dans la doctrine orientale, & qui s'attribuant le don des miracles prétendoit être un Eon, envoyé fur la terre pour la délivrer.

En Egypte, après l'invafion de *Cambyfe*, il y

H 6

eut

eut plufieurs Juifs qui fe retirerent dans des folitudes. *Alexandre* le grand en conduifit une nouvelle Colonie à *Alexandrie* & elle y profpéra fous
la protection des Rois d'Egypte, en particulier
de *Ptolemée*, fils de *Lagus*, & de *Ptolemée Philadelphe*. Sous celui-ci furent traduits de l'Hébreu en Grec les Livres Sacrés de l'Ancien Tef-
tament ; & c'eft ce qu'on nomme aujourd'hui la
Verfion des LXX. Pendant ce féjour en Egypte,
les Juifs s'inftruifirent de la Philofophie qui y é-
toit reçue, & travaillerent à l'accommoder à leur
propre loi par le fecours de la méthode allégorique, *Ariftobule* joignit encore à ce mélange un
peu de Péripatétifme. C'eft là l'origine de la
Philofophie Pythagorico-Platonicienne & Orientale qui fe trouve dans la Cabbale. En Paleftine
la fageffe révélée fe maintint, comme nous l'a-
vons dit, pendant la domination des Rois de
Syrie, fous lefquels pourtant s'introduifirent quelques idées des Grecs. Mais *Siméon Schetachide*
ayant été rappellé d'Egypte, il pofa les premiers
fondemens de la *Cabbale*, doctrine fecrete, principalement deftinée à empêcher les progrès de
la Philofophie Grecque. De-là viennent auffi
toutes les Sectes des Juifs ; &, bien que leurs
commencemens ayent été très-obfcurs, il eft conftant
qu'elles eurent toutes pour but d'affocier les traditions de leurs Docteurs à la Loi. On vit naître
alors la doctrine orgueilleufe des œuvres méritoires

&

& furérogatoires, que les uns enfeignerent fort faftueufement, tandis que d'autres la combattirent de toutes leurs forces.

Les principales Sectes Judaïques, avant la ruïne de Jérufalem, furent,

1. Celle des *Sadducéens*, qui eut pour auteur *Antigone de Socho*. Ce Docteur, indigné du dogme des œuvres furérogatoires, fe jetta dans l'extrémité oppofée & enfeigna qu'il falloit fervir Dieu fans aucun efpoir de récompenfe. *Zadok & Baithofe*, ayant mal compris le fens de cette affertion nierent la réfurrection des corps, & toute rémunération a-près cette vie. Le refte de la doctrine Sadducéenne confiftoit à rejetter les traditions non-écrites, à dire qu'il n'y avoit point d'efprit pur, & qui ne fût revêtu d'aucun corps, d'où ils concluoient que l'ame ne pouvoit fubfifter après la mort; à nier enfin qu'il y eut aucune deftinée, & à pré-tendre que toutes nos déterminations étoient en notre pouvoir. Ainfi toute la récompenfe des bonnes œuvres fe recueilloit, fuivant eux, dans cette vie.

2. La Secte des *Caraïtes*. C'étoient des Doc-teurs Scripturaires, qui rejettoient toute interpré-tation allégorique de la Loi, mais qui d'ailleurs fuivoient dans tout le refte les principes du Sad-ducéifme. Ils s'attacherent à l'Ecole de *Scham-mait*, perfifterent à ne reconnoître que l'Ecriture

H 7

Sainte

Sainte pour la régle de la foi, & n'enſeignerent effectivement que ce qu'elle contient.

3. La Secte des *Phariſiens*. Elle tira ſon nom d'un mot Hébreu qui veut dire *ſéparé*, ou *diſtingué*, parce qu'ils prétendoient en effet être fort ſupérieurs au vulgaire par leur ſcience qui ne conſiſtoit qu'en de fauſſes interprétations de la Loi, & par leurs œuvres méritoires, qui n'étoient que des obſervances cérémonielles, & des pratiques ſuperſtitieuſes. Ils parloient beaucoup de la Loi orale, & ſe vantoient d'en être rigides obſervateurs. Le Phariſaïſme fut principalement ſoutenu par l'Ecole d'*Hillel*. Ce n'étoit qu'une hypocriſie odieuſe, & digne des anathemes que le Sauveur lui a lancés. *Hyrcan* & *Alexandre* qui en comprirent ſans doute le danger, voulurent détruire la Secte; mais, après avoir été quelque tems ſur ſon déclin, elle reprit vigueur ſous *Alexandra*. Les éloges que les Phariſiens donnoient à la Loi morale étoient exagérés, & ils ſe trompoient en croyant que l'homme peut être juſtifié par l'accompliſſement parfait de cette Loi. Ils ſoutenoient la deſtinée, mais ſans détruire la liberté. Les récompenſes que Dieu accorde étoient, ſelon eux, proportionnées au mérite. Enfin, ſous de belles apparences de ſainteté, ils cachoient de très grands vices.

4. La Secte des *Eſſéniens*. C'étoit celle qui

s'é-

l'écartoit le plus des rites des Juifs. Elle dut
fon origine aux perfécutions des Rois de Syrie,
ou plutôt à l'invafion de *Cambyfe*. Les Effémiens
vivoient à la campagne, & dans des folitudes,
fans autels, ni temples, rendant à Dieu un culte
purement fpirituel. Leur genre de vie reffembloit aux inftituts monaftiques; ils avoient des
heures réglées où ils vaquoient à certains devoirs.
Le feptième jour étoit pourtant le plus folem-
nel pour eux. Ils enfeignoient que les ames ont
une affinité avec Dieu, qu'elles font foumifes à
un Deftin abfolu, & qu'il faloit obferver la Loi,
mais par des rites allégoriques. *Jofeph* & *Philon*
parlent d'eux fort au long.

5. Enfin on peut joindre à ces Sectes celle
des *Thérapeutes*, qui fleurit en Egypte, & qui é-
toit tout à fait monaftique. Sa doctrine étoit
un ramas de fpéculations, tirées en partie du Ju-
daïfme, en partie du Pythagorifme. Abandonnant leurs femmes, les Thérapeutes s'enfonçoient
dans des deferts, où ils paffoient leurs jours à
chanter des hymnes, à pratiquer des rites allégoriques, & à s'entretenir fur Dieu, fur l'o-
rigine du Monde, & fur d'autres matieres femblables.

§. 2.

Des tems qui ont suivi la destruction de Jérusalem & du Temple.

Ce que les Juifs avoient eu de Philosophie jusqu'alors, ne pouvoit porter ce nom que très imparfaitement, & ne ressembloit du moins en rien à la science acroamatique que les Philosophes enseignoient en Grece. Les Juifs seulement, pendant la captivité, & dans les divers lieux où leur dispersion les jetta, avoient recueilli diverses opinions de la Philosophie des Gentils qu'ils firent entrer par plusieurs voyes & en plusieurs manieres différentes dans le corps des dogmes sacrés de leur Religion.

Après la subversion entiere de la Capitale, la sagesse Judaïque se divise en *exotérique* & *esotérique*. La premiere n'a encore rien de commun avec ce que les Gentils nommoient *Philosophie exotérique*. Tout chez les Juifs reposoit sur le principe unique de la Tradition; & par conséquent ce n'étoit au fonds qu'une Théologie, dans laquelle les matieres qui sont du ressort de la Raison étoient perpétuellement confondues avec celles qui appartiennent à la Révélation. L'abus excessif des allégories ne permit sur-tout presque aucun usage de la Philosophie, & se trouva dans

une

une oppofition diamétrale avec l'application des régles de la faine Logique. Ce ne feroit donc pas la peine de faire mention de cette doctrine dans une Hiftoire de la Philofophie, fi l'on n'y trouvoit dans le moyen âge quelques notions du Péripatétifme qui s'y introduifirent.

Diverfes Ecoles fondées dans la Paleftine, & dont les plus floriffantes furent celles de *Jafna* & de *Tiberiade*, firent éclorre la doctrine Talmudique, qui eut pour principaux Auteurs les Rabbins *Jochanan, Gamaliël, & Jehuda* dit *le Saint*; après lefquels on a coûtume de divifer les Juifs en fept claffes. Parmi tous ces Docteurs il n'y en eut prefque aucun qui fe diftinguât par l'étude de l'Aftronomie & de la Philofophie. Ce fut vers l'an 170 de N. S. que l'on commença la compilation qui porte le nom de *Talmud*, & qui renferme la *Mifchna* de *Jérufalem*, & la *Gemara* de Babylone. C'eft un Recueil des Droits, des Loix, des Conftitutions, des Traditions Ecléfiaftiques, & de la Jurifprudence tant naturelle que divine. La *Gemara* fut achevée à la fin du feptième fiècle de l'Ere Chrétienne.

La doctrine qu'on nomme *Cabbaliftique* fe trouve renfermée dans des Livres myftérieux, intitulés *Happeliah, Habbahir, & Sohar*. Les Rabbins *Akibha & Siméon*, fils de *Jochaï*, la propagerent, mais en l'enfeignant comme une droctrine fecrete. Elle eut des perfécutions à effuyer

au troisième siècle, & en général elle fut longtems traversée en Orient, où à la fin le savoir
des Juifs & tout ce qui pouvoit contribuer à leur
illustration prit fin avec le XI. siècle.

Mais il y eut une doctrine *mixte*, ou compo-
sée des deux genres précédens, qui eut sur-tout
cours en Occident, où les Juifs furent plus en
état de s'appliquer aux études Rabbiniques & Cab-
balistiques. La Philosophie d'*Aristote* s'y mêla,
malgré les oppositions de plusieurs Rabbins. On
en trouve diverses preuves dans l'Ouvrage qui
porte le titre de *Cosri*, & le célébre Rabbin *Moïse Maimonide* y fut fort versé. Cette doctrine
mixte a beaucoup de rapport avec la Théologie
positive & morale, fondée sur l'explication de
la Loi divine, telle que les Juifs l'avoient jusqu'alors enseignée. Rabbi *Saadias Gaon* réduisit
cette positive en un système. *Moïse Maimonide*
lui donna un tour plus philosophique, & en fit
treize Articles de foi, auxquels il donna le nom
de *racines*. Dans la partie morale il y a un mêlange déplorable de l'Ecriture & de la Philosophie d'*Aristote*. Ce Rabbin enseigne que Dieu
est l'Etre suprême, qu'on peut le connoître par
ses attributs, qui ont été manifestés à ceux qui
ont joui du privilège de l'inspiration ; il donne
aux propriétés divines le nom de *lumieres* ; il reconnoit que Dieu gouverne, régle & amene tout
à l'exécution de ses desseins. Le decret de Dieu,

sui-

suivant lui, détermine les événemens, mais sans préjudice de la liberté, l'homme conservant toujours l'usage de la volonté, & le pouvoir de choisir. Les maux viennent du libre arbitre, sans que personne y soit nécessité par l'action divine, parce que tout les décrets sont conditionnels. Le Monde a été créé, les Anges sont revêtus de corps; le Ciel est animé; le terme de la vie est déterminé d'une maniere immuable; tous les individus tiennent des Astres les vertus génératives dont ils sont doués; c'est le *Destin Astral*. Il y a plusieurs classes d'Anges; & ces Esprits ont différentes charges & vertus; les mauvaises inclinations n'empêchent pas les bonnes œuvres, qui demeurent toujours telles par elles-mêmes; les Ames passent après la mort par diverses migrations, &c.

Les principes de la doctrine *esotérique* n'étoient pas tirés de l'explication littérale de l'Ecriture Sainte, mais ils dérivoient de notions philosophiques. C'est une entreprise fort difficile que celle de donner une histoire exacte de la Cabale; & plusieurs Ecrivains y ont échoué, faute d'avoir bien saisi la distinction entre ce qu'on appelle *Cabbale pure*, ou la tradition de la doctrine orthodoxe & secrete, & *Cabbale impure*, ou doctrine hétérodoxe. Il y en a aussi qui prétendent que la *Cabbale pure* existoit déjà sous l'œconomie de l'ancien Testament. Ce qu'il y a de constant,

c'est

c'eſt que les anciens Hébreux ont eu une méthode ſecrete ; mais ils ne s'en ſont ſervis que pour
enſeigner les dogmes qui ſont compris dans la Révélation. Quand le don de la Prophétie ceſſa,
cette méthode n'eut plus lieu ; & l'on y ſubſtitua
la tradition rituelle & morale. Les Juifs adopterent enſuite en Egypte la méthode allégorique
& la Philoſophie même de cette contrée, c'eſt-
à-dire, le ſyſtéme des émanations que nous a-
vons expliqué ci-deſſus, & qui conſiſtoit dans le
mélange des opinions de *Zoroaſtre*, d'*Hermès*, &
de *Pythagore*. Ils ajuſterent tout cela le mieux
qu'ils purent à leurs propres principes. Ce genre de doctrine avoit déjà cours parmi les *Thera-*
peutes ; & c'eſt celui que *Philon* a ſuivi. Ainſi
la Loi Judaïque fut altérée par les diverſes erreurs de la Philoſophie Orientale ; & la fureur des
allégories pouſſa cette altération au-delà de tout ce
qu'on peut imaginer. La crainte que les Juifs
eurent d'être diſperſés dans le ſecond ſiècle les
engagea à mettre cette doctrine par écrit ; & a-
lors le mélange fut toujours en croiſſant par
l'addition de diverſes idées tirées du Péripatétiſme
& des autres Sectes.

On diviſe ordinairement la Cabbale en *Théoré-*
tique & *pratique*. Celle-ci conſiſte dans un arrangement artificiel des noms divins, qui renferme des vertus magiques, & qui eſt propre à produire des effets merveilleux. La premiere eſt
une

une efpece de Métaphyfique facrée, tirée de l'Ecriture Sainte, & expliquée fuivant la tradition fecrete. On la divife encore en *littérale*, qui a pour objet un arrangement artificiel des mots de l'Ecriture Sainte, & *Philofophique*, dont nous avons proprement à parler ici.

Elle pofoit les principes fuivans. Rien ne fe fait de rien, pas même la matiere; & voilà pourquoi à proprement parler, il n'y en a point. Il n'exifte qu'un Efprit infini, qui eft Dieu, & de qui tout procéde. Le Monde eft fon effet *immanent*, & il en eft forti par divers degrés. Tout ce qui eft plus voifin de la fource des émanations, a une plus grande pureté. Dix émanations font iffues de la fource invifible, au moyen d'un premier *principiatum*. De ces dix fources fecordaires procédent les Mondes Cabbaliftiques, & l'ame elle-même. Tout doit retourner finalement à la fource primitive.

Le premier *principiatum* fe nomme *Adam-Kadmon*; c'eft le canal par lequel les chofes divines émanent & parviennent aux chofes inférieures, les rayons de la plénitude divine allant aboutir à un certain centre. La ligne de ces émanations fait defcendre vers nos régions inférieures. par un mouvement circulaire, les lumieres *féphirotiques*.

Les *Séphiroth* font des émanations divines: On peut les repréfenter fous la figure d'un arbre;

de

de la racine duquel dite *Eusoph*, sortent dix rameaux, savoir *la couronne*, *la prudence*, *la sagesse*, *la force*, *la beauté*, *la grandeur*, *la gloire*, *le fondement*, *la victoire*, & *le regne*.

Il y a quatre Mondes; le Monde *Azyluthique*, c'est celui des émanations; le *Briah*, ou celui de la création; le *Jezirah*, ou celui de la formation; & l'*Asiah*, ou celui de la fabrication. Ce sont-là autant de classes, ou de forces subordonnées aux émanations, & qui conduisent par gradation jusqu'au monde matériel.

Les *Esprits* sont d'un ordre différent, suivant les Mondes où ils résident. Dans l'*Azyluth* sont les *Séphiroth*, dans le *Briah*, les *Thrônes*; dans le *Jezirah*, le *Metatron* avec ses Anges; & dans l'*Asiah*, le *Sammaël* avec sa troupe. Les *Klippoth* sont les mauvaises écorces, ou les malins Esprits.

L'*Ame* est sortie de l'Entendement divin; & elle a quatre facultés, ou plutôt il y a quatre ames, qui sont comme des vêtemens mis l'un sur l'autre. On les nomme *Nephesch*, ou l'ame sensitive; *Ruach*, ou l'ame raisonnable; *Neschamah*, ou l'ame intellectuelle; & *Chajah*, qui est en liaison avec la Divinité. Les ames subissent diverses migrations.

ARTICLE III.

De la Philosophie des Sarrasins.

Les Sarrasins font des Arabes, qui habitoient d'abord les contrées Orientales, mais qui tirerent enfuite vers le Midi fur les côtes maritimes d'Afrique, & vers l'Occident en Efpagne où ils fe repandirent. On ne parle ici de leur Philofophie que depuis l'*Iflamifme*, ou l'établiffement de la Religion de *Mahomet*. Avant cette époque les *Sarrafins* vivoient dans une craffe ignorance, de l'aveu des Mahométans mêmes. On pourroit pourtant en douter, quand on fait attention à l'élégance de leur langage, à la beauté de leurs vers, à l'abondance & à la fineffe de leurs proverbes.

L'*Alcoran*, ou la nouvelle Loi de *Mahomet*, n'eft rien moins qu'un Livre philofophique; le faux Prophéte s'y fonde perpétuellement fur une prétendue Révélation. Les Sciences humaines font en quelque forte profcrites par cet Ouvrage & les Difciples de *Mahomet* ne fe font guères départis du principe, qui engagea ce barbare Calife de la famille des *Omniades* à faire périr dans les flammes la magnifique Bibliotheque d'Alexandrie; c'eft que fi tous ces Livres contenoient la même chofe que l'Alcoran, ils étoient inutiles,

&

& s'ils contenoient autre chofe, ils étoient con-
damnables.

Les Califes *Abbaffides*, ou *Hafchemides*, qui
regnoient au VIII. fiècle, fe montrerent plus
favorables aux fciences. *Almangor* fur-tout, dans
le IX, protégea les Philofophes, & en eut à fa
Cour qui exerçoient en même tems la Médecine.
Ce Prince fit auffi traduire plufieurs Livres du
Grec en Arabe. Après lui vint *Rafud* qui eut
des Philofophes Chrétiens attachés à lui, & auxquels il fit de grandes largeffes. Celui des Califes cependant qu'on peut regarder comme ayant
ouvert pleinement la porte à toutes les études
philofophiques, & qui porta les Arabes à s'y appliquer, auffi bien qu'aux Mathématiques, fous
la direéton de *Jean Mefve* de *Damas*, qui ouvrit une Ecole à *Bagdad*. c'eft *Almamon*. Il fonda
auffi de très belles Bibliotheques, & pouffant la ma-
gnificence dans ce genre au plus haut point, il
remplit tout de Philofophes. Ce fut vers ce
tems-là que les Ouvrages d'Ariftote furent traduits en Arabe, & que la Philofophie péripatéticienne acquit du crédit. Cet état floriffant
dura trois fiècles; mais enfuite les conquêtes
de *Tamerlan* & la férocité des Turcs ont plongé tout l'Orient dans l'ignorance. Les principales Ecoles philofophiques ont été à *Balfora*, à
Bachara, & à *Bagdad*; il en eft forti une très
grande quantité de Philofophes, qui fe font auffi
ré-

répandus chez les Perſes & chez les Scythes.

La Philoſophie a auſſi été en vogue au *Caire* & à *Alexandrie*, en Afrique & en Eſpagne. On la vit enſuite s'étendre dans la Mauritanie, la Lybie, & les contrées de *Cyrene* & de *Manna-ra*, ſous les auſpices des Princes de la famille des *Luntins*. Les Royaumes de *Fes* & de *Tunis* ſe ſignalerent par la ſplendeur de leurs Colleges & de leurs Bibliotheques. A *Fes* & à *Larrache* on donnoit de groſſes penſions à ceux qui enſeigno-ient la Théologie & la Philoſophie Scholaſtique. Le mélange des doctrines philoſophiques avec l'explication de la Loi de Mahomet a produit pluſieurs Sectes qui portent le nom d'*Alcalam*. Il n'y a eu aucune partie de la Philoſophie qui n'ait été cultivée par les Philoſophes de ces tems & de ces lieux. Les noms les plus célébres ſont ceux d'*Alkendi*, d'*Alfarab*, d'*Alaſhar*, d'*Alraſi*, d'*A-vicenne*, d'*Avenzoar*, d'*Avenface*, d'*Algazel*, de *Mophail*, d'*Averroes*, & de *Naſirrodin*.

Quant aux dogmes de la Philoſophie des Sir-raſins, on n'en peut faire remonter aucun à *Ma-homet*, homme ſans étude, & dont la Loi n'of-fre pas les moindres traces de connoiſſances phi-loſophiques: ce qui n'a pas empêché que dans la ſuite les Théologiens & les Philoſophes Mu-ſulmans n'ayent pris beaucoup de peine pour en donner des explications allégoriques, propres à y répandre un air de Philoſophie. Cela fit naî-

I

tre

tre un Syncrétifme qui dégénera en Athéifme.
On vit éclorre la ridicule Secte des *Parlans*, qui
n'étoient autre chofe que des Sophiftes, occupés
à difputer, & cherchant à introduire le Scepticifme par les vaines fubtilités de leurs difputes.
La Philofophie d'*Ariftote*, qui commençoit alors
à prendre le deffus, fut miférablement corrom-
pue; on la puifoit dans des Verfions infidèles;
& l'on y mêloit des hypothefes impies.　De là
nâquit l'*Averroïfme*.

ARTICLE IV.

De la Philofophie des Chrétiens.

Nous diftinguerons ici 1. les premiers Chrétiens, & 2. ceux du moyen âge.

§. I.

De la Philofophie des premiers Chrétiens.

Notre divin Sauveur & fes faints Apôtres n'ont
point été des Philofophes.　La lumiere qu'ils ont
apportée au monde eft toute célefte, & n'a
rien de commun avec les frivoles fpéculations de
la prétendue fageffe humaine.　On trouve fréquemment à la vérité dans les anciens Auteurs
Eccléfiaftiques le nom de Philofophie donné à la
doc-

doctrine Chrétienne, comme s'il pouvoit contribuer à en relever le prix. Mais cela venoit principalement de la perfuafion où l'on étoit que tout ce qu'il y eut de vérité, de beauté, & de fageffe chez les Gentils avoit été communiqué à leurs Philofophes par une infpiration divine du Verbe éternel; & que la Religion Chrétienne étoit par conféquent en droit de le revendiquer. Il s'eft même trouvé un affez grand nombre de perfonnes qui ont mis JESUS-CHRIST au rang des Philofophes, foit parce qu'il eft l'auteur & la fource de toute vraye fageffe, foit à caufe qu'il étoit au fait de l'érudition que poffédoient alors les Juifs, foit enfin parce qu'il a donné des enfeignemens publics à la façon des Philofophes. Mais c'eft un abus auffi déraifonnable que criminel de confondre ainfi fon augufte charge de Médiateur avec le caractère de Philofophe. Il en faut dire autant de la philofophie qu'on attribue aux Apôtres, comme s'il n'étoit pas fuffifamment connu, qu'ils n'avoient pas même une fimple teinture des Lettres, & qu'ils ont été redevables à l'Efprit divin de tout ce qu'ils ont dit & écrit. *St. Paul* eft le feul qui ait eu des connoiffances humaines; mais il a déclaré formellement qu'il y renonçoit, & qu'il les regardoit comme un folie, au prix de l'excellente connoiffance de la doctrine Evangelique. Ainfi c'eft en vain qu'on cherche des traces de Péripatétifme dans ces Epîtres.

Il demeure donc inconteſtable que le fondateur du Chriſtianiſme & ſes premiers diſciples ont
enſeigné une ſageſſe révélée, infiniment, ſupérieure à la ſageſſe du ſiècle. Pour ce qu'on appelle la *Philoſophie des Peres*, c'eſt-à-dire, des Docteurs de l'ancienne Egliſe, il faut uſer d'une extrême circonſpcction dans le jugement qu'on en
porte. D'abord on doit bien ſe garder d'attribuer à des hommes apoſtoliques ce qui leur a été
ſuppoſé par des Impoſteurs qui ont puiſé dans les
ſources infectées de la Superſtition Orientale
& Egyptienne. L'allégorie s'accrédita malheu-
reuſement dès le premier ſiècle, & fut avide-
ment reçue par une multitude de Sectes hérétiques, parmi leſquelles celle des *Gnoſtiques* tient
le premier rang. Le faux air de ſublimité que
ces allégories répandoient ſur les doctrines pour
l'explication deſquelles on les employoit, n'avoit
rien de commun avec la ſaine Philoſophie, beaucoup moins encore avec la vraye Religion, que
ſes légitimes Docteurs enſeignoient dans toute
ſa pureté, & parfaitement exempte de tout mêlange avec les opinions humaines. Dans le cours
du ſecond ſiècle la Religion Chrétienne fut em-
braſſée par pluſieurs Savans, fort attachés à la
philoſophie Grecque, & ſur-tout aux ſyſtêmes de
Pytagore & de *Platon*. La plûpart d'entr'eux ſe
ſervirent avec ſuccès de leurs connoiſſances pour
confondre l'impiété des Gentils, en les réſutant

par

par des argumens tirés du fonds même de leur Théologie & de leur Philofophie. Ils n'épargnerent aucune Secte, mais fur-tout ils en voulurent au Platonifme, qu'ils regardoient mal à propos comme l'unique fource de toutes les erreurs des Gnoftiques, qui venoient principalement, comme nous l'avons déjà remarqué, de la Philofophie Orientale. Il y eut pourtant, dès le même fiècle, des Docteurs qui crurent qu'on pouvoit raffembler les vérités éparfes dans les différens fyftêmes des Grecs, & en former un corps de doctrine propre à détruire entiérement le Paganifme. Cette idée fut à peu près régnante dans les fiècles III. & IV. On faifoit fur-tout beaucoup de cas de la févérité des Stoïciens en fait de Morale; & l'on s'imaginoit de pouvoir réuffir à former un tout de Philofophie éclectique, qui fût équivalent à la Réligion Chrétienne. C'eft en partant de ce principe que les Pères paroiffent fouvent approuver la Philofophie des Gentils, fur-tout celle de *Platon*, qu'ils croyoient avoir parlé de la Divinité de la maniere la plus fublime; mais pour le Péripatétifme & l'Epicuréifme, ils les détefterent. Ils n'adopterent pourtant pas le fyftême entier de *Platon*; mais ils fe fervirent affez imprudemment de plufieurs de fes idées, telles fur-tout que les propofoit la Philofophie reçue à *Alexandrie*, & ils s'efforcerent de les affocier aux myftères de l'Evangile.

C'eft

C'eſt de là qu'eſt venu le *Platoniſme* des Pères, qui a fait tant de bruit. Ce qu'il y a de vrai c'eſt que les Pères ne ſe ſont point donnés pour Philoſophes, & qu'en particulier ils n'étoient rien moins que bons Logiciens. La Phyſique ne leur étoit pas mieux connue; & ils ſe ſont trompés ſur pluſieurs points de la Morale (*). Mais rien n'a été plus funeſte à l'Egliſe, que la Philoſophie *Alexandrine*, ou *éclectique*; toutes les Héréſies des ſiècles dont nous parlons ici, lui doivent leur origine.

Parmi les Ecrivains qui ont acquis le plus de réputation en traitant ces matieres, on trouve d'abord *Juſtin Martyr*, qui de Philoſophe Platonicien devint Docteur Chrétien. Il ſe tira avec honneur de diverſes diſputes où il fut engagé avec le Philoſophe Cynique *Creſcent*, & avec quelques Péripatéticiens. *Tatien* fut ſon diſciple, c'étoit un Sophiſte de Syrie: après la mort de ſon Maître il eut la foibleſſe de pencher vers les Dogmes des Gnoſtiques, & ſoutint le ſyſtéme des émanations. *Théophile* d'Antioche & *Athénagore* s'occuperent à combattre les fables de la Mythologie Grecque. *Clément* & *Pantænus*, Docteurs de l'Ecole catéchetique d'Alexandrie, mêlerent dans ce qu'ils écrivirent en faveur du Chriſtianiſme

____

(*) Voyez les Ouvrages de M. *Barbeyrac* & de *Dom Cillier*, ſur la Morale des Pères.

me plusieurs choses tirées des doctrines Platonicienne, Stoïcienne, & Orientale. Mais personne ne se laissa plus gâter par l'étude de la Philosophie Alexandrine que le fameux *Origene Adamantius*, disciple d'*Ammonius Sacias*, personage d'une érudition consommée & d'une vertu austère, ne laissa pas de souiller la pureté de la doctrine Chrétienne en travaillant à y allier presque tout le système éclectique de son maître. Tout ce qu'il enseignoit, se réduisoit à dire que Dieu est la source de tous les êtres, qui en sont sortis par voye d'émanation, & que ces mêmes êtres y retournent en passant par différens degrès. Les autres Sectes du Paganisme eurent peu d'influence sur l'Eglise. *Anatolius* fut le seul qui ramena la Philosophie Péripatéticienne à *Alexandrie*. La route que les Pères du III. siècle avoient frayée, fut suivie dans le IV. par d'autres Apologistes de la Religion, tels que *Lactance*, *Arnobe*, & *Eusebe*. *Chalcidius* écrivit un Commentaire philosophique sur le *Timée* de *Platon*, où il ne mit rien qui puisse le faire reconnoitre pour Chrétien. Au V. siècle *S. Augustin* mérita d'être placé au rang des grands Philosophes. Il avoit été de presque toutes les Sectes, d'abord Péripatéticien, ensuite Manichéen, puis Académicien, de là il avoit suivi le Platonisme; à la fin il obéit à la grace divine, embrassa la foi orthodoxe, & en fut un des plus il-

luſtres défenſeurs. Il reſte pourtant bien des
reſtiges de Platoniſme dans ſes Ecrits. *Syneſius*,
étroitement lié avec *Hypatie*, qui profeſſoit la
Philoſophie éclectique, tout Evêque qu'il étoit,
mêla, de concert avec le faux *Denys*, quantité
d'abſurdités aux vérités ſacrées.

De la Philoſophie des Chrétiens du moyen âge.

En Occident les irruptions des barbares commencerent à introduire la barbarie dès les ſiècles V. & VI; il reſta peu de lumières qui jettaſ-
ſent quelque éclat, & le Conſul *Boëce* fut comme un Soleil au milieu d'elles.   Vers la fin
du VII. ſiècle la Philoſophie Alexandrine, reçue
parmi les Gentils, & introduite par *Origene* dans
l'Egliſe, eut une foule de partiſans parmi les
Moines; tandis que, hors des Cloîtres, *Ariſtote* commençoit à s'arroger la domination qu'il
pouſſa depuis ſi loin, & dont il fut principalement redevable aux ergoteries de ſa dialectique.
Philoponus & *Jean de Damas* furent les Ariſtoté-
liciens les plus eſtimés de ce tems-là.   Bientôt
après les incurſions des Sarraſins répandirent ſur
l'horiſon littéraire les ténèbres les plus profondes.
Quelques lueurs parurent ſe rallumer en Orient
dans les ſiècles IX. & X. *Photius*, Patriarche de
Conſtantinople, fut un Savant diſtingué; & l'Empereur *Conſtantin Porphyrogenete* protégea les Lettres.
Auſſi.

Auſſi-tôt on vit reparoître un eſſain de gens ſtudieux, dont les principaux furent *Pſellus*, les deux *Léons*, *Nicétas*, *Michel d'Epheſe*, *Nicéphore Blemmides*, *Grégoras*, *Grégoire Laphyte*, & *Michel Pſellus* le jeune, extrêmement verſé dans la Philoſophie Alexandrine.

Il n'en étoit pas de même en Occident; dès le VII. ſiècle les études y ſemblerent anéanties. *Grégoire* le grand proſcrivit celle des Mathématiques, fit brûler la Bibliotheque Palatine, défendit au Clergé toute littérature ſéculiere, & y ſubſtitua des compoſitions morales, qui étoient de vrayes rapſodies. Le Grec étoit parfaitement ignoré; on ne connoiſſoit que la dialectique de *S. Auguſtin*, & même ſans en faire uſage. Il n'y a guères qu'*Iſidore de Seville* en faveur duquel on puiſſe faire quelque exception. Au VIII. ſiècle le chant Eccléſiaſtique prit tout à fait la place de la Philoſophie; & celle-ci chercha un aſyle dans les Monaſtères de la Grande Bretagne. *Charlemagne* mérita le ſurmon qu'il porte par ce qu'il fit pour la reſtauration des Lettres, autant que par la gloire de ſes armes. Aidé des conſeils d'*Alcuin*, il érigea des Ecoles publiques d'où ſortirent pluſieurs Savans, mais dès le ſiècle ſuivant la méthode abſurde d'enſeigner fit de nouveau diſparoître toute l'hiloſophie, malgré les efforts que firent pour la ſoutenir quelques Empereurs, & en Angleterre le Roi *Al-*

 fredı.

fred. De grands hommes, guidés par la feule force de leur génie, percerent l'épaiffeur du nuage, & fe firent connoître. *Scot* dit *Erigene* fut un des plus renommés; & on le regarde comme le père de la Philofophie myftique. La barbarie étoit à fon comble aux X. fiècle; & cependant il produifit *Gerbert.* Le droit Pontifical nâquit au XI. & on y vit auffi *Fulbert* s'oppofer aux progrès de l'ignorance. Le Dialectique s'aiguifa de plus en plus, & fit fur-tout briller *Lanfranc* & *Rofcellin.* Les Ecoles retentirent de la doctrine d'*Ariftote*, mais avec très peu de fruit. La puiffance Eccléfiaftique s'affermit de plus en plus. Enfin l'on vit commencer le régne de la Philofophie Scholaftique proprement dite.

Son origine eft incertaine; il eft pourtant vraifemblabe qu'elle tire fa fource des Ouvrages dialectiques de *Victorin* & de *Boëthius*, qui furent publiés du tems de *S. Auguftin.* Si l'on veut diftinguer ici divers périodes, pareils à ceux du dévelopement du corps humain, & des autres corps organifés, celui où les femences de cette Philofophie furent jettées, fera le tems que nous venons d'indiquer, celui de fa conception peut être placé au X. fiecle, celui de l'accroiffement au XI. celui de la naiffance au XI. & celui de la la force au XII. Le premier âge va depuis le milieu du XI. fiècle jufqu'au milieu du XII. & l'on l'on y trouve le fameux *Abélard*, *Lombard*, *Pulleynus*, *Gilbert de la Porée*, *Pierre Comeftor*, *Jean de Salisbury*, *Alain des Isles*, *Alexandre Nellam*, & *Robert Capiton*. Le second âge s'étend depuis le milieu du XII. fiècle jufqu'à l'année 1330. Dans cet intervalle fleurirent *Albert le Grand*, *Thomas d'Aquin*, *Bonaventure*, *Pierre l'Efpagnol*, *Roger Bacon*, *Ægidius de Columna*, *Scot*, *Pierre d'Apone*, *Arnaud de Villeneuve*, &c. Enfin le troifième âge conduit jufqu'au renouvellement des Lettres, & fournit *Durand*, *Occam*, *Richard Suiffet*, *Buridan*, *Marfile ab Ingben*, *Gualterus*, *Burlæus*, *Pierre ab Alliaco*, *Hermann Weffelus*, & *Pierre Aureolus*.

Les Sectes des *Nominaux* & des *Réaux* firent beaucoup de bruit, & cauferent de grands troubles. Elles durent leur origine à la frivole queftion de l'univerfel avant la chofe, dans la chofe, & après la chofe, qui fut mife fur fe tapis dans le XI. fiècle par *Jean le Sophifte* & par *Rofcellin*. On comprend en général fous le nom de *Scholaftiques* tous les *Philofophes* qui ont vécu en Europe depuis le XI. fiècle jufqu'au XVI. & on défigne par là les Docteurs qui enfeignoient dans ces Ecoles publiques que *Charlemagne* avoit fondées par-tout où il y avoit des Eglifes Cathédrales, & qui dans la fuite furent confiées à la direction des Monaftères. Ces Docteurs emploient les artifices de la Dialectique pour enfei-

gner

gner les vérités de la Philofophie & de la Théologie. Comme ils tenoient cette dialectique
d'*Ariflote*, ils en vinrent à regarder ce Philofophe comme le feul guide qu'on puiffe fuivre, &
même comme un guide infaillible. Sa Métaphyfique fut prife pour un Syftême inconteftable;
on l'affocia étroitement à la Théologie, & à
toute la doctrine Eccléfiaftique. Les Sectes dont
nous avons parlé ci-deffus furent aux prifes longtems, violemment, & avec différens fuccès. Du
tems d'*Abélard* & de *Rofcellin* les Nominaux eurent tout à fait le deffus, mais ils ne le conferverent pas longtems, & furent bientôt opprimés.
Cependant les *Réaux* fe partagerent à leur tour
en diverfes factions, qui leur auroient caufé plus
de préjudice, s'ils n'avoient eu de grands hommes qui les maintinrent dans la fupériorité. Tels
étoient *Albert* le Grand, *Thomas d'Aquin*, &
Jean Duns Scot. Il fe paffa un tems affez confidérable pendant lequel on n'entendit pas feulement parler des Nominaux. Mais *Guillaume
Occam* un des efprits les plus fubtils de fon
tems, les reffufcita fi bien qu'ils remplirent toute la France & l'Allemagne. C'eft du fein de ces
agitations que fortit l'Académie de *Leypfig*. On
ne fe contenta pas de s'enrouer fur les bancs, &
de verfer des flots d'encre dans ces difputes; on
en vint plufieurs fois aux mains, & la fcene fut
enfanglantée.

L I.

LIVRE III.

Contenant l'Histoire de la Philosophie depuis le rétablissement des Lettres jusqu'à présent.

La Philosophie moderne, à compter depuis cette Epoque peut être divisée en *Sectaire* & *Eclectique*.

CHAPITRE I.

De la Philosophie Sectaire.

On appelle *rétablissement des Lettres*, l'heureuse révolution en leur faveur dont les commencemens se déveloperent dans les siècles XIII. & XIV. La Littérature Grecque & Latine fut alors cultivée par d'habiles gens qui la remirent en honneur. Tels étoient le *Dante*, *Petrarque*, & *Manuel Chrysolore*, qui eurent beaucoup de disciples, & qui ramenerent d'abord en Italie, & ensuite dans les autres contrées, le goût du sçavoir solide & de la vraye éloquence. La Philologie fournit des clefs, au moyen desquel-

les

les on put pénétrer dans les Ecrits des anciens Philofophes, lire & entendre les Originaux. *Chryfolore* vint en Italie l'an 1337. & y ayant établi fon domicile, il ranima le defir du Grec à un tel point qu'il eut une affluence incroyable d'Auditeurs. Ceux-ci s'étant enfuite difperfés par toute l'Italie, y porterent avec eux le goût de la Littérature Grecque, & firent de bonnes verfions des Philofophes qui ont écrit dans cette Langue. Ces femences reçurent des accroiffemens bien plus confidérables, lorfque la Ville de Conftantinople ayant été prife en 1453. par les Turcs, les favans Grecs qui prirent alors la fuite vinrent chercher un afyle en Italie, où les Princes des divers Etats de cette contrée les accueillirent libéralement; ceux de la Maifon de Médicis fe fignalerent fur-tout à cet égard. *Florence* devint une nouvelle *Athenes*; & le Duc *Cofme*, furnommé à jufte titre *le Grand*, n'épargna rien pour faire fleurir les Lettres, envoyant en Orient *Jean Lafcaris*, avec charge d'y acheter les meilleurs Manufcrits Grecs & fpécialement les Ouvrages philofophiques. Ces acquifitions mirent en état de repandre du jour fur la Philofophie, & de travailler à fa réformation. Le Pape *Nicolas* V. favorifa beaucoup cette entreprife, & fit en particulier travailler à une meilleure Verfion des Ouvrages d'*Ariftote*. La Philofophie Platonicienne, ou Alexandrine, trouva auffi

des

des Efprits difpofés à l'étudier & à l'éclaircir.

Mettrons nous à la tête des Réformateurs de la Philofophie *Raimond Lulle*, qui, dès le XIII. fièrle, entreprit ce travail, & ofa donner un nouvel art, ou fecret infaillible d'y réuffir ? C'étoit le plus grand de tous les vifionnaires. Après s'être tenu renfermé pendant fept mois dans une folitude, il entreprit divers voyages fous prétexte de travailler à la converfion des Mahométans, & dans d'autres vues auffi peu fenfées. Les Sarrafins en Afrique lui firent fouffrir d'affreux tourmens; & il n'y furvecût guères; étant mort en 1317. dans le voyage qu'il faifoit pour revenir en Europe. Jamais cerveau n'a conçu plus d'idées fanatiques, plus de paradoxes extravagans. Avec cela il avoit pourtant, & de la force de génie, & de vaftes connoiffances. Il paffe pour avoir été profondément verfé dans la théorie & dans la pratique de la Chymie; mais cela n'eft pas fuffifamment prouvé. Il fut furnommé *le Docteur très illuminé*. *L'Art Lulli-ftique* dont on lui eft redevable, eft une efpece d'*Ars inveniendi*, ou de Logique, dans laquelle il prétend donner les principes néceffaires pour penfer & raifonner d'une maniere qui conduife aux notions les plus univerfelles & à leurs diverfes combinaifons, & qui mette le poffeffeur de cet Art en état de traiter toutes fortes de fujets fans préparation, & pourtant à fond. De très

ha-

habiles gens ont eu du penchant pour l'*Art Lul-lifique*, parce qu'ils ont crû y trouver effective-ment les vrais artifices *heurifiques* qui feroient de la Logique une clef univerfelle, & en même-tems la route la plus abrégée pour arriver à la poffeffion de toutes les Sciences. Il y a donc eu depuis des Savans renommés qui ont été oc-cupés du foin d'étendre & de perfectionner cet art : & c'eft ce qu'ont fait fur-tout *Agrippa*, *Jor-danus Brunus*, & *Alftedius*. Mais d'autres, plus clairvoyans & plus judicieux, ont apperçu qu'il n'y avoit dans tout cela qu'un vain babil, une vérité ridicule, & des allégories infenfées : en forte que cet Art ne pouvoit faire que des Charlatans. C'eft ce qui l'a fait tomber à la fin dans le mépris & dans l'oubli. Ce ne font en effet que combinaifons incertaines, cercles arti-ficieux où les chofes font difpofées de façon qu'on peut à la vérité parler de tout, & foute-nir également le pour & le contre, mais par un pur entaffement de paroles, & fans le moindre fruit. On auroit donc eu tort de s'arrêter à ce moyen, bien plus propre à retarder le progrès des Sciences qu'à l'accélérer.

Le Dante fut un Savant bien plus eftimable, & on peut le regarder comme un Aftre dans la Littérature. *Florence* jouït fur-tout de fa lumiere. Il écrivoit parfaitement bien en François & en Italien : & il étoit grand Poëte. Ayant connu
la

la frivolité de la Philofophie Scholaftique, il fe jetta dans le Platonifme, dont les principes & les préceptes fe trouvent répandus dans fes Poëmes. Il traita auffi quelques fujets de Phyfique.

François Petrarque, difciple du *Dante*, s'attacha d'abord aux Humanités, d'où il paffa à l'Eloquence, à la Poëfie, & à la Philofophie Morale. Il excella dans tous ces genres, & acheva de retirer de la barbarie les Mufes tant Attiques que Romaines. Il eut des difciples qui devinrent fes imitateurs, & n'acquirent pas moins de gloire que lui. On diftingue parmi eux *Léonard Brunus, Aretin, Ange Politien, Hermolaus Barbarus, le Pogge, Bracciolin, François Philelphe, Janutius Mannettus, Nicolas de Cufa*, & d'autres en grand nombre, qui firent la gloire du XV. fiècle, & qui continuerent à donner des traductions des Philofophes Grecs.

Laurent Valla, homme d'un tempérament vif, & d'un caractère audacieux, s'oppofa de toutes fes forces, à la barbarie du langage, & aux faufes fubtilités des Philofophes. Il apporta des changemens très confidérables à la Dialectique d'*Arifteto*. S'étant déclaré pour la Morale d'*Epicure* cela lui attira de grandes perfécutions, furtout de la part du Clergé.

Rodolphe Agricola, étudia la Scholaftique à Louvain, mais s'en étant dégoûté, il alla s'inftruire en Italie dans la connoiffance des Belles-Lettres,

tres, auxquelles il joignit un cours de Philofophie fous *Théodore Gaza*. Appellé à *Heidelberg* pour y enfeigner les Humanités, il y travailla à la réformation de la Philofophie d'*Ariftote*, & publia une Dialectique.

Pour entrer à préfent dans le détail des faits qui concernent la Philofophie Sectaire, nous parlerons d'abord des premieres tentatives faites pour rétablir l'ancienne Philofophie, & enfuite des travaux particuliers qui eurent pour but, ou de reffufciter d'anciennes Sectes, ou d'en introduire de nouvelles.

ARTICLE I.

Des premieres tentatives faites pour le rétabliffement de l'ancienne Philofophie.

Elles eurent pour Auteurs les Grecs fugitifs, à la tête defquels nous mettrons *Jean Argyropule*, que la libéralité de *Cofme de Médicis* entretint & mit en état d'enfeigner la Philofophie Grecque en Italie. Cet exemple encouragea les compatriotes d'*Argyropule* à en faire autant; & bientôt toute l'Italie fut remplie de Philofophes Grecs.

Ce fut *Gemifthe Plethon*, natif de Conftantinople, qui jetta les premieres femences de la Philofophie Platonicienne, ou Alexandrine, en Ita-

Italie. Il se rangea à la Communion Latine; & retourna ensuite dans le Peloponnese. Il écrivit un Traité sur les Loix, où il suivit les idées de *Platon*; & cet Ouvrage fut brûlé. C'étoit un très savant personnage.

Bessarion étoit de *Trebizonde*. Il entra dans l'Ordre de S. *Basile*, & fut un de ceux qui travaillerent à l'Ouvrage de la réunion dans le Concile de Florence. Ayant été désigné Patriarche de Constantinople, il ne put parvenir à la possession de ce siège. Il se mit donc de l'Eglise Latine, & fut revêtu de la dignité de Cardinal, avec l'Evêché de *Tusculum*. Il remplit honorablement toutes les fonctions, ou commissions; dont il fut chargé, & mourut dans le tems qu'il étoit Légat en France. C'est sans contredit de tous les Grecs exilés celui qui eut le plus de savoir. Il étoit attaché à la Philosophie Alexandrine sans mépriser pourtant celle d'*Aristote*; & il avoit un projet de concorde entre les Platoniciens & les Aristotéliciens. Il réfuta un Auteur qui avoit calomnié Platon.

Marsile Ficin, qui jouït de la faveur & des bienfaits de *Cosme de Médicis*, en fut principalement redevable à la Philosophie Platonicienne, que ce Prince avoit apprise de *Plethon*. Aussi *Ficin* s'y livra-t-il tout entier, & passa sa vie à examiner, à corriger, & à traduire des Manuscrits Grecs. Il joignit pourtant à cette occupation

tion l'étude & la pratique de la Medicine. Savant précoce, il s'initia de bonne heure dans les myſtères de la Philoſophie Alexandrine, qu'il enſeigna enſuite à *Florence* à des jeunes gens d'une très grande eſpérance, parmi leſquels il y avoit des Allemands. S'étant fait connoître de plus en plus, il fut conſidéré & protégé par pluſieurs perſonnes du premier rang, & rendit des ſervices eſſentiels à la Philoſophie Platoniciennes, ſur-tout en donnant la meilleure Verſion Latine qu'on ait des Ecrits de *Platon* & de *Plotin*. Mais ſon extrème attachement à cette Philoſophie, fut cauſe qu'il en adopta auſſi les viſions & les chimères.

Jean Pic, Prince *de la Mirandole*, ſe rendit ſi illuſtre dans les Lettres qu'il paſſa pour le phénix de ſon ſiècle. Il avoit en effet un génie extraordinaire; & ſes voyages en France & en Italie, auſſi bien que la multitude incroyable de Livres qu'il lut, le remplirent d'une ſi grande érudition, & lui donnerent une connoiſſance ſi étendue des Langues, qu'il ſe rendit à *Rome*, pour y provoquer les Philoſophes de tout l'univers à une diſpute publique, quoiqu'il fut encore dans ſa premiere jeuneſſe. Lorſqu'il eut atteint l'âge viril, il renonça aux études pour s'enfoncer dans une retraite ſolitaire; enſuite il forma le deſſein d'aller prêcher l'Evangile. Cela annonçoit un défaut dans ſon cerveau, qui

hâ-

hâta fa fin. Il mourut à l'âge de 32 ans, après avoir été cruellement dupé par plufieurs Impofteurs, qui lui vendoient des Ouvrages Cabbaliftiques, Hermétiques, & autres femblables, comme de précieux Originaux, tandis que ce n'étoient que de groffières fuppofitions. Il puifoit dans ces Ouvrages un mêlange confus d'idées bizarres, qu'il s'efforçoit d'adapter au Platonifme. *Jean François de la Mirandole*, fils du frère de *Jean Pic*, eut auffi un grand attachement pour la même Philofophie.

Les Sectateurs d'*Ariftote* ne fe montrerent pas moins empreffés que ceux de *Platon*, à faire revivre la Philofophie de leur maître. Comme il n'exiftoit qu'une très mauvaife traduction de fes Oeuvres, faite fur la Verfion Arabe par ordre de *Frideric* II. ils travaillerent de toutes leurs forces à en procurer une meilleure; & ils furent principalement protégés dans cette entreprife par le Pape *Nicolas* V. Depuis ce tems-là les difciples d'*Alexandre d'Aphrodifée* & d'*Averroës* commencerent à fe multiplier en Italie, & oferent publier des dogmes dont la licence & l'impiété devinrent l'objet des cenfures Eccléfiaftiques. Cela engagea quelques autres Grecs à prendre la défenfe d'*Ariftote*, pour montrer qu'elle étoit plus pure & plus faine qu'on ne la repréfentoit, & qu'*Ariftote* méritoit même à cet égard la préférence fur *Platon*. De là nâquirent de grands

dé-

débats entre les Platoniciens & les Aristotéliciens:
& il s'alluma en Italie une guerre qu'on eut bien
de la peine à appaiser.

On ne sauroit en effet concevoir un plus violent éloignement & un acharnement plus implacable, que celui auquel se porterent dans le XV.
siècle les Philosophes d'Italie au sujet de la prééminence entre la Philosophie d'*Aristote*, & celle
de *Platon*. Le chef des Platoniciens, *Plethon*,
fit un ouvrage destiné à prouver que, par raport
à la piété & à la pureté des dogmes théologiques,
Platon l'emporte de beaucoup sur *Aristote*, dont
il donnoit l'idée la plus desavantageuse. *George Scholaris* entreprit la réfutation de cet Ecrit,
& en publia un autre, où il se proposoit de dé-
montrer que les sentimens d'*Aristote* n'étoient pas
fort éloignés de la doctrine Chrétienne. *Plethon*
reprit la plume, & se dechaîna de toutes ses forces contre cette réfutation: ce qui lui attira une
réplique plus sanglante encore. *Gaza* & *George
de Trébizonde* eurent aussi sur le véritable sens
d'*Aristote* des disputes dans lesquelles *Bessarion*
fit l'office de Médiateur. *Michel Apostolius* plaida
la cause des Platoniciens, & *Andronic Calliste*
soutint le parti contraire. Après la mort de
Plethon, *George de Trébizonde* renouvella ses attac-
ques contre le Platonisme, & continua à publier
des Ecrits où il faisoit la comparaison d'*Aristote*
& *de Platon*; ce qui arma tous les Platoniciens
con-

contre lui: & c'eft à cette occafion que parut l'Ouvrage plein de favoir de *Baffarion*, qu'il intitula *Contre le calomniateur de Platon*.

Théodore Gaza, le plus diftingué de ceux qui prirent la défenfe d'*Ariftote*, étoit un homme très verfé dans tous les genres de Littérature. Il quitta la Grece pour fe réfugier en Italie, où il s'occupa principalement à faire de bonnes traductions d'*Ariftote* & de *Théophrafte*. C'étoit avec cela un homme très éloquent.

George de Trébizonde, Crétois d'origine, & du nombre des fugitifs, enfeigna la Philofophie à *Venife* & à *Rome*, & fut Secrétaire du Pape *Nicolas* V. La trop grande aigreur qu'il répandit dans les Écrits qu'il compofa pour la défenfe d'*Ariftote*, lui fit perdre la bienveillance de fes Protecteurs: & il ne fubfifta vers la fin de fa vie que des bienfaits d'*Alphonfe*, Roi de Naples. C'étoit un vrai Savant, mais trop emporté.

George Scholaris, qui eft auffi connu fous le nom de *Gennadius*, étoit très verfé dans la Littérature Grecque. Il fit une figure confidérable au Concile de Florence. Ayant été élu Patriarche de Conftantinople depuis la prife de cette Ville, il acheva fes jours dans un Monaftère. C'étoit un Ariftotélicien à brûler, & par conféquent un ennemi juré des Platoniciens.

ARTICLE II.

Des travaux particuliers, qui eurent pour but de reſſuſciter d'anciennes Sectes, ou d'en introduire de nouvelles.

§. 1.

Des anciennes Sectes qui furent renouvellées.

La barbarie ayant cédé peu à peu aux premiers efforts dont nous venons de rendre compte, les eſprits ſe débarraſſerent de cette rouïlle dont ils avoient été infectés, les charmes du vrai s'offrirent ſous un point de vue attirant: on déteſta l'état honteux dans lequel on avoit ſi longtems croupi, & on ſe hâta d'en faire diſparoître, s'il étoit poſſible, juſqu'aux moindres traces. Dès la fin du XV. ſiècle, ce grand ouvrage étoit bien avancé en Italie, mais les choſes n'allerent pas ſi vite en Eſpagne, en France, en Allemagne, & dans les autres Etats de l'Europe. Les liens de l'eſclavage étoient ſi forts, que, malgré les ſoupirs amers que pluſieurs perſonnes éclairées pouſſoient depuis longtems, on eut une peine infinie à les rompre. Ce ne fut donc qu'après une longue ſuite d'efforts réitérés qu'on fit quelque attention aux conſeils & aux

inſinftructions de plufieurs Savans qui travaillerent de concert à diffiper les ténébres de leur fiècle. Tels furent en Allemagne *Reuchlin*, *Cufpinien*, *Dalburg*, *Vadian*, *Lazius*, *Peutinger*, &c. La liberté de penfer prit enfin le deffus, on fecoua le joug fous lequel elle avoit été accablée, on déclara la guerre aux puériles abfurdités & aux honteufes fuperflitions qui avoient exercé une fi longue tyrannie, & l'on ne s'occupa que de la recherche des remedes qui pouvoient guérir entiérement tous ces maux. Quelques hommes auffi fages que favans furent dans l'idée qu'il faloit tempérer l'amertume de ces remedes, & ne pas recourir aux plus violens, de peur que leurs effets ne fuffent pires que celui du mal. C'eft ainfi que penferent *Erafme*, *le Fevre*, *Vivès* & *Nizolius*, qui attaquerent la fauffe Philofophie Scholaftique par fes propres armes; le premier dans fon incomparable *Eloge de la Folie*; le fecond, en recommandant à la France *Ariftote* dans fa vraye pureté, & dégagé de tout le fatras de la Scholaftique; le troifième, par la compofition d'un Ouvrage, où ramenant toute l'élégance de l'ancienne Philofophie, il la fit fervir à tirer les beaux Arts de la décadence où ils étoient tombés, & à donner les régles néceffaires pour mieux enfeigner les Sciences; le quatrième enfin en joignant à d'excellens préceptes fur la maniere de bien écrire, & aux vrais

K

prin-

principes d'une faine Philofophie, fon propre exemple, c'eft-à-dire, l'élégance & la folidité de fes Ouvrages. Ceux qui fe propoferent pour but de réformer les doctrines théologiques, s'y prirent avec beaucoup plus de vigueur, & commencerent par les débarraffer de toutes les entraves de la fauffe Philofophie. Il y eut auffi plufieurs Ecrivains, qui, fans fe donner pour Philofophes de profeffion, mêlerent beaucoup d'ancienne Philofophie dans les Ouvrages qu'ils compoferent fur des matieres de Littérature, & affocierent très heureufement les connoiffances philologiques aux connoiffances philofophiques. On peut nommer ici avec éloge *Sadolet, Fracaftor, Agricola, Joachim Camerarius*, & quelques autres.

Quelques Ordres Religieux s'obftinerent à conferver le dépôt de la Philofophie Ariftotélicienne, revêtu de la forme Scholaftique, & ce ne fut prefque que dans l'Eglife qu'il demeura des Savans qui bien que doués d'un génie diftingué, aimaffent mieux, au milieu de la lumiere qui avoit été procurée par le rétabliffement des Lettres, fe veautrer dans le bourbier d'une doctrine auffi fangeufe que l'étoit la Scholaftique, que d'en fortir & de nettoyer les ordures dont ils s'y étoient fouïllés. C'eft proprement dans l'Hiftoire Eccléfiaftique qu'il faut chercher le récit des caufes qui les déterminerent à prendre ce parti. Cependant le degré même de lumiere dont ils re-
fu-

fuſoient de profiter les obligea du moins de ſe tenir ſur leurs gardes, & empêcha la plûpart d'entr'eux de philoſopher d'une maniere auſſi barbare & auſſi ſophiſtique qu'ils l'auroient fait ſans cela. Quelques uns même emprunterent, autant qu'ils l'oſerent, des nouveautés qu'ils mêlerent avec beaucoup de précaution aux doctrines qu'ils profeſſoient; de ſorte que la Philoſophie Scholaſtique déclina de jour en jour, tandis que la maniere éclectique de philoſopher ſe faiſoit toujours plus goûter, ſur-tout dans les contrées où régnoit une plus grande politeſſe. C'eſt ainſi que la barbarie & le joug des Sectes furent enfin détruis ſans retour.

Les *Dominicains*, ſectateurs de *Thomas d'Acquin*, furent regardés comme des gens d'une grande pénétration. *Dominique de Soto*, qui brilla beaucoup parmi eux, eſt le premier qui ait touché aux matieres de Droit naturel. *François de S. Victoria* pouſſa plus loin les mêmes recherches; *Chryſoſtome Invellus* joignit la Philoſophie Platonicienne à la Scholaſtique. *Dominique Bannez*, *Silveſtre Zanard*, & quelques autres s'acquirent de la réputation.

Les *Franciſcains*, attachés à *Scot*, formerent une Secte particuliere, diſtincte des Thomiſtes. On y remarque *Jean Ponzius*, *B. Maſtrius*, *J. Dalemandes*, *M. Meuriſſe*, *Cl. Fraſſenius*, &c.

Les Moines de l'Ordre de *Citeaux*, tourne-

rent

rent principalement leurs vues du côté de la vie afcetique, & furent par conféquent plus occupés de la pratique que de la fpéculation. Ils ne laifferent pas d'avoir d'excellens hommes, tels qu'*Ange Manriques*, *B. Gomes*, *Marfile Vafquez*, *Pierre d'Oviedo*, & en particulier *Caramuel Lolekowitz*, qui forma plufieurs projets, où il entroit beaucoup de paradoxe, & ne les conduifit pas à leur perfection.

Les *Jéfuites* tinrent à peu près le premier rang parmi tous les autres Ordres dans les études philofophiques ; & ils pofféderent des Religieux d'un grand favoir, comme *P. Hurtado de Mendoza*, *G. Vafques*, *Paul Vallius*, *Barth. Tellus*, *François Suarez*, *Ant. Rubius*, qui alla porter la Philofophie en Amérique, *Rodolphe d'Arriaga* qui enrichit la Scholaflique de quelques idées de la Philofophie moderne, *Fr. Alphonfe*, *Fr. Gonfalez*, *Em. Goes*, auteur de l'Ouvrage qu'on nomme *la Philofophie de Conimbro*, *Thomas Compton*, *Jean Riccioli*, grand Mathématicien, &c.

De la Secte des Péripatéticiens épurés.

Le vrai Péripatétifme fut la premiere des anciennes Sectes au renouvellement de laquelle on travailla dans ce tems-là. Il en faut chercher la caufe dans le degré fuprême d'autorité auquel la Philofophie d'*Ariflote* étoit infenfiblement par-
ve-

venue; de sorte que c'étoit la seule qu'eussent
apprise ces hommes illustres qui entreprirent d'a-
bord de ramener le goût des Sciences & des
Lettres. Les premiers progrès de la Philosophie
Platonicienne ayant été fort lents, tous les Savans consacrerent les efforts de leur Critique à
rétablir le texte d'Aristote, & à en bien expliquer le sens. Ils adopterent en même tems
quelques dogmes théologiques qui paroissoient
tenir à cette Philosophie ; & pendant presque
tout le cours du XV. siècle, ceux qui passerent
pour les meilleurs Philosophes avoient choisi *A-
ristote* pour guide, mais en se proposant de puiser
à la source même, & de rendre cette source la
plus pure qu'il seroit possible. Ce qui est assez
surprenant, c'est que la même chose arriva en
même tems dans les Ecoles des Protestans, où
Mélanchton, à l'exemple des Philosophes Ita-
liens, prétendoit qu'il ne faloit pas abandonner
Aristote, mais qu'on devoit travailler à l'éclaircir, & pour ainsi dire, à le purifier, après quoi
l'on pouvoit en toute sûreté regarder sa Philosophie comme un Arsenal, d'où l'on tiroit les secours nécessaires pour établir la Religion même,
& les armes propres à la défendre. *Mélanchton*
fournit la preuve de ce qu'il avançoit par d'excellentes Méthodes pour étudier les Sciences, qu'il
composa d'après les principes d'*Aristote*. Mais
ce louable exemple ne fut point suivi dans le XII.

siè-

siècle, qui fut un siècle de disputes & de subtilités métaphysiques. Peu à peu pourtant la Dialectique de *Ramus* tomba en décadence, jusqu'à ce qu'enfin la Philosophie Eclectique fut entiérement substituée à sa place.

Distinguons ici les partisans de l'Aristotélisme épuré en deux classes, savoir celle des Catholiques-Romains, & celle des Protestans.

Catholiques Romains.

Dans les commencemens on étoit fort embarrassé pour le choix des doctrines nouvelles qu'on associoit à la Scholastique ; car, pour peu qu'on s'écartât du chemin battu, on étoit sûr d'exciter l'envie, & de s'attirer des persécutions. Il y eut pourtant d'habiles gens qui eurent l'adresse requise pour se démêler de ce mauvais pas, par exemple, *Antoine Polus*, *Honoré Fabri*, *François Raffler*, & d'autres qui proposerent plusieurs opinions nouvelles en les discutant par voye de problème.

Léon Thomæus, le chef de ceux qui soutinrent généreusement la vraye & pure doctrine d'*Aristote*, étoit un disciple des Grecs, sous lesquels il s'étoit d'abord attaché à *Platon*, mais il se déclara ensuite pour *Aristote*, dont il enseigna la Philosophie à *Padoue* jusqu'en 1521. Il entendoit parfaitement le Grec.

P.

P. Pomponace, de *Mantoue*, difciple de *Trapolin*, fut profeffeur à *Boulogne*, & mourut en 1517. Il avoit un efprit brillant, & un génie fubtil; mais il étoit fort chancelant dans fes opinions, & il fe laiffa aller aux hypothefes les plus frivoles, & même les plus impies, qui deshonorent fes Ecrits. En voulant s'élever contre l'irréligion des Averroïftes, il tomba dans celle de la Philofophie Alexandrine, nia l'immortalité de l'ame, & remplit les Ouvrages qu'il écrivit fur les Enchantemens, fur le Deftin, &c. de ce qu'il y a de plus hétérodoxe dans la doctrine d'*Ariftote*. Auffi furent-ils brûlés. Il publia une Apologie, & fe foumit au jugement de l'Eglife. Il eut des difciples célébres, entr'autres *Hercule de Gonzague*, *Théophile de Folengo*, *Paul Jove*, & *Gafpard Contareni*, qui profiterent de fon favoir, fans donner dans fes écarts, auxquels *Simon Portius* feul fe laiffa aller.

Auguftin Niphus fut adverfaire de *Pomponace*, & le réfuta par ordre de *Léon X. Charles-Quint* honora *Niphus* de fes bonnes graces. C'étoit un homme très propre à fe produire dans le grand monde; mais il donnoit un peu trop de carrière à fa langue. Il enfeigna les Humanités, la Philofophie, & la Médecine, à *Naples* & à *Padoue*.

M. A. Majoragius fit ufage de fon éloquence pour expofer les dogmes de le Philofophie Péripatéticienne. Il fut Profeffeur d'Eloquence au

Col-

College de *Milan*; il enseigna depuis la Jurisprudence à *Ferrare*, & mourut en 1551. C'est un des meilleurs Interprêtes d'*Aristote*; la clarté de ses idées & la beauté de son stile concourent à le faire lire avec plaisir.

D. Barbarus étoit d'une famille Vénicienne, très illustre & dans cette République, & dans celle des Lettres. Il unit les Mathématiques à la Philosophie Péripatéticienne, dont il fut un zelé partisan. Il assista au Concile de *Trente*, & mourut en 1569.

J. G. Sepulveda, Espagnol, enseigna la Philosophie à *Boulogne*, & fut fort aimé d'*Albert Pio*, Prince de *Carpi*, dans la Maison duquel il vècut, jusqu'à ce que, de retour dans sa patrie, il eut une place à *Salamanque*, & fut honoré par *Charles-Quint* du caractère & de la fonction de son Historiographe.

Pierre Victorius se distingua beaucoup parmi les Critiques & les Philosophes Péripatéticiens du XVI. siècle. Il nâquit à *Florence*, y vècut, & y éprouva les effets de la libéralité de *Cosme de Médicis*. Il enseigna la Littérature tant Grecque que Latine, aussi bien que la Philosophie morale & civile suivant les principes d'*Aristote*. On le regarde comme un des meilleurs Commentateurs de ce Philosophe.

Jaques Zabarella n'eut pas son pareil dans l'explication de la Logique Aristotélicienne, suivant les vrais principes du Philosophe Grec. Il n'én'étoit pas éloquent, mais il avoit beaucoup de profondeur & de pénétration. Il répandit auffi du jour fur la Phyfique. Sa mort qu'il avoit prédite, arriva l'an 1559.

Alexandre & *François Piccolomini* furent deux frères qui acquirent de la célébrité. Le premier enfeigna pendant longtems l'Eloquence & la Logique, après quoi il eut l'Archévêché de *Patras*, qui ne le fit pourtant pas renoncer à l'étude de la Philofophie. L'autre, qui avoit été difciple de *Zimara*, enfeigna la Philofophie à *Perufe* & à *Padoue* avec de gros appointemens. Il mourut en 1604. à l'âge de 84 ans.

Il y eut trois Florentins du nom de *Strozzi*, *Cyriaque*, *Pierre* & *Jean Baptifte*. Le premier fut favant en Philofophie & en Architecture: & eut avec cela la réputation d'un très honnête homme. Il profeffa à *Boulogne*, à *Pife*, à *Pavie*, & mourut en 1565. Le fecond fe fit diftinguer parmi les peintres célébres du fiècle de *Léon* X, & le troifième fut un grand Poëte.

Jaques Mazorius conçut de très bonne heure le deffein de concilier les contrariétés des différens fyftèmes de Philofophie, & fe confacra dans la fuite tout entier à l'exécution de cette entreprife. Il compofa un Livre qu'il intitula *de la triple vie de l'homme*. Il avoit une mémoire prodigieufe. On lui donna de groffes penfions à *Ro-*

me

me & à *Ferrare* pour enseigner la Philosophie d'*Aristote*. Il mourut en 1603.

Hubert Gifanius, habile Jurisconsulte, grand Critique & Philosophe très célébre pour son tems, enseigna la Philosophie morale & civile en Hollande, & ensuite la Philosophie & la Jurisprudence à *Strasbourg*, à *Altdorff*, & à *Ingolstadt*. On fait beaucoup de cas de ses Commentaires moraux & politiques sur *Aristote*. Il termina sa vie en 1604.

Jules Pacius de Beriga, originaire de *Vicence*, fut un savant précoce, & donna de bonne heure des leçons de Philosophie & de Jurisprudence. Son humeur inquiète le conduisit dans une foule de contrées & de lieux, en Suisse, à *Heidelberg*, en Hongrie, à *Sedan*, à *Nimes*, à *Valence*, à *Padoue*, &c. La fin de ses courses & de sa carrière arriva en 1635. Il a écrit de bonnes choses sur la Dialectique.

André Césalpin, d'*Arezzo*, après avoir fait un voyage en Allemagne, fut Professeur à *Pise* & ensuite premier Médecin du Pape *Clément* V. Il exerça la Médecine avec une très grande réputation, & passa pour le plus habile Péripatéticien de son tems; mais on prétendit que sa Philosophie renfermoit un Athéisme caché.

César de Cremone, originaire de *Centi*, enseigna publiquement la Philosophie à *Ferrare* & à *Padoue*.

doue. Dans l'explication d'*Ariflote* il fuivit *Alex-andre.* C'étoit un homme d'un efprit vif & fou-ple, qui prenoit aifément toutes fortes de for-mes, & qui favoit accommoder fa Religion aux opinions du païs où il fe trouvoit.

Il en refte encore quelques uns, dont nous ne ferons qu'indiquer les noms, comme *Fr. Vico-mercatus*, *Louis Septalius*, *Ant. Montecalinus*, qui eut auffi du penchant pour le Platonifme, *J. F. Burana*, *J. P. Pernumia*, *J. Cottunius*, Grec, *Jafon de Nores*, Cypriot, *Fort. Licetus*, *Ant. Rocca*, *Fel. Accorombonus*, *Fr. Vallefius*, *J. Nun-nefius*, &c.

Proteftans.

Philippe Mélanchton, originaire du Palatinat, fit fes études d'abord à *Heidelberg*, & enfuite è *Tubingue.* Il fentit de bonne heure un grand mépris pour la Scholaftique; & s'étant mis à lire les anciens Auteurs, fur-tout les Grecs dans leur Langue; il fe forma le goût, & conçut le def-fein de réformer la Philofophie, & la maniere de l'enfeigner. Pour cet effet il foumit à l'examen la Dialectique d'*Agricola*; & ayant été appellé à *Wittemberg* pour donner des leçons publiques, les importantes affaires de la Réformation qui roulerent en grande partie fur lui, ne l'empêche-rent pas de continuer fon travail, & de faire tous

fes

ſes efforts pour chaſſer la barbarie, pour rendre à toutes les Sciences leur pureté & leur éclat, & pour engager à une lecture aſſidue des Anciens. Il écrivit divers Abrégés Philoſophiques, où il rétablit le véritable ſens de la Doctrine d'*Ariſto-te*, & rendit les préceptes de ſa Dialectique beaucoup plus utiles. Il recommandoit ſur-tout de joindre à ces ſecours les ſources même de la Philoſophie Grecque, afin de pouvoir faire ſoi-même un choix, & en tirer ce qu'elle contenoit de meilleur.

Simon Simonis, de *Luques*, enſeigna la Philoſophie & la Médecine à *Geneve*, à *Heidelberg*, & à *Leipſig*. Il paſſa enſuite à *Prague*, & de là en Pologne, où il fut dans les bonnes graces du Roi *Sigiſmond*. C'étoit un homme très inconſtant en fait de Religion, & qui s'attira pluſieurs Adverſaires, par leſquels il fut fort maltraité.

Jacques Schegkius, de Souabe, fut un des ornemens de l'Univerſité de Tubingue. Il avoit été diſciple de *Guillaume Bigot*, & fut un fort habile Médecin. Il joignoit la doctrine de *Galien* à celle d'*Ariſtote*, dans le véritable ſens de laquelle il étoit profondément verſé. En un mot c'étoit un très beau & bon Génie. Il devint aveugle vers la fin de ſa vie, & mourut en 1587. On peut lui aſſigner le premier rang parmi les Péripatéticiens en Allemagne.

Paul Scherbius étoit Suiſſe. Il fit beaucoup d'hon..

d'honneur à l'Univerſité d'*Altdorff*, où il enſeigna longtems avec la réputation d'un des plus doc-tes Profeſſeurs de ſon tems. Il avoit appris la Philoſophie d'*Ariſtote* en Italie, & ſon premier établiſſement avoit été à *Bâle*. Il fut auſſi Doc-teur en Médecine, & l'un des bons Interprêtes d'*Ariſtote*.

Nicolas Taurellus, de *Montbelliard*, cuillit des lauriers ſur le Pinde, & ne laiſſa pas de ſe dis-tinguer en qualité de Philoſophe & de Médecin. Il mourut de la peſte en 1606. C'étoit un eſprit excellent & ſa doctrine étoit très épurée. Il ap-perçut les erreurs capitales d'*Ariſtote*, les décou-vrit & les combattit dans ſes Ecrits. Il penchoit vers la Philoſophie Eclectique.

Erneſt Sonner, de *Nuremberg*, fit un voyage littéraire, dans le cours duquel il contracta des liaiſons avec divers Sociniens qui l'entraînerent dans leur Secte. Il enſeigna la Philoſophie na-turelle & la Médecine à *Altdorff* avec le plus grand applaudiſſement. Il a laiſſé des Commen-taires remplis d'érudition ſur *Ariſtote*.

Corn. Martini, d'*Anvers*, brilla au commen-cement du XVII ſiècle dans l'Univerſité d'*Helm-ſtaedt*, & y fut un des plus zélés défenſeurs de la Philoſophie d'*Ariſtote*, pour les intérêts de la-quelle il compoſa des Ecrits pleins de véhémence contre *Hoffmann* & les Ramiſtes. Il mourut en 1621.

K 7

Corn.

Corn. Horneius, de *Brunswick*, fut difciple de *Jean Cafelius*. favant d'une littérature très étendue. Il eut auffi *Martini* pour guide dans fes études, & joignit les belles-lettres à la faine Philofophie d'Ariftote. Il enfeigna d'abord la Philofophie, & enfuite la Théologie. Il poffédoit un vrai tréfor de littérature ancienne. Sa mort arriva en 1649.

Hermann Conringius eft le plus célébre Erudit du XVII fiècle. Né en Frife, fes talens furent précoces. Il apprit la Médecine à *Leyde*, & l'enfeigna enfuite à *Helmftaedt*, auffi bien que la Philofophie naturelle & la Politique. On peut le regarder comme le père du Droit public en Allemagne. Il fut très avant dans les bonnes graces de plufieurs Rois & Princes; & même dans celles des Empereurs. Il fuivit le fyftème Péripatéticien, mais modeftement, & en vrai Savant. Ayant fait une étude approfondie de l'Hiftoire, il l'appliquoit très heureufement aux matieres de Droit. Doué d'un jugement exquis, & d'un difcernement peu commun, il a détruit plufieurs erreurs; & la multitude de fes Ecrits n'a point été préjudiciable à leur fuccès. Il mourut en 1682.

Chriftian Dreier, & *Mel. Zeidler* peuvent être mis enfemble, comme ayant également illuftré l'Eglife & l'Académie de *Königfberg*. Le fecond fut difciple du premier. Ils pofféderent tous deux à fond la Philofophie d'*Ariftote*, à laquelle

ils

ils joignirent une très belle littérature, & une grande connoissance des Antiquités Ecclésiastiques.

Jaques Thomasius fut un véritable Astre entre les Péripatéticiens épurés. Né à *Leipsig*, il y étudia, & fit de grands progrès dans la Philosophie & dans l'Eloquence. C'étoit un de ces hommes qui n'ignorent rien. Il répandit sur-tout beaucoup de lumieres sur l'Histoire Philosophique. Il jouït du bonheur d'avoir des fils qui marcherent dignement sur ses traces, & de la gloire d'avoir instruit le grand *Leibnitz*.

L'Allemagne, la Suisse & les Provinces Unies produisirent encore dans ces tems-là plusieurs autres Savans qui soutinrent avec zele & connoissance de cause la vraye Philosophie d'*Aristote*, & qui l'enseignerent à *Geneve*, à *Leyde*, & dans d'autres Académies.

De la Secte Pythagoreo - Platonico - Cabbalistique.

Il y a eu des gens d'un rare savoir parmi ceux qui ont professé cette Philosophie; mais ils ne s'en étoient pas moins misérablement trompés en la choisissant & en s'y attachant. La source de leur erreur consistoit à s'imaginer qu'il y avoit un rapport admirable entre la doctrine Hébraïque & celle de *Pythagore*; & cela venoit de ce qu'ils ne possédoient ni l'Hébreu, ni le Grec, dans leur

pu-

pureté. Ainfi, quoiqu'ils débitaffent leur doctrine avec beaucoup de confiance, elle n'en étoit
pas moins chimérique; & l'on vit reparoître a-
lors toutes les abfurdités de la Philofophie Alexandrine. Mais, ce qui acheva de les égarer, ce
fut l'envie de pénétrer les prétendus myftères de
la Cabbale, pour l'explication defquels ils eurent
recours à des Impofteurs qui fe jouerent d'eux.
Cela les jetta dans une confufion d'idées, d'où
ils ne purent jamais fe tirer, & qui ne permit
pas à leur Secte de prendre une véritable con-
fiftance.

On peut rapporter l'origine de cette Secte à
la·haine que conçurent contre le Péripatetifme
divers Savans, qui s'appercevoient bien que ce
fyftème conduit à diverfes conféquences impies:
ce qui les rendit favorables aux principes de la
Philofophie Platonicienne, ou Alexandrine, dont
les Grecs fugitifs leur donnoient l'idée la plus a-
vantageufe. Mais, par malheur, on fe mit à
coudre à cette doctrine dejà affez erronée d'elle-
même, diverfes Traditions fuppofées par les
Juifs, & défignées fous le nom de *Cabbale*. Ce
genre de Philofophie paroiffant s'accommoder
mieux avec la Religion, les Princes de la Maifon de *Médicis* lui accorderent leur protection;
& il y eut à *Florence* une Ecole, ou Académie,
érigée pour l'enfeigner. La Chaire en fut principalement occupée par les difciples de *Marfile*
Fi-

Ficin, entre lesquels *François Catanæus Jaccetius* tint le principal rang. Quelques-uns de ces Docteurs ne s'écarterent pas beaucoup de la pureté du Platonisme ; mais d'autres l'altererent par le mélange de la Cabbale. Dans le cours du XVII. siècle, le Platonisme fut en vogue dans la Grande-Bretagne, & s'éleva avec force contre la doctrine d'*Hobbes* & des autres Matérialistes.

Le Patriarche de cette Secte est le célébre *Jean Reuchlin*, vrai restaurateur de la littérature, sur-tout Orientale en Allemagne. Il étoit de Souabe, & fit ses études à Paris. Les Grecs de *Constantinople* le mirent sur la route de la bonne érudition, à laquelle il joignit l'étude de la Jurisprudence dans les Universités de *Bâle*, d'*Orléans*, de *Poitiers*, & de *Tubingue*. S'étant fait connoître dans cette derniere à la Cour du Prince, il eut l'honneur de l'accompagner dans un voyage qu'il fit à *Rome*. Il apprit l'Hébreu dans cette Ville ; & ayant contracté d'étroites liaisons avec *Marsile Ficin*, & avec le Prince *de la Mirandole*, il embrassa la même Philosophie qu'ils professoient. Après son retour à la Cour Palatine plusieurs grands hommes se déclarerent partisans de sa doctrine. Ayant été chargé d'une commission de sa Cour à Rome, il employa une partie de son séjour dans cette Ville à se perfectionner dans le Grec sous *Argyropule*, & dans l'Hél'Hébreu fous un Juif. Revenu de nouveau en Allemagne il fe livra tout entier à l'étude de la Philofophie *Pythagoreo - Platonico - Cabbaliftique*, & compofa des Traités affez obfcurs *fur le Verbe merveilleux*. Son trop grand zele pour la Littérature Hébraïque l'expofa aux plus attroces perfécutions de la part des Docteurs de Cologne. Il fut revêtu d'une charge confidérable en Souabe; & pendant la guerre qui défola cette contrée, il fe tint à *Ingolftadt*, d'où la pefte le chaffa, & le fit revenir à *Tubingue*. Il mourut dans cette derniere Ville en 1512. à l'âge de 67 ans. C'étoit un rare génie; il avoit tout le favoir qu'on pouvoit acquérir de fon tems; fon fort étoit cependant la connoiffance des langues Hébraïque & Grecque; mais, *Pic de la Mirandole* l'avoit entiérement égaré dans les études philofophiques, & il s'étoit fié avec trop de crédulité à un grand nombre d'ouvrages fuppofés. Cependant il a joué un rôle très intéreffant, & qui a beaucoup influé fur la Réformation.

G. Venetus, de l'Ordre des Francifcains, eut de l'efprit jufqu'au prodige; mais l'envie démefurée qu'il eut d'appliquer la Philofophie Alexandrino - Cabbaliftique à l'Ecriture Sainte & d'en former une doctrine Syncrétique, le jetta dans les écarts les plus outrés du fatanifme. Il en fut féverement repris par le *P. Merfenne*.

H. C. Agrippa de Nettefheim, natif de *Colog-*

ne, eut beaucoup de travers dans l'esprit, & de disgraces dans la vie. Après avoir fait quantité de voyages, exercé diverses professions, & occupé des postes, où il fit preuve tantôt de courage, & tantôt de savoir, s'étant distingué dans les combats, dans les négociations, & dans les Chaires, il s'attacha sur-tout à la Philosophie dont nous parlons ici. Il pénétra parfaitement les mystères de la Secte Alexandrine, & auroit sans doute joui de toute sa réputation, s'il n'avoit excité contre lui la haine & les persécutions des Moines par les satyres piquantes qu'il fit de leur ignorance. Il fut réduit à la pauvreté, & endura plusieurs sortes de maux : l'indignation des Princes ayant été excitée contre lui par ses adversaires, il fut traîné en prison, & mourut à la fin à *Grenoble* en 1535. Le génie d'*Agrippa* fut précoce, & très étendu ; avec cela tout à fait subtil, & orné par la plus vaste lecture. Il étoit courageux, patient, ennemi de l'hypocrisie ; mais ces grandes qualités étoient obscurcies par des défauts plus grands encore. Le cœur de ce Savant étoit mauvais, rempli de vanité & de desirs de vengeance. Il aimoit à en imposer ; flottant entre le Scepticisme & le Fanatisme, il fut l'inconstance même, & en voulant être l'artisan de sa fortune, il se précipita dans toutes les disgraces qu'il eut à essuyer. C'est pourtant à tort qu'on l'accusa de Magie. Il fit

semfemblant d'expliquer cette prétendue Science dans fa Philofophie occulte; mais il eft conftant qu'il s'en moquoit, comme on le voit dans celui de tous fes Ouvrages qui eft le plus connu, favoir fon Traité *de la vanité des Sciences.*

Fr. Patricius rejetta les rêveries des Juifs, & s'en tint aux feuls Grecs. Né à *Clyffa*, en Illyrie, il mena pendant longtems une vie affez agitée jufqu'à ce que fixé au College de *Ferrare*, il y enfeigna de vive voix & par fes Ecrits, la Philofophie Platonicienne fuivant le fyftème Alexandrin. Il acquit de la réputation, & fe diftingua par la vigueur avec laquelle il combattit le Syncrétifme des doctrines de *Platon* & d'*Ariftote*. Il étoit ennemi juré de ce dernier, dont il examina la vie en critique. Il eut deffein de bâtir un nouveau fyftème. Il mourut à Rome l'an 1598.

Thomas Gate fe jetta dans le Platonifme par haine pour la Philofophie de *Defcartes*. Il publia une Philofophie générale, dans laquelle il ajouta modeftement aux dogmes de *Platon* ce qui lui parut néceffaire pour un fyftème complet. C'étoit un homme d'une lecture immenfe, mais qui n'avoit pas à beaucoup près autant de jugement que d'érudition.

Rad. Cudworth, Profeffeur de *Cambridge*, eut pour but principal de combattre les Athées & les autres Ennemis de la Religion, pour cet effet il crut devoir puifer fes argumens dans le Platonifme,

ne, & il étudia cette Philofophie à fond, comme on le voit dans l'important Ouvrage qu'il a publié fous le tire de *fyftême intellectuel.*

Henri Morus, Théologien de *Cambridge,* après avoir tâté de diverfes Sectes, s'attacha étroitement au Platonifme, auquel il affocia les dogmes Pythagorico-Cabbaliftiques, dans la perfuafion qu'ils contenoient la vraye fageffe des anciens Hébreux.   D'après ces principes, il fit une nouvelle Métaphyfique.

Parlons encore de quelques tentatives, deftinées à renouveller des Sectes moins confidérables.

De la Secte de Parmenide.

Fr. Telefio, de *Cofenza,* en fut le reftaurateur. Après avoir bien fait fes humanités, il alla étudier la Philofophie à *Padoue,* & s'appliqua en même tems aux Mathématiques, à l'aide defquelles il s'efforça de repandre du jour fur la Philofophie naturelle.   Dégoûté des termes vuides de fens dont la Philofophie d'*Ariftote* fourmille, il voulut fe frayer une nouvelle route, & foumit fes idées à l'examen des Savans qui fe trouvoient alors à *Rome.*   Il refufa le fiège Epifcopal de *Cofenza* qui lui fut offert; aimant mieux prendre une femme, & paffer fa vie à l'étude.   Devenu veuf, fon application à la Philofophie redoubla; & s'étant entiérement livré

à

à l'examen de celle d'Ariftote, il compofa une Ouvrage dans lequel il fe propofoit de la détruire. Ayant été appellé à *Naples* pour enfeigner la Philofophie, il y fonda une Académie, qui fut nommée *Telefienne*, ou auffi *Confentine*. Il mourut en 1588.

Sa Philofophie étoit en partie élenetique, en partie didactique; c'eft-à-dire qu'il s'occupoit à détruire & à édifier. Il pofoit avec *Parmenide* pour principes le froid & le chaud, auxquels il ajoutoit la matiere, dans un état purement paffif, & foumife à l'action des principes fufdits, qui fe repouffoient & fe chaffoient perpétuellement l'un l'autre; & c'eft par le moyen dé leurs divers degrés, ou rapports, qu'il prétendoit expliquer tous les phénoménes. Il avoit encore quelques principes particuliers, par exemple, que la Terre eft froide, que le Ciel eft lumineux, que les Plantes ont une ame, &c.

De la Secte Jonique.

Cl. Berigard, François, fe déclara pour elle. Après avoir étudié en Philofophie & en Médecine à *Paris* & à *Aix*, il fut d'abord Sécrétaire de l'Epoufe du Grand Duc de Tofcane, enfuite Profeffeur à *Pife*, & à la fin à *Padoue*. Il avoit beaucoup de feu dans l'efprit, & une très grande lecture tant des Auteurs anciens que des modernes.

nes. C'étoit avec cela un homme rufé & diffi-
mulé, qui découvroit rarement fes véritables
fentimens. On lui a pourtant fait tort en le
rangeant dans la claffe des l'éripatéticiens Athées.
Il eft vrai qu'il avoit expliqué & enfeigné à *Pife*
toute la Phyfiologie d'*Ariftote* d'une maniere qui
en rendoit, pour ainfi dire, l'impiété palpable;
mais il lui oppofa le fyftème Jonique, & en particulier la doctrine d'*Anaxagore*, faifant voir que
les erreurs en font beaucoup moins capitales, &
qu'il y a moins de rifque à admettre le Dieu
d'*Anaxagore*, que le premier moteur d'*Ariftote*.
C eft pour mettre ce parallèle dans tout fon jour
qu'il traita la Philofophie Jonique avec un grand
apparat d'érudition; mais il cachoit un penchant
au Scepticifme, qui étoit au fond le feul principe
auquel il fut attaché.

De la Sette Stoïcienne.

Jufte Lipfe entreprit de la faire revivre. Il
a fait une grande figure parmi les Savans & les
Beaux Efprits du XVII. fiècle. Né dans les Païs
Bas, il fit fes humanités à *Cologne*, & s'attacha
beaucoup aux Ouvrages de *Ciceron*, dans le deffein d'en imiter l'éloquence, qu'il abandonna
pourtant dans la fuite, pour la diction forte &
ferrée de *Tacite* & de *Seneque*. S'étant tourné du
côté de la Philofophie, il conçut autant de dégoût

goût pour les vetilles de la doctrine Scholaftique, que d'admiration pour les préceptes d *Epictete*, & pour les maximes de *Seneque* & de *Tacite*. Il étudia auffi la Critique & les Antiquités, fur lef-quelles il publia dès fa premiere jeuneffe des Ouvrages qui lui firent honneur. Il fit le voyage d'Italie pour augmenter le tréfor de fon érudition. Les troubles de la guerre le conduifirent à *Vienne* ; & après avoir fait quelque féjour dans cette Ville, il accepta une profeffion publique à *Jena*, mais il y renonça bien-tôt, & alla prendre à *Cologne* une femme dont la mauvaife humeur répandit beaucoup d'amertume fur fa vie. Reçu Docteur en Droit à *Louvain*, il fut appellé à *Lyon* pour enfeigner les belles-lettres, s'y rendit, & fe mit de la Communion Réformée, qu'il quitta bientôt après, auffi bien que la Ville de Lyon, pour s'aller jetter à Cologne entre les bras des Jéfuites, qui le recommanderent au Roi d'Efpagne, & lui firent obtenir une Châire à Louvain, avec de Gros appointemens. On ne fauroit refufer à *Jufte Lipfe* beaucoup d'efprit & de favoir; mais fon ftile eft trop affecté, & fi coupé qu'il reffemble à une fuite d'éclairs. Avec cela fon caractère étoit fort inconftant; & il avoit un grand penchant à la fuperftition. Outre ce qu'il a écrit fur les matieres de Jurifprudence & de Politique, il s'eft propofé de rétablir toute la doctrine Stoïcienne, tant à l'égard de la Phy-

fique

fique que de la Morale ; & fes Ouvrages fur ce fujet font remplis d'érudition.   Il n'eft pourtant pas également heureux partout.   Il n'a point faifi le véritable fens des axiomes du Stoïcifme ; & fe laiffant éblouïr par les grands mots que cette Secte prodigue, il n'a pas eu la circonfpection néceffaire pour découvrir & éviter le venin qu'ils recelent.   Ainfi prévenu, il a propofé comme des doctrines faines, pieufes & conformes au Chriftianifme les chofes les plus dangéreufes & les plus diamétralement oppofées à la Religion.   En Politique il voulut fe montrer éclectique ; mais ce qu'il écrivit en faveur de l'intolérance lui attira de fortes réfutations & de vives cenfures.   Il démentit les principes de conftance empruntés du Stoïcifme qu'il étala dans fes Ecrits, par l'inconftance qui régna dans toutes fes démarches fur-tout en fait de Religion.

G. Scioppius & *Th. Gataker* peuvent être regardés comme des difciples de *Jufte-Lipfe.*

De la Secte de Democrite & d'Epicure.

Ce n'eft prefque pas la peine de nommer un Profeffeur d'Italie nommé *Magenus*, qui fit un Ouvrage fur la vie & les écrits de *Démocrite*, dans lequel il fe propofa de rétablir dans la Phyfique la doctrine des Atomes fuivant les principes de

L

Dé-

Démocrite. Ce fut une entreprise manquée, & qui ne produisit aucun effet.

On auroit tort d'en dire autant des Ecrits de *Pierre Gassendi* Chanoine de *Digne*, un des plus estimables Philosophes de son temps. Aprés avoir été Péripatéticien, il embrassa la doctrine d'*Epicure.* Il fut Professeur de Mathématique à *Paris.* C'étoit un Savant du premier ordre tant par la force du génie que par l'étendue des connoissances: & ce qui lui fait encore plus d'honneur, il avoit le cœur excellent, & sa conduite étoit irréprochable. Il avoit lû soigneusement tous les Anciens, mais sur-tout les Philosophes & les Mathématiciens. Il n'eut garde d'adopter l'Epicuréisme dans toute son étendue; il avoit trop de sagacité pour n'en pas découvrir les absurdités & les impiétés; mais il crut que les principes de la Physique Epicurienne pouvoient être adaptés à la saine Philosophie, sans porter préjudice à la Religion. Il bâtit donc un édifice dont les atomes furent la base, & dans lequel il donna des explications si satisfaisantes, ou du moins si spécieuses, des principaux phénomenes, que plusieurs Philosophes goûterent cette doctrine, & la préférerent au Cartésianisme. Il y eut donc une Secte de *Gassendistes,* qui tint un rang honorable parmi les autres, & dans laquelle se distinguerent *Bernier, Neuré, Charleton,* &c. qui, sous les auspices de leur Maître, réformerent

&

& étendirent l'Atomifme avec un fuccès favorable.

De la Secte des Sceptiques modernes.

Il étoit impoffible que des efprits doués d'une certaine force, & jaloux fur-tout de la liberté de penfer, ne conçuffent du mépris pour toutes ces Sectes dans lefquelles on débitoit avec tant de confiance un fi grand nombre de chofes hazardées. Mais la difficulté confiftoit à tenir un jufte milieu, & à ne pas fe jetter, avec une précipitation auffi condamnable que celle des Dogmatiques, dans l'extrêmité oppofée du doute univerfel. Au lieu de chercher dans la voye éclectique les feules reffources propres à conduire à la vérité, on fe défia mal à propos des forces de l'efprit humain, comme fi elles étoient entiérement infuffifantes dans la recherche du vrai. Un préjugé plus dangereux que ceux qu'on vouloit détruire, rendit tout fufpect : & de là nâquit le nouveau Scepticifme, fort différent de l'ancien, & beaucoup plus dangereux que lui, par la liaifon dans laquelle on le mit avec le fanatifme. Voici comment. Pour remédier à cette prétendue impuiffance de la Raifon humaine, on imagina une vertu divine, qui rempliffoit l'ame, & l'illuminant de fes rayons céleftes, la conduifoit

à

à la connoiſſance de la Vérité. Cette doctriné reçut le nom de *Philoſophie*. Parmi ceux qui la profeſſerent, il y eut un grand nombre de Syncrétiſtes, qui en revinrent au projet chimérique de l'union de toutes les Sectes.

On feroit tort aux Sceptiques modernes, ſi l'on prétendoit qu'ils ſe font tous également propoſés le déteſtable but de paſſer l'éponge ſur toutes les Vérités, & en les détruiſant d'entraîner la Religion dans leur ruïne. Il y en a eu dont les vuës étoient plus pures, & les intentions plus droites. Les uns avoient ſeulement deſſein de réprimer l'orgueil de l'eſprit humain, & de confondre l'audace de ces Docteurs qui veulent faire paſſer les aſſertions les plus gratuites pour autant de propoſitions inconteſtables. D'autres étoient dans l'idée, qu'il n'y a point de moyen plus efficace pour la converſion des Hérétiques, que de les convaincre de la foibleſſe de la Raiſon & de leur en interdire l'uſage; ce qui les engagea à mettre le Scepticiſme en œuvre pour faire valoir l'autorité de l'Egliſe, & inculquer la néceſſité de la foi & de la Religion. Mais il n'eſt que trop manifeſte que la meilleure & la plus conſidérable partie des Sceptiques ne chercha dans l'établiſſement de cette doctrine qu'une reſſource en faveur de l'impiété, un inſtrument propre à détruire la Révélation. Il y en eut auſſi
qui

qui confondirent la foibleſſe de leur propre eſprit avec celle de l'eſprit humain en général. En un mot les vrais Sceptiques, qui ne doutent que par modeſtie, & qui ne demandent qu'à s'éclairer, furent très rares.

Tous les ſophiſmes groſſiers, toutes-les ſubtilités puériles des anciens Pyrrhoniens furent mis à l'écart par les reſtaurateurs modernes de cette Secte, qui comprirent bien que les tems étoient changés, & qu'ils n'acquerroient aucun proſélyte par de ſemblables voyes. Ils s'y prirent avec beaucoup plus d'adreſſe, commençant par faire ſentir les bornes étroites de l'eſprit humain, & exagérant enſuite les difficultés qui accompagnent la recherche de la Vérité, d'une façon qui les menoit à conclure que cette recherche étoit infructueuſe. Pour mieux dérober leur véritable but, ils firent ſemblant de s'en rapporter à l'autorité de la foi, & de ſe ſoumettre aux déciſions de l'Egliſe; mais dans le même tems ils propoſerent une infinité de doutes qui tendoient à ébranler la foi, & à invalider les decrets Eccléſiaſtiques. Leur grande occupation étoit de mettre la Raiſon aux priſes avec la Révélation, afin que détruiſant l'une par l'autre, il ne reſtât plus à l'homme aucun guide, aucun ſoutien. On ne ſçauroit cependant diſconvenir que les objections des Sceptiques n'ayent mis un frein à la licence dogmatique, & n'ayent engagé ceux qui auroient

avan-

avancé certaines chofes trop à la legere à fe tenir fur leurs gardes, & à prendre des précautions contre les juftes reproches de ces Adverfaires.

François Sanchez, Portugais, profeffa la Philofophie & la Médecine à *Touloufe*, & mourut en
1632.   Sentant bien que la Philofophie qu'il é-
toit obligé d'enfeigner, formilloit d'abfurdités
& de contradictions, il ne put s'empêcher de
l'attaquer par un petit Ouvrage fur la Science,
où il fe propofa de faire voir que nous ne favons
rien.

Jérôme Hyrnbacin, Abbé d'un Monaftère de
l'Ordre de Prémontré à *Prague*, fit auffi un Traité, qu'il intitula *de typho humani generis*, où, en
voulant attaquer la fauffe vanité philofophique,
il attaqua la Raifon même, & refufa à l'Entendement toute capacité de connoître le vrai.

Michel de Montaigne eft un des Ecrivains les
plus ingénieux, les plus féduifans, & par là même les plus dangereux en fait de Pyrrhonifme.
Ses *Effais* font un Ouvrage immortel.

François la Motte le Vayer, Précepteur du
Duc d'Anjou, mourut en 1686. Ses Ouvrages
font en grand nombre, & affez connus. Il
avoit une lecture prodigieufe, il écrivoit bien
pour fon temps. Mais, dans fes Dialogues Sceptiques, il a tourné les armes du Scepticifme
contre la Religion, en feignant néanmoins de
vou-

vouloir relever l'autorité de l'Eglife.

Pierre Daniel Huet de *Caen*, Evêque d'*Avran-ches*, a été un des plus favans hommes du fiècle paffé. Il poffédoit à fond les Langnes Latines, Grecques, Hébraïques, & toute la Philofophie, fur-tout celle des Anciens. Il fut ennemi déclaré du Cartéfianifme. Après avoir écrit la *Démonftration Evangélique*, il commença à répandre les femences du doute dans fes *Quæftiones Alnetanæ*; & à la fin de fa carriere, il fe déclara entiérement pour les principes de *Sextus Empiricus*, dans fon petit Ouvrage *fur la foibleffe de l'Efprit-humain*. Il mourut en 1719.

Pierre Bayle, né au *Carlat*, dans le Comté de *Foix*, eft ordinairement regardé comme un des plus grands Génies qui ayent jamais exifté; mais il n'en eft que plus condamnable pour avoir fait de ce génie le plus dangereux de tous les abus. Il fut d'abord Profeffeur à *Sedan*, & enfuite, après la révocation de l'Edit de *Nantes*, il fut pourvu d'une Chaire d'Hiftoire & de Philofophie à *Rotterdam*. Ses difputes avec M. *Jurieu* l'ayant fait priver de ce pofte, il vécut comme fimple particulier jufqu'à fa mort arrivée en 1706. On ne fçauroit fans injuftice lui refufer les éloges que méritent fa pénétration, fon fçavoir, fa maniere aifée d'écrire, & le nombre de chofes curieufes & intéreffantes qu'il a répanduës dans le grand nombre d'Ouvrages qu'il a publiés.

Son

Son *Dictionnaire* eft le principal; mais c'eft en même tems celui où le Pyrrhonifme eft établi de la maniere la plus fpécieufe, & la plus propre à féduire les Lecteurs qui manquent de principes. Jamais aucun Livre n'a plus gâté d'efprits que celui-là : & ce qui eft encore plus déplorable, le venin qu'il répand dans l'efprit, ne manque guères de paffer au cœur. C'eft donc en vain qu'on s'épuife en louanges, loifqu'il eft queftion de *Bayle* & de fes Ouvrages. Plus il y a répandu d'agrément & de fubtilités, plus il a fait de tort à fon fiècle & à la poftérité. Après cela, il s'en faut bien que fa Critique foit toujours exacte, & fes raifonnemens conformes à la faine Logique. Il n'a d'autre deffein que d'établir également le pour & le contre, c'eft-à-dire, de tout détruire. Il oppofe fur-tout fans-ceffe les vérités que la Raifon nous fait connoître, à celles que nous tenons de la Révélation; & le respect apparent qu'il témoigne quelquefois pour celle-ci n'eft qu'une ironie cruelle.

§. 2.

Des nouvelles Sectes qui furent introduites.

Nous en indiquerons trois; la Secte des *Philofophes Mofaïques*, celle des *Théofophes*, & une Secte *Syncrétiftique*, qui fe propofoit de concilier les autres. De

De la Secte Mosaïque.

La Philosophie de cette Secte eut pour but de mettre la Raison & la Révélation d'accord, principalement par rapport au récit que Moïse nous a laissé de l'origine du Monde, & de déduire ensuite delà l'explication des phénomènes de la Nature. C'étoit une idée chimérique. Les Livres Sacrés n'ont point été destinés à nous enseigner la Physique: toutes les instructions qu'ils renferment, tendent uniquement à tirer l'homme des misères du péché, & à le conduire au bonheur éternel. Les Philosophes Mosaïques n'ont donc fait en général autre chose qu'attribuer les rêveries de leur imagination à l'Esprit divin, sans qu'il en résulte rien qui puisse contribuer à étendre & à perfectionner les connoissances Philosophiques.

Le nom de *Mosaïque* fut donc donné à cette Secte, parce que d'habiles gens crurent trouver dans la Cosmogonie de Moïse des principes propres à l'explication des choses naturelles. On donna aussi à cette espece de Philosophie le surnom de *Chrétienne*. On peut compter au nombre de ces Philosophes, non seulement ceux qui ont eu dessein d'expliquer la Physique de *Moïse* par les principes mêmes de cet Auteur sacré, comme *Edmund Dickinson*, dans sa *Physique ancienne & nouvelle*, & *Thomas Burnet*, Professeur

de

de *Cambridge*, fort fupérieur à *Dickinfon*, & par le favoir, & par l'élégance, qui a laiffé dans fa *nouvelle Théorie de la Terre* un monument de la beauté de fon génie, & de l'étendue de fon érudition; mais encore ceux qui ont inventé des principes particuliers, dans le deffein de les accommoder au récit de la Génefe, comme *Jean Amos Comenius*, perfonnage dont la vie a été finguliere, & *Jean Bayer*, Miniftre Hongrois. Ceux-ci admettoient trois principes, la matiere, l'efprit & la lumiere.

De la Secte Théofophique.

Théophrafte Paracelfe, originaire de Suiffe, en fut l'Auteur. Après avoir fait de grands voyages en Afie, en Afrique, & en Amérique, s'étant initié aux myftères de la Chymie, il occupa une Chaire de Profeffeur à *Bâle*; mais il la quitta bientôt; & fe vantant de poffeder de rares fecrets, il courut le monde pour offrir à ceux qui vouloient s'en fier à lui la Médecine univerfelle, qu'il faifoit confifter dans le *Laudanum* & dans l'*Azoth*. Après avoir longtems erré, il mourut en 1541. Il avoit affurément un génie peu commun, & une grande expérience : auffi eut il beaucoup de réputation, mais elle fut fouïllée par bien des écarts, & même par de grands vices. Il a vu bien des chofes en Chymie, fur

lef-

lefquelles il a fait ouvrir les yeux aux autres. Sa vanité étoit infupportable; c'étoit tout enfemble un grand impofteur & un vrai fanatique. Ses difciples, *Dornæus Toxites*, *Crollius*, &c. n'ont guères mieux valu que lui, & leurs Ecrits font très defagréables par l'obfcurité & les autres défauts de leur ftile.

C'eft à *Paracelfe* que nous rapportons l'origine du Syftême Théofophique. Il prétendit que Dieu enfeignoit la Philofophie à l'homme par une lumiere intérieure, qui étoit imprimée à toutes les chofes. fublunaires. Il croyoit que tous les élémens ont leurs habitans; qu'il y a trois principes des chofes, le fel, le fouffre & la liqueur, que l'efprit vient des Aftres, &c.

Robert Fludds, Docteur en Médecine à *Londres*, eut un tour d'efprit très fingulier. Il ne parloit que de myftères, de cabbale & de magie, prétendant ne rien ignorer de tout ce que ces Sciences anciennes & modernes ont de plus fecret. Il pofa deux principes, le *feptentrional* d'où procede la condenfation, & l'*auftral* qui produit la raréfaction. Il admettoit des Intelligences innombrables.

Jaques Boehm, furnommé le Philofophe d'Allemagne, étoit un Cordonnier de *Goerlitz*. Il eut des extafes qui le jetterent dans le Syftème Théofophique. C'étoit un franc enthoufiafte; le defordre regne dans fes Ecrits; toute fa doctrine a

L 6

pour

pour bafe l'illumination immédiate. Il y a pourtant une force d'imagination extraordinaire dans
fes Ouvrages.   Dieu eft, felon lui, l'effence des
effences, & tout vient de lui. Les générations
des chofes font éternelles, & fe font par des ef-
péces de jailliffement, &c. On a attribué à *Boehm*
bien des Ecrits qui ne font pas de lui. Il mourut
en 1624.

Jean Baptifte van Helmont, de *Bruxelles*, fut
un Médecin & un Chymifte très célébre. Il a
beaucoup employé l'action du feu, par le moyen
de laquelle on prétend qu'il a effectué des chofes merveilleufes.   C'étoit inconteftablement un
grand génie, & un homme d'un profond favoir,
fur-tout en Chymie. Mais l'envie de fe fingularifer & de fe diftinguer lui faifoit chercher des routes extraordinaires, & il afpiroit à la gloire d'ê-
tre l'Inventeur d'un nouveau Syftème qui réunit
la Philofophie, la Théofophie & la Médecine. Il
étoit ennemi implacable de la Philofophie d'*Ariftote*.   Il avoit imaginé un premier principe qui
conftitue l'effence de toutes chofes, auquel il
donnoit le nom d'*Archée*, & dans lequel exiftoient deux principes fubordonnés, *l'air vital*, &
l'image feminale. L'année 1644 fut la derniere
de fa vie.

Pierre Poiret, de *Metz*, avoit d'abord em-
braffé l'Etat Eccléfiaftique; mais il y renonça, &
fe retira à *Rheimberg*, où il s'attacha d'abord au
Car-

Cartéfianifme, après quoi il fe jetta dans le fanatifme de la Demoifelle de *Bourignon*. Ses Ouvrages roulent fur la Théologie Myftique. Dans
ceux qu'il a intitulés *de la triple érudition*, *& des
penfées raifonnables*, il dérive la vraye fageffe de
la lumiere intérieure de Dieu.

Joignons à tous ces Théofophes la Confrairie
de la *Rofe-Croix*, qui paffa dans le XVII. fiècle
pour une Société Théofophique, mais qui n'a
jamais exifté que dans l'imagination échauffée de
quelques gens de lettres, ou plutôt qui fut une
fiction par laquelle trois Savans plus judicieux que
les autres fe moquerent de ceux qui donnoient
dans ces chimères. On prétendit que cette Confrairie poffédoit des fecrets merveilleux de Chymie
& de Médecine.

En général le fyftème Théofophique ne peut
être regardé comme appartenant à la Philofophie,
dès qu'il n'admet d'autre principe de connoiffance
qu'une lumiere, ou illumination intérieure, par
laquelle la Raifon eft dépouillée de toutes fes
droits, & privé de toutes fes fonctions.

Du Syftème des Syncrétiftes.

C'eft un mal bien ancien dans la Philofophie
que le Syncrétifme; & c'en eft auffi une des plus
dangereufes peftes, rien n'étant plus propre à
répandre partout l'obfcurité & la confufion que
                    l'en-

l'envie de rapprocher des idées qui font réellement en Contradiction les unes avec les autres.

Il y eut des Conciliateurs qui fe propoferent l'union de l'Ecriture Sainte avec les dogmes des différentes Sectes Philofophiques. On peut mettre à leur tête *Guillaume Poftel*, perfonnage bizarre, ou plutôt extravagant, quoique d'un très grand favoir. *Huet, Panfa, Steuchus Eugubinus, Pfannerus*, & quelques autres ont travaillé à la même conciliation.

Quelques tentatives eurent pour objet la conciliation de diverfes opinions particulieres, par exemple, de *Paracelfe* avec *Galien* & *Ariftote*, à laquelle travaillerent *J. A. Wimpinæus* & *Daniel Sennert*; des Anciens avec les Modernes, qui occupa *Jean Baptifle Driffamel*; des Platoniciens & des Péripatéticiens, fur laquelle roulerent les Ecrits de *Scalichius*, de *Cantperius*, & de *Fox*, des Ramiftes & de ceux qu'on nommoit *Philippico-Ariftotéliciens*, qui fut tentée par *Keckermann*; & enfin celle de la Philofophie éclectique moderne avec l'ancienne, qui fut pouffée auffi loin qu'elle peut aller par un très favant Profeffeur d'*Altdorft*, nommé *Chriftian Sturm*.

Il ne faut pas omettre quelques Docteurs qui propoferent la rejection entiere de toute Philofophie. Tel fut *Daniel Hoffmann*, Profeffeur en Théologie, qui foutint que la lumiere naturelle eft en oppofition avec Dieu, que la Philofophie eft

eſt ennemie de la Théologie, que c'eſt l'ouvrage
de la chair, .&c. La controverſe s'échauffa, &
fut pouſſée ſi loin que *Hoffman* perdit ſa place. Le
Juriſconſulte *Wendenhagen* prit ſa défenſe, & la
Cour de *Brunswick* eut beaucoup de peine à aſ-
ſoupir cette querelle, que *Wenceſlaus Schilling*
renouvella encore depuis avec beaucoup de chaleur.

CHAPITRE II.

De la Philoſophie Eclectique.

Commençons par diſtinguer cette Philoſophie
Eclectique moderne, la ſeule digne de ce
nom, d'avec l'ancienne qui n'aboutiſſoit qu'à ce
Syncrétiſme dont nous avons tant de fois parlé
avec le mépris qu'il mérite. Les nouveaux Philoſophes, dégoûtés du fatras de la Secte Alexandrine qui avoit eu la vogue ſi longtems, & à tant
de repriſes, comprirent que, pour cultiver la Philoſophie avec ſuccès, il faloit avant toute choſes ſe dépouiller de tout préjugé & de tout eſprit
de parti, pour conſulter tranquillement la Raiſon, comme le ſeul guide auquel on puiſſe recourir dans ces matieres. Ils travaillerent à déduire des notions qué cette Raiſon noùs fournit
des principes clairs & certains, propres à conduire à des concluſions auſſi évidentes. En ſuivant

cet-

cette voye, on ne reconnut pour vrayes aucunes des opinions des anciens Philofophes qu'autant qu'elles purent fubir la pierre de touche de l'examen, & fatisfaire à la rigueur des démonftrations. Cette maniere de philofopher, que les Auteurs des anciennes Sectes avoient entrevue, mais que l'orgueil ou la pareffe leur avoient fait rejetter, s'introduifit au XVII. fiècle ; mais elle ne fut conduite à fa perfection qu'après bien des efforts, vû les profondes racines qu'avoient jetté les Sectes dominantes. A la fin le concours de divers grands Hommes, que la Providence fit naître à peu de diftance l'un de l'autre, donna aux études philofophiques la netteté & la folidité que nous y admirons aujourd'hui. De ces grands hommes les uns embrafferent toutes les parties de la Philofophie, tandis que d'autres s'attacherent feulement à quelcune en particulier.

§. I.

De ceux qui travaillerent à perfectionner toutes les parties de la Philofophie.

Le mérite & les fervices des Philofophes que nous allons paffer en revue ne font pas à beaucoup près égaux : & il y en a quelques-uns dont nous ne faifons mention qu'à caufe de leur célébrité.

Jof-

Jordanus Brunus.

Il étoit d'une extraction obfcure, originaire de *Noles*, dans le Royaume de Naples. Il s'inftruifit de bonne heure dans la Philofophie ancienne & dans les Mathématiques. Son génie naturellement élevé lui fit méprifer les préjugés regnans. Etant entré dans l'Ordre des Dominicains, il ne put s'accommoder des opinions reçues, & ayant quitté le Couvent auffi bien que fa Patrie en 1582. il féjourna fucceffivement à *Geneve*, à *Lyon*, à *Touloufe*, & à *Paris*. Il fut pourvû d'une place de Docteur public dans cette derniere Ville, & y compofa des Ecrits contre la Philofophie d'*Ariftote*. Il abandonna de nouveau fon pofte, & paffa en Allemagne, où il s'arrêta à *Wittemberg*, & y revint à la charge de toutes fes forces contre la doctrine Péripatéticienne. Après avoir enfeigné l'*Art Lulliftique* pendant deux ans à *Wittemberg*, li alla à *Helmftaedt*, & à *Francfort*; de là dans la Grande Bretagne, d'où il paffa en Italie, & débita d'une maniere fort hardie à *Padoue* quantité de paradoxes, attaquant en même tems la Cour de Rome. Cela fit qu'il fut arrêté en 1598 comme Apoftat de fon ordre, & envoyé à Rome. On l'y tint pendant deux ans en prifon; après quoi il fut brûlé vif en 1600. C'étoit un Philofophe d'un efprit admirable; mais il aimoit trop à fe

fin.

fingularifer, & ne tenoit pas affez en bride la fougue de fon imagination. L'inconftance de fon caractère & les travers de fon humeur rendirent fa vie malheureufe & fa fin tragique. Il avoit non feulement beaucoup de lecture & de favoir, mais encore un degré fupérieur de pénétration, qui lui fit découvrir, ou du moins entrevoir plufieurs vérités importantes, à la pleine conviction defquelles on n'eft arrivé que dans ces derniers temps. La grande admiration qu'il avoit pour la méthode Pythagoricienne, le rendoit obfcur, & par là même incapable de réformer la Philofophie avec fuccès. Il a laiffé plufieurs Ecrits qui font tous fort rares. Les principaux ont pour titre; *De infinito uno*, *monado*, *minimo*, & *Beftia triumphans*.

Sa Philofophie repofoit fur les principes de l'Atonifme, mais il n'y attachoit pas le même fens qu'*Epicure*. Sa doctrine étoit plutôt *femi-pythagoricienne*, & en général il fe piquoit d'ufer de la liberté éclectique. Le grand nombre de nouveautés qu'il propofa fans ménagement l'expoferent à l'accufation d'Athéifme, dont il fut la victime. Il écrivit en vers fa Philofophie, dont les principes font très obfcurs par eux-mêmes, & à l'égard defquels il lui arrive fouvent de varier; deforte qu'on ne fauroit déterminer avec certitude qu'elles ont été fes vrayes opinions. Il ramena l'ancien fyftème des émanations en confor-

formité duquel il reconnoiſſoit une ſubſtance unique, avec cette différence qu'il ne l'admettoit
pas formellement, mais radicalement; c'eſt-à-dire
que, ſelon lui, il n'y a qu'une ſource de ſubſtance, de laquelle ſortent les ſubſtances ſecondaires,
ou phyſiques, qui ſont les atomes; l'ame du
monde, qui découle de la Divinité, étant le lien
univerſel. Cela rend tous ſes actes néceſſaires. Il
y a des émanations infinies, des mondes infinis
& univerſels; un ſeul être immobile, éternel, infiniment émanant, qui eſt la matiere des choſes.
La nature unit tous les êtres (*).

Jerôme Cardan.

Il nâquit en 1501 à *Milan*, d'une famille honorable. Son enfance fut traverſée par de cruelles
maladies. Lorſqu'il fut en état de recevoir des
inſtructions, ſon père lui donna les premieres, &
l'envoya enſuite à l'Univerſité pour étudier en
Médecine. Il fut reçu Maître ès Arts à *Padoue*.
S'étant enſuite établi à *Savone* pour y pratiquer
ſon art, il y fit un mariage très malheureux à
tous égards, & par le mauvais caractere de ſa
femme, & par les déréglemens des enfans qu'il
en eut. Revenu dans ſa Patrie, il y obtint une
Chaire

____

(*) Voyez les *Entretiens ſur divers ſujets d'Hiſtoire &*
de Littérature, par M. *La Croze.*

Chaire de Profeſſeur en Médecine avec de bons appointemens; mais, n'ayant pas ſçu ſe maintenir dans ce poſte, il fut aux priſes avec la pauvreté, & eſſuya une très fâcheuſe deſtinée. Il fut enſuite appellé en Ecoſſe pas *Edouard*; mais il n'y demeura guères, repaſſa à *Bologne*, & ſe rendit de là à Rome où il acheva ſa vie l'an 1576. dans un véritable état de délire! Il y avoit en lui un mélange ſingulier de ſageſſe & de folie. Son eſprit étoit fort vaſte, mais ſon orgueil étoit démeſuré. Il y joignoit une grande avarice, & une inconſtance prodigieuſe. Il a tracé lui-même ſon caractère au naturel en écrivant ſa propre vie. Les vanteries les plus incroyables ne lui coutoient rien. En un mot il n'y a que la folie qui puiſſe un peu le diſculper; mais il ne laiſſoit pas d'être un des plus ſavans hommes de ſon ſiècle. Auſſi, avec les connoiſſances qu'il poſſédoit, il auroit pu réuſſir dans le projet qu'il avoit conçu de réformer la Philoſophie, s'il avoit eu plus de prudence & de fermeté. On trouve dans ſes Traités *de la ſubtilité* & *de la variété* pluſieurs choſes nouvelles & dignes d'attention. Il prétendoit que la matiere premiere exiſte actuellement dans la même quantité où elle étoit à ſa premiere origine. Il rejettoit le vuide, & poſoit trois principes des choſes, la matiere, la forme, & l'eſprit. Les élémens, ſelon lui, étoient froids; ainſi le feu n'en étoit point un, ni la lumiere qui a de

la

la chaleur. Trois chofes entrent dans la compofition de tous les mixtes; la terre & l'eau, comme matieres, & une chaleur célefte, qui eft le
principe actif. Le Ciel, ne fe repofe nulle part,
les Planetes ont du fentiment; l'homme n'eft pas
un animal, parce qu'il a reçu en partage une ame
raifonnable; les difpofitions des hommes font
produites & peuvent être prédites par les Aftres,
&c. *Jules Céfar Scaliger* fut l'Antagonifte déclaré
de *Cardan*, & attaqua vivement fes Ouvrages.

François Bacon.

Né en Angleterre en 1560. d'une famille diftinguée, fes talens fe déveloperent de bonne
heure, & le firent connoître avantageufement de
la Reine *Elizabeth*. Ayant conçu du dégoût
pour la Philofophie Péripatiticienne pendant fes
études à *Cambridge*, il forma le deffein de fe
frayer de nouvelles routes, & eut des fuccès,
auxquels on peut attribuer en grande partie ceux
de tous les Philofophes qui font venus après lui.
Pendant un féjour qu'il fit en France, il acquit
de profondes connoiffances dans les affaires civi-
viles & politiques. De retour dans fa Patrie, il
s'attacha au droit municipal, & commença par exer-
cer la fonction d'Avocat, fans perdre un inftant
de vue fon projet de réformer la Philofophie.
Ayant publié fon Ouvrage incomparable *fur l'ac-*
croiffe-

croiſſement des Sciences, cela le fit conſidérer à la Cour du Roi *Jaques* I. & il paſſa ſucceſſivement par les princiqales Charges de la Magiſtrature, juſuq'à ce qu'enfin il fut élevé au grade ſuprème de Chancelier qu'il obtint en 1619. Il fut auſſi créé Baron de *Verulam* & Vicomte de S. *Alban.* Ces dignités & un mariage très avantageux qu'il fit lui auroient procuré la ſituation la plus brillante, s'il n'avoit pas entièrement négligé le ſoin de ſes affaires oeconomiques. Il publia vers ce tems-là ſon *novum Organum.* Ayant été accuſé de malverſation, il fut caſſé & mis en priſon. Il en ſortit pourtant, & fut même rétabli dans ſes honneurs. Mais dégoûté du tumulte & des trahiſons des Cours, il prit le parti de la retraite, pour ſe livrer tout entier à l'étude. Il auroit jouï dans cette ſituation du repos qu'il deſiroit, s'il n'avoit toujours eu la foibleſſe d'abandonner le ſoin de ſes affaires à des domeſtiques infideles, qui le ruinerent; deſorte qu'il acheva ſa vie, & mourut dans la pauvreté l'an 1626. Mais juſqu'à la fin de ſes jours il ne ceſſa d'augmenter le tréſor de ſes connoiſſances, & de compoſer des Ouvrages dignes de l'immortalité. Véritablement né pour diſſiper les ténébres dans leſquelles les Sciences étoient alors plongées, il eut le plus haut degré de pénétration, & s'en ſervit avec la plus parfaite ſagacité, pour découvrir & détruire tous les obſtacles qui arrêtoient

les

les progrès de l'efprit humain, & fur-tout pour
bien faifir cette liaifon, ou fubordination, naturelle & intime de toutes les connoiffances humaines,
d'où réfulte la vraye *Encyclopédie*, dont il eft
l'Inventeur, comme l'ont reconnu les Savans modernes qui ont travaillé d'après fon plan. On
peut auffi dire que *Bacon* eft le père de la bonne
Philofophie éclectique par les ouvertures & les
facilités que fes Ouvrages ont procuré à ceux qui
ont voulu en profiter. Ils ne font pourtant pas
entiérement exempts de défauts : quantité de termes nouveaux qu'il employe, y répandent de
l'obfcurité; & leur trop de précifion eft un principe de féchereffe. Mais ces tâches legères dif-
paroiffent quand on jette la vue fur-tout ce qu'ils
renferment d'important & d'utile. Ce grand Génie a fait une multitude immenfe d'Obfervations,
qui frappent aujourd'hui d'étonnement ceux qui
les comparent avec le tems où il vivoit, il a re-
monté à la fource de prefque tous les préjugés, il a
approfondi les principaux myfteres de la Philofophie naturelle; il a même tourné fes vues du côté
de la Morale, fixant avec beaucoup de jufteffe
les caracteres des vertus & des vices, arrachant
à l'hypocrifie le mafque dont elle fe couvre, affi-
gnant aux tempéramens le degré d'efficace qui
leur convient, & ramenant foigneufement tout à
la pratique. C'eft dommage qu'il en coûte un
peu de peine pour le lire vû les raifons qui ont

déjà

déjà été indiquées, mais on en eſt bien dédommagé par les fruits excellens qu'on retire de cette lecture. Le nom de *Bacon* durera autant que les Sciences* ?

Thomas Campanella.

La Calabre fut ſa Patrie, & il y nâquit en 1588. Il ſe diſtingua de bonne heure par ſon génie & par ſon ſavoir ; & étant entré dans le Couvent des Dominicains à *Coſenza*, il fut regardé comme un des plus grands ſujets que l'Ordre eut jamais poſſédés. Rebuté par les épines de la doctrine Scholaſtique, il entreprit de bâtir un nouveau ſyſtême à l'exemple de *Teleſio*. S'étant rendu à Naples, il y publia un Ouvrage intitulé *La Phi-loſophie démontrée par les ſens*, où il prit à tâche de réfuter *Ariſtote* & ſes partiſans. Cela lui attira des ennemis, dont il augmenta beaucoup le nombre, en voulant ſe mêler des matieres de Religion. L'érudition extraordinaire qu'il mit dans ſon livre *de ſenſu rerum*, le fit accuſer d'avoir un commerce illicite avec le malin eſprit ; & le danger où le jetterent ces imputations, l'obligea de ceder à l'envie, & de quitter *Naples*. Il ſéjourna ſucceſſivement à *Bologne*, où il perdit ſes Livres par un vol, à *Padoue* où il voulut rétablir

(*) Voyez l'Ouvrage intitulé, *Analyſe de Bacon.*

blir la Philosophie d'*Empédocle* à *Rome* & de nouveau à *Naples*, où il s'érigea en Défenseur de la
Foi Catholique. Mais ayant été impliqué dans
une conjuration contre le Roi d'Espagne, on
lui fit souffrir les plus cruels tourmens, qui ne
purent lui arracher la confession d'aucun crime.
Aussi n'étoit-il coupable que de folles visions &
de quelques prédictions astrologiques, qui le con-
duisirent à cet affreux précipice. Il croupit pendant vingt sept ans dans une prison, où il composa quelques Ouvrages. Il fut à la fin relâché,
& envoyé à *Rome*, d'où il alla mourir à *Paris* en
1699. *Campanella* joignoit à un génie prodigieux
l'imagination la plus ardente, & une lecture immense; mais il ne possédoit pas au même degré
l'attention & le jugement. Entraîné par les plus
frivoles fantaisies, il donna dans toutes sortes de
chimères, & sur-tout dans celles de l'Astrologie
judiciaire. On peut dire néanmoins qu'il étoit
véritablement grand dans ses intervalles lumineux.
Il avoit formé le vaste projet de réformer toute
la Philosophie; mais de dix tomes qu'il destinoit
à l'exécution de son entreprise, ses adversités ne
lui permirent de publier que le premier & le quatrieme. On y trouve plusieurs controverses re-
latives à la Philosophie d'*Aristote* & à celle de
Teléfio. Il y est aussi question de divers changemens à faire dans la Dialectique par rapport à
la maniere d'enseigner & de diviser: mais tout

M

cela

cela ne confifte prefque qu'en diftinctions Scholaftiques, qui n'ont aucune utilité. Dans la Phyfique, *Campanella* prit pour principal guide *Télé-
fio*, rapportant la premiere fource de nos connoiffances au fentiment qu'il diftingue en paffé
& préfent, & y joignant l'anticipation qui naît du
raifonnement. Il difoit que l'effence & l'exiftence des êtres font la même chofe, que le lieu eft
une fubftance incorporeile, & qu'au delà du monde il n'y a point de vuide. Il ajoutoit à la matiere deux caufes actives, la chaleur & le froid,
attribuant l'origine du Ciel à la premiere, & celle de la terre à la feconde. Il faifoit venir du
Soleil tout le feu qui eft dans le Monde, & regardoit le Soleil & la Terre comme deux élémens. Les deux principales difpofitions de la
matiere étoient, felon lui, la tenuité & la denfi-
té. La Terre n'a point de mouvement; mais
les Poles en ont un de trépidation. C'eft l'efprit
qui forme les organes dans l'animal. L'homme
eft formé de trois fubftances, le corps, l'efprit,
& l'ame intelligente. Le Monde entier eft doué
de fentiment, les chofes font compofées de l'ê-
tre & du néant; & outre cela il fe trouve en elles des qualités primitives, telles que la puiffance,
la fageffe, l'amour, &c. (*)

Tho·

____

(*) Le docte *Cyprianus* a donné une très-bonne vie de
Campanella.

Thomas Hobbes.

Il nâquit à *Malmesbury* en Angleterre, l'an 1588. & peut auſſi être mis au nombre des génies précoces. Ayant été chargé d'accompagner un jeune Seigneur dans ſes voyages, cela lui procura l'occaſion de voir la France & l'Italie. De retour dans ſa Patrie, il ne voulut pas perdre ſon tems à l'étude de la Philoſophie Scholaſtique, mais il ſe livra à la Littérature Grecque & Latine, & s'étant fait connoître de *Bacon*, il lui rendit ſervice dans la traduction de ſes Ouvrages. Il avoit du talent pour ce travail, & traduiſit auſſi *Thucydide* en Anglois. Son averſion pour l'Ecole s'étant accrue de plus en plus, il embraſſa la Philoſophie Eclectique, & fit un voyage en Italie pour étudier les Mathématiques, qu'il ſe propoſoit d'appliquer à la Philoſophie. Delà il fit encore un tour à *Paris*, où il forma des liaiſons avec les plus célébres perſonnages qui s'y trouvoient alors. Il revint en Angleterre, & tourna ſes vues du côté de la Philoſophie civile ou politique, dans l'eſpérance d'y trouver un remède contre les maux funeſtes qui déſoloient ce Royaume. Ayant donc médité ſur les grandes matieres de la majeſté & de la puiſſance des Souverains, il compoſa les Ouvrages intitulés *Du Citoyen*, & *le Leviathan*, où il ſe propoſoit d'établir les prérogatives & les droits de l'autorité

Roya-

Royale. Cela lui attira de la part de ceux qui fou-
tenoient les intérêts du Peuple des perfécutions
qui l'obligerent en 1640 de repaffer en France,
où il contraƈta un nouveau degré d'intimité avec
les Philofophes de *Paris*, & fe fit tellement efti-
mer qu'on le choifit pour Précepteur de *Charles*,
Prince Royale, & depuis Roi d'Angleterre. Les
nouvelles hypothefes qu'il propofa dans fes Ouvrages, le rendirent fufpeƈt aux Evêques; & ayant
été foupçonné de favorifer le parti de *Cromwel*,
la Famille Royale ne vouloit plus de fes fervices.
Il revint donc en Angleterre; & les Comtes de
Devon l'ayant reçu chez eux, il profita de cet afyle pour philofopher à fon aife. Il compofa donc
un fyftème de Philofophie purement écleƈtique,
auquel il donna la forme employée par les Géo-
metres dans leurs Ouvrages. Sa doƈtrine eut
beaucoup d'adverfaires, mais elle ne manqua pas
de partifans. Dans un âge fort avancé il choifit
pour féjour une campagne où il mourut en 1679.
après avoir paffé fes jours dans le célibat. Il
s'écarta beaucoup dans fa Philofophie des notions de l'Ecole, auxquelles il en fubftitua de
nouvelles, qui fe trouvent expofées dans fes Elémens de Philofophie. Ce qui a fait le bruit
dans fon fyftème, ce font fes dogmes politiques.
Voici l'abrégé de toute fa doƈtrine. Nos idées
tirent toutes leur origine des fens, & les corps
placés hors de nous font la caufe de nos fenfa-
tions,

tions, les qualités senfibles ne confiftant que dans la diverfité des mouvemens de la matiere. Il n'y a aucune des actions humaines qui foit l'effet d'une difpofition naturelle . ou effentielle. Tout ce que nous pouvons imaginer eft fini; ainfi le nom de Dieu ne répond à aucune des nos idées . c'eft feulement un titre d'honneur donné à l'Etre que nous concevons au - deffus de tous les autres. Nos réflexions les plus approfondies ne fauroient franchir les bornes du fini & du lieu. Le vrai & le faux ne font que des expreffions, dont nous ne pouvons conftater la réalité. La Raifon naît artificiellement en nous. Nous aimons ce que nous defirons, & notre volonté n'eft autre chofe que le dernier objet de notre appétit. L'acquifition des objets defirés produit le bonheur. Pour la Vertu, elle mérite des égards par fon excellence; mais elle ne confifte que dans l'art de bien choifir entre les divers objets de nos defirs, lorfque nous les comparons entr'eux. La Puiffance eft l'aggrégat des moyens propres à acquérir les biens; & la plus grande puiffance réfulte du plus grand aggrégat de femblables moyens, qui fe trouvent dépendre d'une feule & même perfonne. Les agitations & les inquiétudes viennent de l'ignorance des caufes; & la Religion eft l'effet de la crainte qu'on a pour des Puiffances invifibles. L'égalité naturelle des hommes fert de fondement à l'efpérance

M 3

d'obd'obtenir les objets de nos defirs, fut-ce au préjudice des autres : & de là vient l'acquifition du domaine par la force. L'état naturel de l'homme eft un état de guerre, qui ne peut ceffer que par la puiffance coërcitive ; il n'y a aucune propriété légitime, ni rien de jufte, ou d'injufte naturellement. Le droit naturel n'eft autre chofe que la liberté d'ufer de fa puiffance à fon gré pour la confervation de fa nature. La liberté confifte dans l'abfence des obftacles externes. Tous ont naturellement droit fur tout ; mais les vrais intérêts de l'homme doivent le porter à rechercher la paix, & à établir des droits dont l'obfervation tend à la fûreté & à la tranquillité publique.

René Defcartes.

Il nâquit en Touraine l'an 1596. Après avoir fait fes humanités avec rapidité au College de *la Fleche*, il s'appliqua aux Mathématiques. La Dialeftique qu'on enfeignoit alors lui ayant paru indigne de fon attention, il fe propofa d'employer la méthode des Géomètres pour arriver à la connoiffance de la vérité. Le mépris de la Philofophie Scholaftique lui donna pendant quelque tems du penchant pour le Scepticifme, & l'engagea à fe jetter dans la Littérature. De favans hommes avec qui il forma des liaifons à *Paris*, le ramenerent

rent aux études Philofophiques ; & quoiqu'il prît dans ce tems-là le parti des armes , cela ne l'empêcha pas de faire de fa Tente un Cabinet où la Philofophie & les Mathématiques occupoient tous les momens que fa profeffion laiffoit libres. Ce fut alors qu'il s'initia dans la doctrine des meilleurs Ouvrages de Philofophie qui exiftoient de fon tems : il n'y eut que ceux des *Théofophes* à la lecture defquels il ne voulut pas s'appliquer. Après avoir fait quelques campagnes , il revint à *Paris,* occupé du projet d'un fyftème de Science univerfel. Ayant encore fait un voyage en Italie , il revint en France & fe confina dans une retraite , d'où il ne fortoit prefque point , entretenant feulement un commerce étroit avec la Congrégation de l'Oratoire. Mais ne s'y trouvant pas encore dans une liberté affez entiere de philofopher , & voulant mettre la derniere main au nouveau fyftème qu'il avoit entrepris , il alla en Hollande , & s'enfonça dans les recherches anatomiques , phyfiques , dioptriques , &c. Il publia fes Differtations fur la méthode , qui lui firent honneur , & lui attirerent quelques partifans , entr'autres *Henri Regnier,* à *Deventer.* S'étant domicilié à *Egmond,* il y paffa plufieurs années , toujours occupé à déveloper les principes de fa Philofophie , à réfuter fes adverfaires , & à donner des éclairciffemens à ceux qui lui en demandoient. Quoiqu'il fut un très grand Philofophe , & qu'il mérite mê-

me

me le titre de Reſtaurateur de la Philoſophie, la Géométrie étoit, à proprement parler, ſon fort, & le trop d'uſage qu'il a voulu faire de ſes notions, eſt la cauſe des principales erreurs de ſa Phyſique. Cependant, comme ſa doctrine joignoit au mérite de la nouveauté celui de la ſolidité à bien des égards, & qu'elle l'emportoit infiniment ſur tout ce qui avoit été enseigné par les Philoſophes précédens, pluſieurs Savans la goûterent, & travaillerent à la répandre. Un des plus habiles & des plus zélés, fut *Henri Le Roy*, qui la profeſſa publiquement dans l'Univerſité d'*Utrecht*, d'où elle paſſa à *Leyde* & à *Amſterdam*, malgré tous les efforts de *Gisbert Voetius*, qui la combattit avec violence. A *Groningue* elle fut proſcrite. En France les Peres de l'Oratoire favoriſerent le Cartéſianiſme, & les Jéſuites le traverſerent. *Deſcartes* fit encore un voyage en France, & y vit *Gaſſendi*. Ces deux grands hommes couvinrent d'une eſpece de conciliation entre les ſyſtèmes de leur Philoſophie. Depuis longtems la Reine *Chriſtine*, inſtruite par la renommée du rare génie de *Deſcartes*, souhaitoit de l'attirer à ſa Cour ; & elle y réuſſit à la fin. Ce Philoſophe ſe rendit à *Stockholm*, & commençoit à enſeigner ſa doctrine à cette Princeſſe, lorſqu'il fut atteint d'une maladie mortelle, qui termina ſa vie en 1650. Il ſera toujours regardé comme un de ces hommes extraordinaires, auxquels

quels feuls le titre de Grand-Homme, fi avili, à force d'être prodigué, convient véritablement. C'eft lui qui a mis le premier les Philofophes dans la véritable route, en leur apprenant à penfer par eux-mêmes & à fecouër le joug de l'autorité. Mais là propre force de fon génie l'a conduit au delà du but. Il a crû pouvoir tout foumettre au raifonnement & au calcul; il a bâti le Monde & l'Homme d'après des principes qui ne reffemblent point à ceux de la Nature. Il eft à préfumer qu'à bien des égards il s'eft apperçu lui-même des parodoxes qu'il avançoit; mais il n'a pas voulu perdre le fruit de fes méditations. A la pénétration & à la force de l'efprit, il joignoit des qualités plus rares dans les Savans, de l'agrément, de la délicateffe, des principes d'honnêteté, de la grandeur d'ame, un caractère intrépide. C'eft dans fes Lettres qu'on peut apprendre principalement à le connoître & à fentir tout ce qu'il vaut. S'il n'a pas été exempt de défauts, c'eft qu'il étoit homme Quant au détail des dogmes de fa Philofophie, nous ne pouvons en donner qu'une idée fort fuccinte. Elle a impofé fon nom à une Secte; mais elle a fouffert diverfes altérations de la part de ceux qui l'ont enfeignée. Ses premiers fuccès curent lieu en Hollande, où divers Théologiens & Philofophes la foutinrent; les plus connus font *Wittichius, Clauberge, Gouffet, Roell, Ray, Becker*; mais quelques-uns d'en-

M 5

tr'eux

tr'eux ayant voulu tirer du Cartéfianifme une nouvelle méthode d'enfeigner la Théologie, ils rencontrerent de violens Adverfaires, qui exciterent contr'eux une véritable tempête. Les plus acharnés furent *Voetius*, que nous avons déjà nommé, *Des Marets*, *Maftricht*, *Spanheim*, & *Leidekker*, qui accuferent formellement les principes de *Defcartes* d'impiété, & obtinrent divers decrets des Synodes contre ce fyftème. Les difputes du Coccéjanifme étant venues à la traverfe, il en réfulta de véritables tragédies dans les Univerfités des Provinces-Unies. L'autorité publique eut bien de la peine à réprimer ces troubles; & le Cartéfianifme perdit beaucoup du crédit qu'il avoit d'abord acquis. Il eut beaucoup de peine à fe faire connoître à *Leipzig*, & y fut à la fin entierement interdit. Dans les Païsbas Efpagnols *Antoine le Grand* l'enfeigna publiquement. En Angleterre on n'y fit prefque point d'attention, parce qu'on étoit tout occupé des hypothefes de *Hobbes*, de *Digby*, & de quelques autres modernes; fans compter qu'on crut y trouver des traces d'impiété. *Huet* & les Jéfuites en France ne négligerent rien pour arrêter fes progrès; mais *Clerfelier*, *Boffuet*, *Regis* & *Montmor* le foutinrent de toutes leurs forces: ce qui n'empêcha pas l'autorité Royale d'intervenir & de le condamner par un Edit. La même interdiction eut lieu en Italie.

En

En Logique *Defcartes* n'a rien dit de neuf; mais il a beaucoup plus fait par le fervice effentiel qu'il a rendu en introduifant la méthode mathématique, & en la recommandant comme la feule propre à l'étude de la Philofophie. Il n'a penfé aux matieres de morale que vers la fin de fa vie; car fon Traité *des Paffions* appartient proprement à la Phyfique. Ses *Méditations* & fes *Principes de Philofophie* contiennent beaucoup de Métaphyfique. Il mettoit à la tête de toutes les recherches Philofophiques le doute univerfel, comme une difpofition néceffairement préalable où il faut être pour les commencer avec fuccès, & d'où l'on paffe enfuite à ce premier principe de certitude: *Je penfe; Donc je fuis.* Il inféroit de là que la penfée nous eft connue avant les objets corporels, & que nous en avons une connoiffance beaucoup plus évidente. S'élevant enfuite aux autres idées, & aux notions communes, il en découvroit une qui renferme l'exiftence néceffaire: & c'étoit Dieu qui exifte, parce que l'exiftence eft un de fes attributs. Dieu feul eft vrayement infini; il eft incapable de fe tromper, ni de tromper. Pour les autres êtres, il y en a de finis & d'indefinis. Toutes les chofes dont nous avons des idées claires, font vrayes. Il y a deux efpeces de penfées; les repréfentations de l'Entendement, & les actes de la volonté. L'imagination fournit les idées au premier; le defir produit

duit les déterminations de l'autre. Il y a deux substances, celle qui pense, ou l'esprit, & celle qui est étendue, ou le corps. Les préjugés font la source de presque toutes les erreurs. Reste la Physique de *Descartes* qu'il commençoit par dire que l'étendue se nomme autrement la matiere, ou le corps, & que ces idées font originairement unies dans l'esprit humain. Il nioit l'existence des Atomes, ou particules indivisibles de leur nature, & disoit que le monde n'a point de limites. Il dérivoit toutes les variétés qu'on observe dans la matiere, du seul mouvement, dont Dieu est la cause unique, qui en a mis & en conserve dans l'Univers une quantité déterminée. Tout mouvement suit la ligne droite, & ne s'en détourne que quand il rencontre quelque objet résistant. Chaque être tend à demeurer dans l'état où il se trouve; & la force par laquelle il s'y conserve doit être estimée par la grandeur du corps & par la vitesse du mouvement. *Descartes* admit l'hypothese Astronomique de *Copernic* comme la plus simple. Il concevoit toute la matiere céleste comme un tourbillon, au centre duquel le Soleil est placé. Les corps célestes décrivent leurs révolutions autour de cet Astre; de sorte que le grand Tourbillon renferme les moindres tourbillons des Planetes. Au commencement la matiere s'étant divisée, a tourné autour de divers centres; & c'est le mouvement qui a

pro-

produit les particules rondes, dont les intervalles font remplis par d'autres particules branchues plus fubtiles, afin que les mouvemens puiffent s'exécuter plus aifément & plus promptement. Il y a trois élémens d'où réfultent tous les changemens qui arrivent dans les corps, & par lefquels on peut expliquer les phénomenes de la nature.

Defcartes profita beaucoup de la lecture des Anciens dans laquelle il étoit fort verfé; mais il vit auffi quantité de chofes qui n'avoient pas été apperçues, ou auxquelles il a donné un degré de lumiere beaucoup plus confidérable: furtout la Philofophie & toutes les Sciences, lui feront à jamais redevables d'avoir ouvert une route fimple & affurée pour arriver à la vérité. Mais il n'a pas fçu la fuivre lui-même; il s'eft égaré, & s'eft jetté dans des hypothèfes gratuites, dont la plûpart menent à des conféquences abfurdes. Ainfi d'éclectique il redevint Sectaire, & a été en effet chef de Secte. Mais, quant aux accufations de Spinofifme & de Scepticifme, il eft aifé de l'en juftifier; fes intentions étoient droites, mais ce qui donne lieu à ces accufations, ce font quelques doctrines qu'il a hazardées à la legère, & fans en prévoir toutes les conféquences. Une de fes plus célébres opinions, c'eft le fyftème des caufes occafionnelles, que fes Difciples ont étendu & perfectionné. Pour fon opi-

nion.

nion fur l'ame des Bêtes, il n'en eſt pas l'inventeur, & il eſt difficile de croire qu'il l'ait adoptée férieufement.

Godefroi Guillaume Leibnitz.

Il vint au monde à *Leipzig*, en 1646. Né
pour les Sciences, & ce qui eſt infiniment plus
rare, pour toutes les Sciences, il fit fes humanités avec autant de rapidité que de fuccès; d'où il
paſſa à l'étude de la Philofophie ancienne, dans
laquelle il eut pour guide un très-habile homme;
Jaques Thomafius. Dans les mathématiques, il
jouït du même avantage à *Jena*, fous le célébre
Weigelius: & *Bofe* lui ouvrit les fources de l'Histoire. Ces études publiques ne l'auroient fans-
doute pas conduit au point où il eſt parvenu,
s'il n'y avoit joint les études domeſtiques les plus
aſſidues, & les mieux dirigées. Il s'attacha d'a-
bord à comparer les Philofophes Anciens avec
les Modernes; enfuite il s'enfonça dans la Jurifprudence, & pouſſa dès-lors fes vuës jufqu'à
l'art combinatoire. Après avoir été créé Docteur en Droit à *Altdorff*, fes talens le firent connoître à M. le Baron de *Boinebourg*. Il venoit
de publier une nouvelle méthode d'étudier la Jurifprudence, & avoit donné une réimpreſſion du
Traité de *Nizolius* fur les principes de la Philofophie, avec une Préface qui valoit mieux que
l'Ou-

l'Ouvrage même. Sentant de bonne heure l'é-
levation & la force de son génie qui le portoit
aux plus grandes entreprises, il commença par
imaginer de nouvelles hypotheses physiques, &
développa en même tems la théorie du mouvement. Pour joindre à ces travaux les secours
que procurent les voyages, il alla d'abord à *Paris*, & ensuite à *Londres*; ce qui le mit en goût
de la Géométrie, & le rendit en peu de tems
si versé dans cette Science, qu'il en fonda les
plus grandes profondeurs, atteignant jusqu'à cette Science de l'Infini, de laquelle est née une Géométrie toute nouvelle, décorée à juste titre du
nom de sublime, & dont l'invention est due à
Leibnitz & à *Newton*; car il vaut mieux laisser
cette gloire partagée, ou indécise entr'eux, que
de prononcer en faveur de l'un ou de l'autre.
En attendant la réputation de *Leibnitz* croissoit,
& se répandoit de tous côtés. Il fut recherché
par diverses Cours, & accepta les offres du Duc
de *Brunswick*, qui le revêtit d'une Charge honorable. Appellé à travailler aux affaires de
l'Etat, il ne perdit point de vue ses recherches
savantes; & c'est vers ce tems-là qu'il s'occupoit
à perfectionner sa Machine Arithmétique. En
1677. il devint Conseiller de Cour à *Hanover*; &
se chargea du soin de mettre en ordre la Bibliotheque de son Maître. Il écrivit sur les droits
des Princes d'Allemagne, & cet Ouvrage lui fit

beau-

beaucoup d'honneur. De là il revint au calcul différentiel, continuant à répandre des femences de cette théorie, qui ont enfuite abondamment fructifié par les foins d'autres Mathématiciens célébres. Il feroit impoffible d'entrer ici dans le détail de tout ce qu'il a fait pour étendre les bornes de la Philofophie & des Mathématiques. Les *Acta Eruditorum* contiennent plufieurs morceaux de fa façon où il a traité les matieres les plus importantes de ces deux Sciences. Son Prince lui ordonna de faire un voyage littéraire, principalement deftiné à raffembler tous les anciens Documens qui concernent la Sérénifflme Maifon de *Brunswick*, pour fervir à en compofer l'Hiftoire. Il trouva par la même voye des matériaux pour compofer un Code Diplomatique du Droit des Gens. Il rouloit auffi dans fon efprit le grand deffein de pofer de nouveaux principes qui ferviffent de fondement à toute la Philofophie; & il effayoit d'expliquer une des chofes les plus myftérieufes, favoir l'union de l'ame & du corps fur laquelle il inventa une nouvelle hypothefe. Etant, confidéré dans toutes les Cours, il eut fur-tout le bonheur d'être fort avant dans les bonnes graces de la Reine de Pruffe, Sophie Charlotte, Epoufe de Frederic I. Une des plus grandes Princeffes qu'il y ait jamais eu. Il profita de ces conjonctures favorables pour propofer au Roi de fonder à *Berlin* une Socié-
té-

té des Sciences qui fut en effet érigée en 1700.
Le crédit qu'il avoit aussi à la Cour Impériale
lui fit faire une tentative semblable à *Vienne*; mais
elle n'eut pas le même succès. Toutes ces occupations ne l'épuisoient pas. Tandis qu'il en-
tretenoit la correspondance la plus vaste & la plus
intéressante qu'aucun homme de lettres ait jamais
eue, il projettoit & exécutoit sans cesse des Ouvrages. Un des plus considérables & des plus
connus, c'est sa fameuse *Théodicée*, où l'on trouve les meilleures solutions qui eussent encore été
données sur l'épineuse question de l'origine du
mal. Il est incroyable combien ce grand homme a pris de peine pour procurer l'accroissement
des Sciences, pour encourager ceux qui les culti-
voient, & pour les exciter aux entreprises les
plus utiles. Après avoir passé sa vie dans le Célibat, il mourut à *Hanover* en 1716. C'est un
des plus grands Génies qui ayent jamais existé; il
joignoit à une lecture immense, une pénétration
qui ne reconnoissoit d'autres bornes que celles de
la Nature humaine, & le jugement le plus exquis.
Grand dans toutes les Sciences, qu'il *atteloit de front*,
suivant l'expression de M. *de Fontenelle*, il a sur-
tout excellé en Philosophie & en Géométrie; &
quoiqu'il n'y ait aucune matiere de quelque im-
portance sur laquelle il n'ait eu des vues nouvelles & heureuses, il mérite peut-être encore plus
d'éloge de n'avoir jamais eu la démangeaison

de

de vouloir bâtir un fyftème, & fe mettre à la tête de quelque Scûle. Mais ce qu'il n'avoit pas
entrepris, fes difciples l'ont exécuté depuis,
comme nous le verrons plus bas. Donnons feulement ici l'idée de fes principes généraux.

En Logique il a fait voir que les notions primitives font claires, mais que leur extrême clarté même empêche qu'on ne puiſſe les définir;
que la connoiſſance fymbolique dont nous fommes redevables aux fignes n'eft par elle-même
d'aucune valeur; mais qu'elle devient utile & intuïtive, quand on fçait la réfoudre dans les notions réelles qui la compofent, & fur-tout quand
on peut remonter aux notions primitives. Il a
parfaitement bien expliqué la nature de la définition, en faifant voir qu'elle confifte à montrer la
poffibilité des chofes; c'eft de là que naît l'idée
de la vérité, comme celle de la fauffeté réfulte
du contradictoire, ou de l'impoffible. Il a mis
dans tout fon jour la forme d'une vraye démonftration, au moyen de laquelle on peut arriver
par une fuite de Syllogifmes, dont toutes les pré-
miſſes font elles-mêmes démontrées, à une con-
clufion inconteftable.

A la tête de la Métaphyfique de *Leibnitz* fe
préfentent fes *Monades*, fubftances parfaitement
fimples, ou exemptes de toute compofition, in-
deftructibles, inaltérables, dont l'effence confifte
dans une force, & qui ne différent entre elles
que

que par le degré de cette force. Cette différence suffit néanmoins pour fonder le Principe des *indiscernables*, en vertu duquel il n'y a pas deux êtres dans la Nature qui soyent parfaitement semblables; car, s'il y en avoit de tels, leur identité les confondroit ensemble. Les Monades éprouvent des changemens continuels, qui procédent d'un principe interne, c'est-à-dire, de leur force, & qui dépendent des rélations innombrables où chaque Monade se trouve avec toutes les autres : ce qui en fait un centre auquel l'Univers entier se rapporte. L'état passager de la Monade est la perception; & son action permanente qui procéde du principe interne, consiste dans l'appétit. Sous ce point de vuë toutes les Monades peuvent être appellées des ames, quoique ce nom soit réservé d'une façon particuliere à celles qui ont des perceptions distinctes. Chaque état présent d'une Monade, exprime le passé & contient l'avenir. Les hommes sont distingués des animaux par la connoissance qu'ils ont des vérités universelles & éternelles. Cette connoissance est la source des actes réfléchis, des abstractions, & des raisonnemens. Ceux-ci sont fondés sur deux grands principes, celui de contradiction, & celui de la raison suffisante, dont le dernier sert à connoitre les vérités contingentes. Dieu est la source des essences & des existences : la sienne est non seulement possible, mais nécessaire.

La

La même néceffité convient aux vérités éternelles. Dieu eft l'unité primitive, ou originaire,
de laquelle procédent les Monades qui font des
êtres limités, & dont les divers aggrégats forment tous les êtres compofés. L'action de la
Monade fe fait par les idées diftinctes; fa paffion
par les idées confufes. L'influence que les Monades ont les unes fur les autres ne fauroit être
phyfique; elle eft fimplement idéale. La fubftance fimple par fes rapports avec toutes les autres devient un miroir vivant, repréfentatif de
l'univers : mais cette repréfentation eft confufe.
Il n'y a rien de mort dans la Nature; les corps
font dans un flux perpétuel; il n'arrive point de
deftruction totale; ce qu'on appelle mort, n'eft
que le dépouillement des envelopes organiques.
L'union de l'ame & du corps confifte dans une
harmonie qu'on peut nommer *préétablie*, Dieu
ayant vu de toute éternité les rapports détermi-
nans en vertu defquels une ame donnée convient
à un corps donné, il a joint une telle ame à un
tel corps, de façon que chacun de ces êtres agit
par foi-même, & conformément aux loix de la
nature. Il faut chercher dans la *Théodicée* tout
ce que *Leibnitz* a dit de Dieu, de fa puiffance,
de fa fageffe, de la maniere dont il concourt aux
actions des Créatures, de fa prefcience, de la
permiffion du mal, & de fon origine. Il a auffi
fourni des ouvertures très confidérables par rapport.

port au Droit de la Nature & des Gens; mais ce n'eſt que par une lecture attentive de ſes Ecrits, qu'on peut s'approprier ſes idées, & en recueillir le fruit.

Iſaac Newton (*).

Il nàquit à *Volſtrope*, dans la Province de *Lincoln*, le jour de Noël, V. S. de l'an 1642. Il fut reçu au College de la Trinité dans l'Univerſité de *Cambridge*, en 1660. Il y a des preuves qu'à 24 ans il avoit fait ſes grandes découvertes en Géométrie, & poſé les fondemens de ſes deux célébres Ouvrages, les *Principes*, & l'*Optique*. Mais il eut la modeſtie d'attendre l'âge convenable pour compoſer, & pour ſe donner au Public. Ce ne fut qu'en 1687. qu'il ſe réſolut enfin à ſe dévoiler, & à révéler ce qu'il étoit, en publiant les *Principes Mathématiques de la Philoſophie Naturelle*. Ce Livre où la plus profonde Géometrie ſert de baſe à une Phyſique toute nouvelle, n'eut pas d'abord tout l'éclat qu'il méritoit: mais, quand il fut ſuffiſamment connu, tous ces ſuffrages qu'il

avoit

---

* J'ai ſuivi dans cet Article le fil de l'Eloge de *Newton* par M. *de Fontenelle* A la rigueur *Newton* devroit être rangé plus bas, parmi ceux qui n'ont pas cultivé la Philoſophie tout entiere, mais ſeulement quelques unes de ſes parties. Cependant le grand nom de ce Philoſophe nous a paru mériter une exception.

avoit gagnés fi lentement, éclaterent de toutes parts, & ne formerent qu'un cri d'admiration. Deux Théories principales dominent dans les *Principes Mathématiques*; celle des forces Centrales, & celle de la Réfiftance des milieux au mouvement, toutes deux prefque entierement neuves, & traitées felon la fublime Géométrie de l'Auteur. On ne peut plus toucher, ni à l'une, ni à l'autre de ces matieres, fans avoir M. *Newton* devant les yeux, fans le répéter, ou fans le fuivre. L'Attraction & le Vuide, bannis de la Phyfique par *Defcartes*, y ont été ramenés par M. *Newton*. Ces deux Grands Hommes, malgré cette oppofition, ont des rapports très marqués. Tous deux ont été des Génies du premier ordre, nés pour derminer fur les autres Efprits, & pour fonder des Empires. Tous deux Géométres excellens ont vû la nécéffité de tranfporter la Géométrie dans la Phyfique. Tous deux ont fondé leur Phyfique fur une Géométrie, qu'ils ne tenoient prefque que de leurs propres lumieres.

En même tems que M. *Newton* travailloit à fes *Principes*, il avoit entre les mains un autre Ouvrage, auffi original, auffi neuf, moins général par fon titre, mais auffi étendu par la maniere dont un fujet particulier s'y trouvoit traité. C'eft l'Optique, ou *Traité de la Lumiere & des Couleurs*, qui parut pour la premiere fois en 1704. L'Auteur avoit fait pendant le cours de trente ans les
Expé-

Expériences qui lui étoient néceffaires, & dont
l'objet perpétuel étoit l'Anatomie de la Lumiere.
Elles forment toutes enfemble un Corps d'Optique
fi neuf, qu'on peut regarder cette Science défor-
mais comme uniquement duë à *Newton*. Il ne
s'eft pas borné à des fpéculations : il a donné dans
cet Ouvrage l'invention & le deffein d'un Télef-
cope par réflexion, qui n'a été bien exécuté que
longtemps après. Il n'acheva pourtant pas fon
Optique parce que des Expériences dont il avoit
encore befoin, furent interrompues, & qu'il n'a
pû les reprendre. Profeffeur de Mathématiques
à *Cambridge* depuis l'an 1669. il fut député par
fon Univerfité à la Cour pour en foutenir les Pri-
vilèges, & en fut auffi le membre repréfentant
dans le Parlement de convention en 1688. Le
Comte de *Halifax* obtint pour lui du Roi GUIL-
LAUME en 1696. le pofte de *Garde des Monnoyes*,
dans lequel il rendit des fervices importans à l'occafion de la grande Refonte qui fe fit en ce tems-
là. Trois ans après il fut *maître de la Monnoye*,
emploi d'un revenu très confidérable, & qu'il a
poffédé jufqu'à fa mort. En 1703 il fut élu Préfident de la Société Royale, & l'a été fans inter-
ruption pendant 22 ans. La Reine le fit Chevalier en 1705. Sous le Roi GEORGE il fut plus
connu à la Cour que jamais; & la Princeffe de
Galles, depuis Reine d'Angleterre, en fit tout
le cas qu'il méritoit. M. *Newton* a eu le bonheur

fingu-

fingulier de jouïr pendant fa vie de toute fa réputation.   Tous les Savans Anglois le mirent à leur tête par une efpece d'acclamation unanime; ils le reconnurent pour Chef & pour Maître.   Sa Philofophie a été adoptée par toute l'Angleterre, elle domine dans la Société Royale, & dans tous les excellens Ouvrages qui en font fortis, comme fi elle étoit déjà confacrée par une longue fuite de fiècles.   En un mot il a été révéré au point que la mort ne pouvoit plus lui produire de nouveaux honneurs; il a vû fon Apothéofe. En 1699. dès que l'Académie des Sciences de Paris put fe procurer des Affociés Etrangers, elle ne manqua pas d'acquérir *Newton*. Il avoit auffi travaillé à un Syftème de Chronologie, moins folide que ceux d'Aftronomie & de Phyfique qu'il a donnés, mais qui eft toujours digne d'un auffi grand homme.   Il prolongea fa carrière jufqu'à l'âge de 85 ans, & mourut le 20 Mars 1727. après avoir jouï jufqu'à 80 ans d'une fanté toujours ferme & égale.   Sa pompe funébre a été femblable à celle des perfonnes du plus haut rang. Il ne s'eft point marié, & après avoir vêcu avec dignité a laiffé un bien très confidérable. Il avoit beaucoup de douceur & d'affabilité; il aimoit la tranquillité, & n'auroit pas voulu la voir troublée, dût-il lui en coûter toute la gloire que fes Ecrits lui avoient acquife.   Mais il a eu le rare avantage de jouïr de ces deux biens à la fois.
Chrétien

Chrétien Thomafius.

Il nâquit à Leipfig en 1655. Son père *Jaques Thomafius*, qui étoit un très-favant homme, l'éleva fort bien, & dès que l'âge le permit, il lui expliqua foigneufement les meilleurs Ouvrages de Droit Naturel, tels que ceux de *Grotius*, de *Puffendorff*, de *Ziegler*, &c. Cela remplit le jeune *Thomafius* du defir de fe diftinguer lui-même dans cette Science.. Il eut l'avantage d'être difciple du célèbre *Stryk*, & bientôt il donna lui-même des leçons de Droit Naturel, dans lefquelles, fans s'aftreindre à aucun des fyftèmes qui avoient jufqu'alors paru, il ufoit de la liberté éclectique. Il publia des *Inftitutions de Jurifprudence*, dans lefquelles en s'attachant principalement à *Puffendorff*, il s'efforça de débarraffer cette Science du fatras des notions de la Philofophie Scholaftique. Ceux qui la profeffoient encore en furent fort irrités, & excitèrent une efpece de foulevement contre lui. Il fe contenta d'y oppofer des railleries piquantes qui redoublèrent leur fureur. Ils mirent tout en œuvre pour lui donner l'exclufion de tous les Emplois auxquels il pouvoit prétendre, & pour obtenir même de la Cour qu'elle lui défendit & d'enfeigner & d'écrire. A la fin ils réuffirent, & *Thomafius* quitta *Leipfig*, pour aller à *Halle*, où une foule d'Auditeurs le fuivit. Ce fut une des principales raifons qui engagea l'Electeur de Bran-

N

debourg, depuis Roi de Pruſſe, à y fonder en 1694. une Univerſité, où le Savant perſécuté en Saxe obtint d'abord une place de Profeſſeur ordinaire, qui le conduiſit par degrès à celles de premier Profeſſeur, de directeur de l'Univerſité, & de Conſeiller Privé qu'il a occupées juſqu'à ſa mort arrivée en 1728. C'étoit un homme qui joignoit à beaucoup d'eſprit, & à un ſavoir très étendu, un génie des plus actifs, & un grand fonds d'intrépidité. Induſtrieux, & toujours alerte, il ne négligeoit aucune occaſion de combattre l'erreur, la ſuperſtition, & tous les préjugés régnans, mais il étoit trop ſatyrique, aimoit les paradoxes, & pouvoit être ſoupçonné de favoriſer le Scepticiſme. Avec tout cela il a rendu de très grands ſervices à l'Allemagne, en contribuant à en bannir la Philoſophie ſectaire.

Il commença par des controverſes & des diſputes très vives. Son *Livre* intitulé *de Philoſophia Aulica* fut deſtiné à combattre tout à la fois les Péripatéticiens & les Cartéſiens. Il penſa enſuite à poſer des principes & à bâtir lui-même un édifice, d'abord de Logique, & enſuite de Morale. Il avoit ſur cette derniere Science des idées nouvelles, & a traité fort heureuſement tout ce qui regarde les caractères & les mœurs des hommes. Il a conſidérablement perfectionné le ſyſtème du Droit de la Nature & des Gens de *Puffendorff*, & il a affermi les fondemens du Droit

Na-

Naturel. Il tourna auffi fes vues du côté de la Phyfique Mofaïque, & fçut en tranfporter plufieurs idées dans la Jurifprudence. Mais il faut avouër qu'il n'y avoit rien dans tout cela de fort folide : auffi ne faifoit-il pas fcrupule de faire & de défaire, de détruire fes fyftêmes précédens pour y en fubftituer d'autres, auxquels il ne s'en tenoit pas encore. Tout ce qu'il a fait en Logique fe borne prefque à avoir raffemblé, avec beaucoup de jugement à la vérité, les Obfervations des autres, & les avoir liées enfemble. En Morale, il enfeignoit que l'amour bien réglé de foi-même eft le principe & la fource de la vraye félicité, les plaifirs de l'efprit étant les feuls qui méritent d'être recherchés. Les fondemens du bonheur font la fageffe & la vertu, affociées & fubordonnées aux régles de la prudence. Il faut aimer les autres, comme nous nous aimons nous-mêmes, c'eft-à-dire, raifonnablement; & de là naiffent l'humanité, la véracité, la patience, la modeftie, l'amitié. La volonté différe de la penfée. Il n'y a qu'une paffion primitive, c'eft le défir, dont le contraire eft la haine. Les autres paffions, qui ont des objets déterminés, comme les honneurs, les richeffes, les plaifirs, dépendent fur-tout du tempérament : & cette difcuffion étoit une des plus approfondies de la doctrine de *Thomafius*. Il voulut, comme nous l'avons déjà infinué, chercher dans la Science naturelle, ou Phyfique, les

N 2

fon-

fondemens du Droit de la Nature, en établiſſant que l'eſſence de l'eſprit conſiſte dans l'action, & celle du corps dans la paſſion; mais il ſe jetta dans un vrai labyrinthe, en admettant des eſprits non-penſans d'où procédoient des puiſſances actives & inviſibles, dans leſquelles conſiſte la Nature. L'homme, diſoit-il, en reſſent les imprcfſions, & agit en conſéquence. La cupidité n'exiſte qu'après la perception du ſentiment extérieur; l'abſtraction a lieu ſeulement à l'égard des puiſſances; c'eſt l'effort d'agir qui pouſſe l'entendement; ainſi la volonté le meut, & elle eſt muë à ſon tour par les puiſſances. La nature de l'homme moral eſt un compoſé qui réſulte de l'aſſemblage de la puiſſance de vouloir avec les puiſſances aſſujetties à la volonté. Il n'y a point de choix poſſible à la volonté, ou de liberté d'indifférence; toute action commandée par la volonté eſt ſpontanée; l'homme n'eſt pas la derniere claſſe des Intelligences; il y a en lui trois volontés, ſavoir la volupté, l'ambition, & l'avarice; les paſſions ont deux affections principales, l'eſpérance innée, & la crainte qui nous vient du dehors; on gouverne plus facilement les hommes par la crainte que par l'eſpérance; il y a des *exhalaiſons morales*, qui frappent les ſens, affectent la volonté, & produiſent toujours l'eſpérance ou la crainte. Il y a des actions volontaires; tout ce qu'on fait par contrainte, on ne le fait pas malgré

gré foi; les actions ont pour régle le confeil & le commandement; le premier n'a pas la force de contraindre, mais il produit une obligation interne; il faut conduire les foux par le commandement, & les fages par le confeil. Les actions véritablement bonnes ont pour objet la paix intérieure, l'honnête eft le bon éminent, le *decorum* celui du genre moyen; l'effet de la Loi eft l'obligation, que le Droit peut relâcher. La Loi naturelle appartient aux confeils; la premiere loi, c'eft de travailler à fon bonheur.

On voit affez que c'eft plutôt là un ramas d'idées, parmi lefquelles il y a plufieurs fuppofitions gratuites qu'un fyftème proprement dit. Ainfi ce n'eft pas la peine de s'arrêter à ceux qui, en fuivant cet exemple, ont donné, à l'aide d'un femblable entaffement, des cours de Philofophie éclectique. Les principaux ont été *J. Fr. Buddeus*, *Mic. Jer. Gundling*, *André Rudiger*, *Jean Le Clerc*, &c.

Chrétien Wolff (*).

Il nâquit à *Breflau* le 24 de Janvier 1679. Après avoir fait fes humanités dans fa Patrie, il fe rendit en 1696 à *Leipfig*, où il s'appliqua à la Phyfique & aux Mathématiques, fous M. *Hamberger*.

(*) Voyez mes *Eloges des Académiciens*, Tom. II.

ger. Il fe deftinoit à la Théologie, & précha pendant quelque temps. Il fe domicilia à *Leipfig* en 1703. & M. *Mencke* l'affocia d'abord au travail des *Acta Eruditorum*. Il entra vers ce temps là en liaifon avec *Leibnitz*, qui avoit beaucoup goûté fa Differtation *fur la Philofophie Pratique univerfelle*, *traitée fuivant l'ordre Mathématique*. L'irruption des Suédois en Saxe en 1706. obligea M. *Wolff* à chercher un autre féjour : & il fe détermina pour une Profeffion de Mathématique à *Halle*, dont il prit poffeffion avant la fin de la même année. Il donna en même tems des leçons fur la Phyfique, & fur les autres parties de la Philofophie. L'Ouvrage qu'il publia en 1709. fous le titre d'*Aërometrie*, lui fit beaucoup d'honneur. L'année fuivante parurent fes *Elémens de Mathématique*, qui font un des meilleurs Livres dans ce genre. Les Sociétés Royales de Londres & de Berlin lui rendirent la juftice qu'il méritoit en l'aggrégeant au nombre de leurs Membres. En 1711. il commença fes Ouvrages Philofophiques par une Logique Allemande. Les progrès de fa réputation lui attirerent des offres honorables & avantageufes. Le Czar PIERRE I. vouloit l'avoir à *Petersbourg* ; mais *Wolff*, après avoir confulté *Leibnitz*, préféra le féjour de *Halle*. - Un peu avant la mort de ce grand homme, il eut avec lui une entrevue, très fatisfaifante pour l'un & pour l'autre. La *Métaphyfique* Allemande de no-

tre

tre Philosophe qui succéda à sa Logique, fut encore plus goûtée ; mais elle commença à soulever l'envie contre lui. Les Théologiens de *Halle* murmurerent & lui tendirent des pièges. Ces menées durerent pendant longtems ; & quoiqu'elles fussent propres à dégoûter M. *Wolff* du poste, qu'il occupoit, il persista à refuser ceux qui auroient pu améliorer son sort. Il continua l'exercice de ses fonctions, & la publication de ses Ouvrages, au milieu de ces tracasseries, jusqu'à ce que ses Ennemis l'ayant noirci dans l'esprit du Roi de Prusse, il reçut ordre de sortir de *Halle* & des Etats, en deux fois vingt quatre heures. Il y obéit, & trouva l'Université de *Marbourg* disposée à lui tendre les bras, comme elle l'avoit déjà fait auparavant en vain. Il y commença ses leçons publiques en 1724. & le tems qu'il y a passé est le période le plus brillant de sa vie. Il y entreprit, & poussa fort loin, ses grands Ouvrages Latins sur la Philosophie. C'est un Cours démontré, une espece de *Code Philosohique*, dans lequel le développement des vérités, & leur ordre systématique, sont poussés à un degré qui avoit été jusqu'alors inconnu. Cette idée étoit la plus belle & la plus salutaire aux Sciences qu'on eut jamais conçue : & le grand Philosophe qui l'a changée en réalité étoit peut-être le seul homme propre à y réussir, qu'une longue suite de siècles eut pû former. Aussi M. *Wolff* acquit-il bientôt

parmi

parmi les Théologiens & les Philosophes, des disciples & des défenseurs illustres. L'Académie Royale des Sciences de *Paris* lui conféra le principal grade littéraire auquel le savoir puisse conduire, en le mettant au nombre de ses Associés étrangers en 1733. Le Roi de Prusse, pleinement détrompé sur son compte, auroit voulu qu'il revînt à *Halle*, avec de plus grandes distinctions, & de plus gros appointemens : mais M. *Wolff* ne crut pas pouvoir quitter *Marbourg* sans ingratitude. Les Théologiens de *Halle*, allarmés de voir la scene ainsi changée, redoublerent leurs efforts, & chargerent la doctrine *Wolffienne* des imputations les plus odieuses. Mais cela ne servit qu'à lui donner un nouvel éclat par le jugement favorable que rendirent les Commissaires nommés par en juger. Ce fut là le véritable triomphe de cette Philosophie.

M. *Wolff* devoit cependant achever sa carriere à *Halle*. Le Roi de Prusse, qui depuis vingt ans remplit l'Univers du bruit de son nom & de ses exploits, fut à peine monté sur le Thrône, qu'il invita le Philosophe de *Marbourg* à redevenir celui de *Halle*, & il le fit d'une maniere si pressante & si glorieuse pour M. *Wolff*, que celui-ci ne put y résister. Il rentra donc solemnellement dans un lieu d'où, dix-sept ans auparavant, il étoit sorti proscrit & fugitif, & y recommença ses leçons publiques au commencement de l'année 1741.

re-

revêtu des dignités de Conseiller Privé, & de Vice-Chancelier de l'Université, dont bientôt après il devint Chancelier à la mort de M. *de Ludwig*. Afin qu'il ne manquât rien à sa gloire, l'Electeur de Baviere, pendant le Vicariat de l'Empire, en 1745. éleva M. *Wolff* au rang des Barons de l'Empire. La Philosophie Wolfienne acheva pendant ce tems-là de se répandre par toute l'Allemagne, & de s'introduire dans toutes les Universités. Elle fut aussi fort goûtée en Italie, où tous les grands Volumes du Cours Latin ont été réimprimés.

Le Droit Naturel, le Droit des Gens, & la Morale, avoient suivi la Métaphysique. M. de *Wolff* entamoit l'Oeconomique, & il ne lui restoit que la Politique, lorsque la mort vint interrompre le cours de ses travaux. Il la reçut en vrai Philosophe, & en vrai Chrétien, & termina sa glorieuse carriere le 12 d'Avril 1754. On lui sera éternellement rédevable d'avoir transporté aux Sciences Philosophiques, la méthode & la certitude qui avoient été jusqu'alors renfermées dans les seules Mathématiques. Il a profité des idées de *Leibnitz*; mais il ne les a pas toutes suivies, & il a mis beaucoup du sien dans son système. Quand on contesteroit à ce système la prérogative d'être le dépôt de la Vérité, il en est au moins incontestablement la route; & ce n'est qu'en traitant ainsi les matieres, qu'on peut arriver à l'évidence. Les adversaires de la Philosophie Wolfienne

ont

ont prefque tous été guidés par la paffion, &
n'ont pas pris la peine d'examiner attentivement
la doctrine qu'ils combattoient. Cependant il
leur auroit été aifé de s'en faire de juftes idées ;
& le prétexte fondé fur la prolixité des Ecrits de
M. *Wolff*, eft tout à fait vain, puifqu'il n'y en
a point qu'on puiffe lire avec plus de facilité,
& mieux comprendre.

§. 2.

*De ceux qui n'eurent pour objet que quelque partie
de la Philofophie.*

Il eft impoffible de rendre compte ici de toutes les tentatives particulieres, qui ont eu pour
but de réformer & de perfectionner telle ou telle
partie de la Philofophie. Cela ne peut être rap-
porté que dans une Hiftoire générale & détaillée
de la Philofophie ; & il faut recourir au grand
Ouvrage de M. *Brucker*. Mais ce que nous allons mettre dans cet Abrégé, ne laiffera pas d'ê-
tre propre à guider ceux qui voudront pouffer
plus loin leurs recherches.

Nous indiquerons feulement ce qui a été fait
par d'habiles Philofophes en faveur de la Logique, de la Phyfique, de la Métaphyfique, de
la Morale, & de la Politique.

De

De la Logique.

On commença la réformation de la Logique par des controverfes extrèmement vives, dans lefquelles les uns fe propofoient de faire voir les défauts de la Dialectique Péripatéticienne, & les autres s'efforçoient de les pallier. Les principaux Antagoniftes de la Logique d'*Ariftote* furent *Valla, Agricola, Nizolius* & *Vivès*, fur lefquels on peut recourir aux Ouvrages biographiques. Il y eut des Philofophes qui fe propoferent d'allier la Rhétorique à la Logique, de façon que l'art de penfer conduifit à l'art de parler. Cela produifit à la vérité des Ouvrages plus élégans, mais qui n'en étoient pas mieux raifonnés pour cela.

Il faut mettre à la tête de ceux qui fe font diftingués dans ce genre d'étude, le célébre *Pierre Ramus*, originaire du Vermandois, né de parens nobles, mais très pauvres. Il fut obligé d'étudier fur le pied de domeftique au College de *Navarre*, n'ayant de temps à lui que les heures de la nuit, où, à la clarté d'une lampe, il rempliffoit fon efprit de connoiffances, qui lui acquirent depuis un grand nom. Il s'attacha principalement à la Dialectique & aux Mathématiques. Il n'avoit pas encore trente ans lorfqu'il publia fes Remarques fur *Ariftote*, où il corrigeoit la Dialectique d'*Ariftote*. Il compofa enfuite d'après fes propres principes, un Cours de

cette

cette Science, qui irrita tellement les Docteurs chargés de l'enseigner, qu'après l'avoir d'abord attaqué par leurs Ecrits, ils le déférerent aux Tribunaux, *Antoine Goveanus* se portant pour partie. La Cour nomma des Juges, ou Arbitres, devant lesquels la cause fut plaidée. *Ramus* succomba, & il lui fut défendu de donner des leçons, ou de publier des Ecrits. Cela arriva en 1543. Une grêle de Satyres tomba de toutes parts sur le vaincu. Cependant l'année suivante on lui rendit une Chaire de Rhétorique; & *Henri II.* étant monté sur le Thrône, décora ce Savant des titres de Professeur d'Eloquence, de Philosophie, & de Mathématiques. Pendant les guerres civiles de Religion, il fut obligé de chercher des retraites dans lesquelles il se tint caché; & par ce moyen il échapa aux fureurs de la premiere & de la seconde guerre. Lorsque la troisième s'alluma en 1568, il se réfugia en Allemagne; d'où étant revenu au bout de trois ans, ses ennemis profiterent du massacre de la *S. Barthélemi* pour le faire misérablement périr en 1572. *Ramus* étoit un très beau génie; il avoit beaucoup lû les Anciens; & cela l'avoit rempli d'une érudition fort supérieure à celle des autres Savans de son tems; mais le desir de se distinguer par des innovations lui fit quitter la réalité pour les apparences, & mettre les mots à la place des choses. Ce qui lui fournit l'occasion

cafion de corriger la Logique, ce fut la Dialectique de *Platon*, qu'il entreprit d'appliquer à l'Eloquence, ufage qu'on ne pouvoit tirer de celle
d'*Ariftote :* & il fe déchaîna contre le dernier de
ces Philofophes avec une véhémence qui lui attira des ennemis auffi nombreux que dangereux.   Pour allier la Rhétorique avec la Logique, il tranfporta dans celle - ci les doctrines de
l'invention & de la difpofition qui appartiennent
à la premiere : de forte qu'il divifa la Logique
en deux parties, l'invention & le jugement.   Il
feroit fuperflu de s'étendre fur le détail des fubtilités qu'il fit entrer dans la Science qu'il traitoit.   Malgré tout le bruit qu'elles firent alors,
elles font aujourd'hui tombées dans l'oubli qu'elles méritent.   Cependant on peut juftifier par
un endroit le grand nombre de fuffrages que
l'entreprife de *Ramus* obtint, c'eft par le deffein
qu'il avoit de tirer la Logique du fein des Ecoles où elle n'étoit employée qu'à de vaines difputes, pour la tranfporter au Barreau, la faire
fervir dans l'ufage de la vie, & l'employer en particulier à la lecture des anciens Auteurs. C'eft ce qui
lui procura l'affluence de difciples qui accouru-
rent de toutes parts pour l'entendre, & parmi
lefquels il y eut des Savans du premier ordre,
comme en France, *Audomar Talæus,* & en Allemagne, *Th. Freigius,* & *Fr. Fabricius,* auxquels on peut joindre *Sturm* & *Chytræus,* par la

recommandation defquels la Dialectique de *Ramus* fut introduite dans les Ecoles Germaniques. Mais ce fut une fource de demêlés, qui devinrent fouvent de véritables guerres, fur-tout lorfque la Doctrine de *Ramus* s'étendit jufqu'aux Jurifconfultes. Alors les Princes s'en mêlerent; & l'on vit dans les Académies de perpétuelles révolutions, fuivant que le *Ramifme* étoit, ou protégé, ou profcrit. Ajoutons qu'il furvint dans la fuite un Syncrétifme, auquel donna lieu la Dialectique de *Mélanchton*, Ouvrage dans lequel ce Savant s'étoit propofé de remédier aux défauts de la Logique d'*Arifote*, en la rendant tout à la fois plus agréable & plus utile. D'habiles gens crurent qu'on pouvoit concilier cette Logique de *Ramus* avec celle des *Mélanchton*, & compoferent pour cet effet des Ouvrages qu'ils intitulerent *Logiques Philippo - Ramifiques*. Les principaux Auteurs dans ce genre font *Beurhufius*, *Frifius*, *Bufcherus*, *Polanus*, *Libavius*, *Keckermann*, *Goclenius*, & *Alfedius*, qu'on furnomma *mixtes*, parce qu'ils tenoient aux deux partis. Cela rendit pendant quelque tems au Péripatétifme la prééminence dont il avoit joui, jufqu'à ce le Cartéfianifme vint détruire & *Arifote* & *Ramus*.

Les Cartéfiens travaillerent auffi à la perfection de la Logique, fur laquelle leur Maître n'avoit fourni que des principes généraux. On trouve parmi eux *Acontius*, *le Grand*, *Clauberge*, *Regis*,
mais

mais fur-tout deux hommes d'une très - grande célébrité ; le Docteur *Arnaud*, & le Père *Malebran-
che*, qui eurent enfemble de longues & vives
difputes.   Ce dernier mort en 1717. s'eft im-
mortalifé par fon excellent Ouvrage, intitulé *de
la Recherche de la Vérité* ; ce qu'il y dit fur - tout
des erreurs des fens & de l'imagination, eft extrêmement propre à mettre l'homme en état de
bien juger & de bien raifonner.   Il n'y a pas
autant de fruit à tirer du refte de fon Livre, ni
de fes difputes avec *Arnaud*.   Cette même imagination dont il avoit fi bien dépeint les dan-
gers, l'a féduit, & emporté fort au delà des
bornes d'une faine Logique.

On peut mettre deux autres grands - hommes au rang des Philofophes éclectiques, à
qui la Logique en particulier a de très - grandes obligations ; ce font Mrs. *de Tfchirnhau-
fen & Locke*.   Le Traité du premier, qui a pour
titre *Medicina mentis*, contient les principes généraux de l'Arithmétique, de la Géométrie, &
de ce qu'on nomme *Ars inveniendi*.   L'*Effai* du
fecond *fur l'Entendement* eft un Ouvrage très approfondi fur l'ame & fes opérations : on y trouve
tout à la fois l'hiftoire la plus exacte du principe qui penfe en nous, & les moyens les plus
propres à découvrir & à perfectionner l'ufage de
fes facultés.   Quand on compare ces Ouvrages
avec ceux des fiecles précédens, on ne fauroit

affez

aſſez admirer les progrès inconcevables de l'eſprit humain.

De la Phyſique.

On ſe mit d'aſſez bonne heure à porter le flambeau de la Philoſophie Eclectique dans les recherches qui ont pour objet la Science de la Nature. *Téleſio* avoit donné l'exemple, qui fut ſuivi par ces hommes illuſtres, dont nous avons déjà eu occaſion de parler; *Jordanus Brunus*, *Cardan*, *Bacon*, *Campanella*, *Hobbes*, *Deſçartes*, *Leibnitz*, &c. Les Académies *Téleſiennes* ſe propagerent ſur-tout en Italie; & quelques Savans en porterent le goût en France & en Angleterre. Tels furent *Baranzanus*, *la Paliſſe*, *Eſpagnet*, *Charpentier*, & *Gilbert*. L'Univerſité de Paris, alors très floriſſante & très reſpectée, contribua beaucoup à accréditer ce genre de Philoſophie; & *André Sennert* fit tout ce dont un particulier eſt capable pour renouveller l'étude de la Phyſique. Ces ſoins ne furent pas infructueux: on vit bientôt quantité de Savans s'appliquer à la Chymie, aux Mathématiques, à l'Aſtronomie, à la Méchanique; & delà ſe formerent enſuite ces Sociétés Philoſophiques, & ſur-tout Phyſiques, que les Princes encouragerent par les marques de leur protection, & par les effets de leur libéralité. Auſſi ces Sociétés ont elles rendu les ſervices les plus importans aux Sciences, & sur-tout à la Physique.

Quelques Anglois pousserent fort loin l'étude de la Chymie; & celui qui fit le plus de bruit, quoique peut-être il en feroit fort peu aujourd'hui, c'est le Chevalier *Digby*, qui voulut en même tems donner une nouvelle interprétation de la doctrine d'*Aristote*. *Thomas*, surnommé *l'Anglois*, suivit ses traces. Mais ils furent l'un & l'autre effacés par *Robert Boyle*, l'un des plus habiles & des plus judicieux Physiciens de son siecle.

L'Astronomie produisit les plus grands hommes, à la tête desquels on doit incontestablement mettre *Copernic*, qui, en corrigeant le système de *Philolaus*, & en détruisant celui de *Ptolemée*, a posé les fondemens du sien d'une maniere si inébranlable, qu'on n'en admet plus d'autre, toutes les Observations faites depuis tendant à le confirmer. *Tycho - Brahé*, quoique doué d'un grand génie, n'a pas construit un édifice aussi solide, sans doute parce qu'il a voulu accorder les apparences avec la réalité, & déférer en même tems à un respect mal entendu pour l'autorité de l'Ecriture Sainte. Si l'Observatoire d'*Uranienbourg* ne servit pas à découvrir le vrai système de l'Univers, il fit cependant honneur à celui qui l'avoit fondé par le grand nombre d'Observations utiles qui y furent faites. Un nom immortel encore en Astronomie, c'est celui

de

de *Kepler*, dont les principes, & en particulier l'Analogie que porte son nom, ont guidé tous ceux qui ont cultivé depuis l'Astronomie, & sur-tout *Newton*. A sa théorie il joignit aussi quantité d'Observations importantes. *Galilée* seroit la gloire de *Florence*, si cette ignorante & ingrate Patrie n'avoit persécuté le plus illustre de ses Citoyens de la maniere la plus criante. La postérité plus équitable le mettra toujours au rang des grands-hommes, dans le sens le plus rigoureux qu'on puisse donner à cette dénomination, trop souvent prodiguée.

La Géométrie, & ses différentes parties, firent des progrès entre les mains de *Grégoire de St. Vincent*, de *Harriot*, de *Descartes*, de *Willis*, de *Fermat*, de *Huygens*, jusqu'à ce qu'elle fut portée, comme nous l'avons vû, à son plus haut période, ou plutôt transformée en une Science toute nouvelle, par *Newton* & *Leibnitz*.

Des conjonctures aussi heureuses pour les Sciences produisirent des découvertes très importantes. Telles furent, celle de la circulation du sang attribuée à *Harvée*, celle des vaisseaux lymphatiques par *Asellius*, & plusieurs autres en Anatomie. Mais ce qui facilita au delà de toute expression l'étude de la Physique, ce furent tous ces instrumens qu'on inventa presque en même tems, & à l'aide desquels un nouvel Univers se manifesta en quelque sorte aux yeux des Observateurs.

vateurs. Perſonne n'ignore les uſages admira-
bles des Téleſcopes, des Microſcopes, des
Barometres, des Thermometres, de la Pompe
Pneumatique, de la Machine électrique, &c.

Les Sociétés ſavantes, dont nous avons déjà
fait mention, multiplierent les Expériences, &
les pouſſerent à un degré de préciſion qu'on a de
la peine à concevoir. La premiere de ces Sociétés fut celle que *Téléſio* fonda à *Coſence*; le
nombre s'en accrut depuis exceſſivement en Italie, où celle de *Florence*, dite *del Cimento*, &
l'*Inſtitut de Bologne*, ſont les plus diſtinguées. La
Société Royale de *Londres* a travaillé ſans relâche
depuis ſa fondation à étendre les bornes de la
Phyſique, comme ſes *Tranſactions* en font foi.
L'Académie Royale des Sciences de *Paris* n'eſt
pas demeurée en arriere; & ſes Mémoires rédigés
pendant près d'un demi-ſiècle par l'inimitable
Fontenelle, ſont un des plus précieux Recueils
dans ce genre. *Berlin*, *Petersbourg*, *Upſal*, &c. ſe
glorifient à bon droit du même avantage.

De la Métaphyſique.

Les Scholaſtiques l'avoient traitée, mais avec
ſi peu de fruit, qu'il a fallu travailler à neuf, &
remonter aux véritables ſources de nos idées,
aux principes réels de nos connoiſſances, dont
ils n'avoient donné aucune notion. *Leibnitz* &
Wolff

Wolff ont fait à cet égard prefque tout ce qu'on pouvoit fe promettre de l'efprit humain. La plus importante de toutes les Sciences, tant par la dignité de fon objet, que par l'utilité des conféquences qui en réfultent, la Théologie Naturelle, a pris une forme nouvelle; & a fourni les preuves les plus inconteftables de l'exiftence de l'Etre fuprême.   Par-là on fe trouve en état de développer les artifices & de repouffer les attaques de ces différentes claffes d'Incrédules, qui, fous les noms d'Athées, de Déiftes, d'Idéaliftes, de Matérialiftes, &c. réuniffent leurs efforts contre la Religion Naturelle & contre la Religion Révélée.   Ceux d'entr'eux qui ont paffé pendant longtems pour les plus dangéreux, n'ont pas été moins confondus que les autres. Ce font les *Spinofiftes*.   Ils tirent leur nom de *Benoit de Spinofa*, Juif d'Amfterdam, qui a prétendu donner une démonftration de l'exiftence d'un feul Etre, favoir l'Univers, en qui réfident tous les attributs de la Divinité. Il fe fondoit fur une fauffe définition de la fubftance, & de ce principe erroné tiroit des conféquences qu'il eft aifé de détruire avec leur principe.   On a auffi traité dans ces derniers tems prefque toutes les matieres de la Phychologie & de la Pneumatologie; & l'on s'eft beaucoup occupé en particulier de la queftion, qui concerne l'origine de l'ame. D'autres matieres, après avoir été difcutées avec
cha-

chaleur, font aujourd'hui comme abandonnées. Telles font celles des Spectres, de la Magie, du nombre des Démons, &c.   La doctrine de *Balth. Bekker*, fit beaucoup de bruit dans fon tems; mais à peine eft elle préfentement un objet de curiofité.   Un des Métaphyficiens qui ont traité depuis peu les matieres les plus intéreffantes, & avec le plus de profondeur, c'eft M. l'Abbé *de Condillac.*   On peut auffi lire avec fruit les *Lettres à un Amériquain*, & les autres Ouvrages du même Auteur.   Il a paru en Allemagne plufieurs fyftèmes de Métaphyfique d'après les principes de *Leibnitz* & de *Wolff*, auxquels d'habiles Philofophes ont ajouté beaucoup de chofes tirées de leur propre fonds.   M. *Baumgarten* s'eft diftingué dans ce genre.

De la Morale.

Quoiqu'il y en ait beaucoup de répandue dans les Ecrits de *Montagne*, de *Charron*, de *la Motte le Vayer*, &c. elle y eft jointe à une fi grande bigarrure d'autres chofes, & fur-tout avec un Scepticifme fi dangereux, qu'on ne fçauroit mettre ces Auteurs au nombre de ceux qui ont perfectionné la Morale.   Mais on peut recourir à de meilleurs fources, fi l'on veut remonter aux principes mêmes de cette doctrine, c'eft-à-dire, au Droit Naturel.   Deux Auteurs célébres ont

mis

mis cette derniere Science dans un nouveau jour.

Le premier, c'eft *Grotius*, Hollandois, qui, doué d'un génie véritablement divin, donna dès l'âge de 17 ans les preuves de la capacité la plus diftinguée. Il s'avança par degrés dans les Charges de fa République, jufqu'à ce qu'ayant été impliqué dans les affaires de *Barnevelt*, il fut mis en prifon, & n'en feroit pas forti fitôt, fans la généreufe tendreffe de fon Epoufe, qui employa avec fuccès un ftratagème propre à l'en tirer. Il fe réfugia en France, & y compofa l'Ouvrage immortel qu'il a intitulé: *Le Droit de la Guerre & de la Paix*, & qui parut en 1625. Il y expofe les principes & les régles des obligations naturelles, & les applique aux fociétés. Cet Ouvrage a été fouvent réimprimé, traduit, & commenté. La renommée de *Grotius* l'ayant fait connoître au Roi de Suede *Guftave Adolphe*, il l'appella à fon fervice; & ce Prince étant mort bientôt après, *Chriftine* fa fille qui lui fuccéda, employa *Grotius* comme Ambaffadeur en France. Ce fut dans ce pofte qu'il continua à compofer des Ouvrages tous excellens dans leur genre. Ayant été rappellé en Suede, il mourut pendant le voyage, à *Roftock* en 1645. C'étoit un des plus grands hommes, non feulement de fon fiècle, mais qui ayent jamais exifté. Il uniffoit à l'étendue & la variété des connoiffances, la pénétration de l'efprit, la folidité du jugement,

l'art

l'art de parler, celui d'écrire. Ce fut à son imitation que *Selden*, Anglois, entreprit de traiter aussi le Droit de la Nature & des Gens suivant les principes des Hébreux.

L'autre Ecrivain du premier ordre dans ce genre, c'est *Samuel de Puffendorff*, né en Lusace l'an 1631. Il profita du travail de *Grotius*, mais il voulut frayer une route différente, & se rapprocha de la doctrine de *Hobbes*. Il emprunta aussi quelques idées d'un Jurisconsulte de *Jena*, nommé *Weigelius*. Ses *Elémens de Jurisprudence Universelle* lui firent honneur, & lui procurerent la place de premier Professeur de cette Science dans l'Université de *Heidelberg*. Appellé ensuite à *Lund* en Suede, il y composa son grand Traité du *Droit de la Nature & des Gens*, qui au lieu des Eloges qu'il méritoit, lui attira d'abord des Critiques & des persécutions de la part du Théologien *Schwartz* & du Jurisconsulte *Becmann*, qui dressèrent une ample liste des erreurs & des nouveautés dont ils l'accusoient. Quelques Docteurs Saxons se mirent de la partie. *Puffendorff* leur répondit avec vigueur, & comme il étoit plus savant & mieux fondé en raison qu'eux, la victoire lui demeura. La Cour de *Berlin* l'attacha ensuite à son service en qualité d'Historiographe. Il mourut en 1694.

Les Traités de *Grotius* & de *Puffendorff*, ont acquis un nouveau lustre & un plus grand degré
d'u-

d'utilité par la Traduction, & les notes de M. *Barbeyrac.*

De la Politique.

On se mit de bonne heure à la traiter suivant la méthode éclectique; & de toutes les Sciences, c'étoit celle à laquelle la Philosophie Péripatéticienne fournissoit le plus de principes & de préceptes. Mais on l'a poussée beaucoup plus loin depuis, & encore actuellement la théorie du Gouvernement est une de celles qu'on développe le plus fréquemment & le plus soigneusement. *Bodin* & le *Boccalini* firent des Traités sur la République, où il y a de bonnes choses parmi un grand nombre de superflues, ou qui manquent d'exactitude. Vint ensuite *Machiavel* dont le nom est odieux en Politique, mais qui ne laisse pas d'avoir été un des plus beaux & des meilleurs génies de son tems. Il est d'ailleurs assez douteux s'il a voulu enseigner & recommander la tyrannie, ou seulement en découvrir les secrets, & représenter les choses telles qu'elles se passoient sans ses yeux & dans les divers Etats d'Italie. Les révolutions d'Angleterre & la mort tragique de *Charles I.* ont aussi donné lieu à quantité d'Ecrits sur les Droits des Princes & des Peuples. On peut lire en particulier ceux de *Milton* & de *Saumaise.* Parmi ceux qui ont traité du Gou-

Gouvernement civil en général, on peut diftinguer *Buchanan*, Auteur élégant, l'Ecrivain déguifé fous le nom de *Junius Brutus*, *Rucherius*, *Raynoldus*, *Mariana*, *Santarellus*, *Scribonius*, *Locke*, &c. Mais aucun Ouvrage n'a fait plus de bruit, & ne donne une plus haute idée des talens de fon Auteur, que l'*Efprit des Loix* du célébre Préfident *de Montefquieu*. Quoique les principes n'en foyent pas inébranlables, ni l'érudition à l'abri de la Critique, il y régne cependant une précifion & une force dont on n'avoit point encore d'exemple dans les productions de ce genre.

Conclufion.

Tel eft en racourci le Tableau de fa Philofophie depuis fon origine jufqu'à préfent. On y voit les hommes en proye à l'erreur, & au préjugé, entêtés fucceffivement de diverfes opinions, fe traînans plutôt que marchans dans la route du vrai; & quoiqu'arrivés au bout de tant de fiècles, à une époque très favorable à fa découverte, remplis de goût pour les paradoxes, & plus difpofés à fe laiffer éblouïr & féduire, qu'à chercher la conviction & à fe fervir des moyens propres à l'obtenir. Au milieu des lumieres dont nôtre fiècle jouït, on voit paroître plus d'hypothefes hazardées, plus de doctrines téméraires, extravagan-

O

tes,

tes, impies, que dans les fiècles ténébreux qui ont précédé. Tout fourmille de Philofophes; mais ce nom eft ufurpé par quiconque veut le prendre : & le Bel-Efprit, l'Efprit-fort fur-tout, croyent que perfonne n'eft en droit de le leur contefter. Le Pyrrhonifme exerce & étend de plus en plus fon empire; on ne cherche qu'à détruire, fans édifier : on attaque audacieufement les doctrines les plus refpectables, celles d'où dépend l'ordre & le repos de la Société, le bonheur préfent & à venir des hommes. La vue de ces défordres & de ces abus dégoûte beaucoup de perfonnes fenfées de l'étude de la Philofophie. Cependant elles peuvent encore, fi elles le veulent, fe préferver de la contagion; elles n'ont qu'à commencer par s'inftruire de la Théorie d'une faine Logique, & s'affermir enfuite dans fa pratique invariable : cela fuffira pour les mettre en état de ne reconnoître que les droits de la Vérité, & de fe préferver de toute erreur. Il n'eft pas befoin, comme l'a prétendu le Citoyen de Geneve, de renoncer aux Sciences pour en éviter les inconvéniens, non plus que d'abandonner la Société pour fe mettre à l'abri de fes miferes. On peut être honnête homme au milieu des vicieux, & bon Philofophe au milieu de *la tourbe Philofophefque*. Des principes folides fuffifent pour cela, & valent infiniment mieux

que

que tout l'efprit, toute l'imagination, & tout le
favoir de ceux à qui ces principes manquent.

Le coup d'œil eft encore moins fatisfaifant,
quand on promene fes regards fur les autres parties du Monde. Il femble qu'elles foyent en-
veloppées dans un brouillard épais que rien n'eft
capable de diffiper; qu'une lumiere infurmonta-
ble s'y oppofe aux progrès des Sciences. Une
Nation qui fe diftingue de toutes les autres par
l'ancienneté de fon Empire & d'un certain nombre de connoiffances qu'elle a poffedées une longue fuite de fiècles avant nous, offre un pheno-
mène d'autant plus frappant dans l'opiniâtreté
invincible avec laquelle elle refufe de s'éclairer
davantage, & de profiter de tant de découvertes
qu'il ne tient qu'à elle de s'approprier. Les rapports qui fe trouvent entre les Chinois, (ce font
eux dont nous parlons ici,) & les Egyptiens ont
conduit un favant Académicien à croire que ceux-
ci ont porté les Loix & les Sciences chez ceux-
là : & cette difcuffion qui eft actuellement fur le
tapis renferme plufieurs points très intéreffans.

La Philofophie Chinoife au refte eft renfermée dans quatre périodes. Le premier commence au Fondateur de l'Empire, *Fohi*, & ne préfente que des obfcurités. *Fohi* fut fans-doute,
dans le cas de *Manco-Capac* au Pérou, ou même d'*Orphée*, d'*Amphion*, & de tous ceux qui

O 2

ont

ont entrepris de tirer de la barbarie des hommes encore groſſiers & ſauvages. Il donna donc à cette multitude ignorante les inſtructions dont elle étoit ſuſceptible ; & en particulier il eſſaya de lui donner une Religion, en propoſant pour objet d'adoration l'Eſprit du Ciel & de la Terre. Cette premiere doctrine reçut dans la ſuite des accroiſſemens, ſur - tout par rapport à la Morale. Les Ouvrages compoſés ſur ces matieres forment des collections de Livres claſſiques : il y en a une qui ſe nomme *Pentateuque*, & l'autre *Tetrateuque*. La ſeconde période ſe rapporte au célébre Philoſophe & Legiſlateur *Confucius*, dont le nom eſt encore l'objet de la plus grande vénération. On lui rend même un culte avec lequel les Miſſionnaires Jéſuites ſe ſont efforcés d'allier celui de J. C., ce qui a produit de très-grands troubles dans l'Empire de la Chine, & fait un éclat conſidérable en Europe. Les Philoſophes *Cheucu* & *Chinici* ont donné naiſſance à la troiſieme période en établiſſant un ſyſtème aſſez ſemblable à celui des. Stoïciens. Enfin l'arrivée & le ſéjour des Savans Européens à la Chine peut être regardé comme le commencement de la quatrieme période. . On peut recourir ſur - tout cela au grand Ouvrage du Père *Du Halde*. M. *Wolff* faiſoit beaucoup de cas de la Morale des Chinois.

Le

Le vaste Empire des Turcs paroît n'avoir encore aucune position à ramener la lumiere dans ce grand nombre de contrées qui lui sont soumises, & où elle brilloit autrefois de l'éclat le plus vif. Le génie même de leur Religion s'y oppose; & la forme du Gouvernement n'y est pas plus favorable. Cependant, après la révolution dont la Russie a donné l'exemple dans ce siècle, il ne faut désespérer de rien.

Les Perses ont du savoir & de l'esprit. Il y a encore parmi eux des Docteurs nommés *Sufy*, qui conservent bien des débris de l'ancien système des émanations, qui a si longtems regné en Orient. Mais il y a bien loin de là aux principes d'une saine Philosophie.

Les Tartares ont leurs Prêtres nommés *Lamas*, à la tête desquels il y a un Souverain Pontife, ou *grand Lama*. Ils prétendent que ce Chef de leur Religion ne demeure pas mort, mais qu'il revient à la vie; & ils parlent d'un *Foë* qui est ressuscité. Mais ce *Foë* est un Philosophe ou plutôt un Imposteur, qui a répandu dans presque toute l'Asie les principes les plus détestables, qui se sont propagés jusqu'en Tartarie.

En remontant à la plus haute antiquité, on trouve qu'il y a eu dans les Indes un Philosophe très célébre nommé *Buddas*, dont l'autorité est encore aujourd'hui fort respectée en Orient. Il

por-

porte à *Siam* le nom de *Sommonacodom*, chez les Chinois celui de *Xaca*, ou *Xekia*, & au Japon celui de *Sotoque* (*). Les Prêtres de toutes les Nations racontent beaucoup d'apparitions & d'autres merveilles attribuées à cette prétendue Divinité. De la comparaison de tous les récits il résulte fort probablement que *Xekia* n'étoit pas originaire des Indes, mais qu'il vint par mer d'abord de *Ceylan* à *Siam*, d'où il put continuer sa route. Il y a lieu de croire que c'étoit un Libyen, qui avoit appris la Philosophie en Egypte par l'initiation aux doctrines secretes, & qui, dans quelcune des dispersions que ce Peuple a essuyées, fut transporté en Asie. Là imitant le *Mercure*, ou *Hermès*, des Egyptiens, il s'érigea en Législateur. Cela doit être arrivé vers le tems de l'invasion de *Cambyse*. Après avoir établi des Colleges de Sages à la façon des Egyptiens, il introduisit la double méthode, *exotérique* & *étotérique*. Celle-ci, qui étoit aussi hiéroglyphique servoit à entretenir l'Idolâtrie. Ses principes de Philosophie étoient tirés du système des émanations. Il admettoit le vuide, & faisoit consister le principe des êtres & de l'ame en particulier, dans une substance pure, exempte de toute

(*) Voyez sur Siam *la Loubère*, & sur le Japon *Kæmpfer* & le P. de *Charlevoix*.

te qualité & de toute action, à laquelle le Sage devoit s'efforcer de devenir femblable. Cette doctrine eut des Sectateurs innombrables par toute l'Afie; les deux plus diftingués firent *Maolliaye & Samo.*

Il né faut pas oublier les Bramines, qui font tout à la fois les Théologiens, les Prêtres, & les Philofophes du *Malabar.* Leur fageffe eft contenue dans un Livre myftérieux qui fe nomme *Vedam.* Entretenus aux dépens du public, les *Bramines* font les feuls dépofitaires & gardiens de la Religion. Quelques-uns d'entr'eux font attachés à une Secte théorétique, où dominent l'enthoufiafme & le quiétifme, & qui propofent pour but à l'homme de devenir femblable à Dieu. Suivant le principe de la Philofophie *Malabare* en général, l'Etre fuprême eft incompréhenfible, & par là même on ne peut l'adorer; mais il en découle une infinité d'émanations qui fe manifeftent fous des figures innombrables. Il exifte des vertus mâles & femelles qui font employées à créer, ou produire les êtres. Trois Idoles principales fervent à repréfenter la Divinité, *Birum, Ifuren,* & *Whiftnou.* Selon toutes les apparences il y a là deffous un fonds d'Athéifme (*).

Les

(*) Voyez *l'Hiftoire du Chriftianifme des Indes,* par M. La Creze.

Les Japonois ont beaucoup d'affinité avec les Chinois, & font de la Secte de *Xekia*, qui eft fubdivifée chez eux en trois Sectes, celle des *Sin-doïftes*, celle des *Budfoïftes*, & celle des *Sindofiviftes*. Mais le Lecteur ne tireroit aucune utilité d'une plus ample énumeration de ces doctrines qui n'offrent qu'autant d'égaremens déplorables de l'efprit humain. Dieu a fes vuës en les permettant; nous devons les adorer, le bénir de nous avoir diftingués par tant d'endroits des autres Peuples, & fur-tout par la connoiffance de la vraye Religion, qui eft en même tems la vraye Philofophie, l'unique principe qui doit régler d'une maniere invariable nos idées & nos fentimens.

F I N.

T A.

TABLE
DES MATIERES

Contenues dans cet Ouvrage.

CHA.

CHAPITRE II.

Des

FIN.